TRADE
DIGITALIZATION

邵宏华◎著

贸易数字化

打造贸易新动能新业态新模式

机械工业出版社
CHINA MACHINE PRESS

本书从万物皆数说起，解析数字化和新全球化叠加的背景，逐步深入阐述什么是贸易数字化、贸易数字化的价值、贸易全流程数字化改造、外贸企业数字化转型路线图、贸易数字化政策建议等，并融入大量贸易数字化应用场景和企业数字化转型经典案例，以理论与实践相结合的方式打造贸易数字化的知识体系，适合外贸从业者、贸易研究人员、政府部门人员及高校师生等读者阅读。

图书在版编目（CIP）数据

贸易数字化：打造贸易新动能新业态新模式/邵宏华著.—北京：机械工业出版社，2021.12（2023.2重印）

ISBN 978-7-111-69896-8

Ⅰ.①贸… Ⅱ.①邵… Ⅲ.①电子贸易–研究 Ⅳ.①F713.36

中国版本图书馆CIP数据核字（2021）第261042号

机械工业出版社（北京市西城区百万庄大街22号 邮政编码100037）
策划编辑：黄 帅　　责任编辑：李 前　黄 帅
责任校对：陈小慧　　封面设计：高鹏博
责任印制：单爱军
河北宝昌佳彩印刷有限公司印刷
2023年2月第1版·第2次印刷
170mm×230mm·22印张·3插页·274千字
标准书号：ISBN 978-7-111-69896-8
定价：79.00元

电话服务　　　　　　　网络服务
客服电话：010-88361066　机 工 官 网：www.cmpbook.com
　　　　　010-88379833　机 工 官 博：weibo.com/cmp1952
　　　　　010-68326294　金 书 网：www.golden-book.com
封底无防伪标均为盗版　机工教育服务网：www.cmpedu.com

TRADE DIGITALIZATION

贸易数字化,是以贸易为龙头、以产业为基础、以服务为支撑,贸、产、服协同发展,通过数字技术赋能贸易全流程和贸易主体的数字化转型,实现对外贸易全产业链、供应链、价值链的数字化升级和重构。

写在前面的话

  二十年在历史发展的长河中不过是短暂的一瞬，在亲身经历、实践和感知中国对外贸易的快速发展，以及数字技术和工具在对外贸易中从萌芽到普及的过程中，回眸中国外贸，仿佛见到一辆高速行驶在时间里的列车，穿越二十载爆发式的增长，扛住一波接一波的经济浪潮后，透见从贸易大国走向贸易强国的希望曙光，也透见了从制造大国到数字大国转变中贸易数字化的巨大潜力和发展空间。

  二十年前，中国正式加入世界贸易组织（WTO），迎来了前所未有的巨大机遇，同时也揭开了正式走向世界、融入全球经济的新篇章。二十年后，中国已成为世界货物贸易第一大国，并深刻影响和重塑了世界经济贸易的新格局。二十年来，中国经济总量已增长10倍，货物贸易规模增长8倍。据相关机构预测，2021年中国的货物出口占全球市场份额将超过16%。中国外贸不仅贸易总量遥遥领先，而且贸易结构也在不断优化，技术密集型和资本密集型产品的出口占比逐年增加。随着外贸附加值的不断提高，中国外贸正向产业链和价值链的高端进发。与此同时，中国对外贸易创新能力不断增强，正努力实现从规模发展向高质量发展的巨大转变。

二十年前，PC 互联网开始全面进入人们的生活，迎来了消费互联网的黄金年代。二十年后，数字技术层出不穷，从 PC 互联网到移动互联网，从大数据到云技术、区块链、人工智能，从 5G（第五代移动通信技术）到物联网，从 AR（增强现实）、VR（虚拟现实）到 3D 打印技术……数字技术不仅深刻改变了人们的生活和生产方式，而且开始赋能传统产业并与传统产业不断融合，使产业互联网成为中国经济转型升级的重要抓手。以智能制造为核心的第四次工业革命正推动中国从制造大国向制造强国转变，中国也迎来了产业数字化的时代。未来所有行业都值得用数字技术重新再造一遍，经贸舞台的主角也将从互联网公司变成传统企业。传统企业在借助数字技术完成升级迭代的同时，也将完成数字技术和实体经济的全面融合再造。

二十年前，企业开拓国际市场的工具只有参加广交会和部分海外展会以及购买电话黄页和买家名录，通过外贸 B2B（企业对企业）拓展市场也刚刚开始，海外营销的效率非常低。二十年后，除了传统展会和外贸 B2B，数字化营销工具已经非常普及和成熟。海外搜索引擎营销、社媒营销、外贸大数据主动营销、视频直播营销、VR/AR 看厂逛展等数字化整合营销工具被企业广泛应用。企业不仅通过数字化营销工具进行产品展示、吸引买家和促成交易，利用沉淀的大数据构建客户"画像"，实施精准营销，而且能借助数据进行精准的市场分析和决策支持，国际贸易正式进入精准智能时代。

二十年前，我国"科技兴贸"战略刚刚实施不久。"科技兴贸"战略的实施对于促进我国高新技术产品出口和提升传统出口产品的附加值起到非常重要的作用。二十年后，《"十四五"商务发展规划》正式提出"数字强贸"战略，为我国通过贸易数字化实现贸易高质量发展和建设贸易强国指明了方向。如今数字化新外贸蔚然成风，跨境电商等新业态新模式不断涌现并快速发展，为中国对外贸易发展装上了新的引擎、注入了新的动能。拥有全球化视野、数字化思维和技能的新外贸人成为这个时代的主流和引领者。

站在未来看现在，贸易领域所有不确定性中最确定的事情是数字化。数字化不同于自动化和信息化，它由在线化、数据化和智能化组成，三者缺一不可。

数字化中数据流动是关键、连接是基础、智能化是目的，最终实现万物互联、万物皆数、万物智能，在物理世界之外构建数字世界并实现对物理世界的数字化改造，最终实现物理世界和数字世界的融合。数字化将重构产业链、供应链和价值链，同时将解构和重链各行各业，企业也将利用数字化升级自己的技术、产品、管理、组织和人才。作为拉动经济增长的"三驾马车"之一的对外贸易，迎来了利用数字化创新发展并全面提升竞争力的最佳时机。作为对外贸易创新发展最重要抓手的贸易数字化将成为全面提升中国对外贸易竞争力的关键。

自 2019 年 11 月发布的《中共中央 国务院关于推进贸易高质量发展的指导意见》中首次提出"提升贸易数字化水平"以来，越来越多的人开始关注贸易数字化。如何定义贸易数字化以及贸易数字化的内涵和外延，贸易数字化和数字贸易、跨境电商的区别和联系是什么，贸易数字化和产业数字化是什么关系，推进贸易数字化工作在贸易高质量发展中起到什么作用，目前在推进贸易数字化中有哪些好的实践、好的案例和好的做法，下一步如何更好地推进贸易数字化工作，商务主管部门和企业如何更好地切入贸易数字化工作……这些问题都亟须厘清和回答。只有清晰地描述概念边界和框架体系，才能更好、更大力度地推动贸易数字化，才能真正赋能贸易全链条和实现贸易相关主体的数字化转型。

本书对贸易数字化的定义是："贸易数字化，是以贸易为龙头、以产业为基础、以服务为支撑，贸、产、服协同发展，通过数字技术赋能贸易全流程和贸易主体的数字化转型，实现对外贸易全产业链、供应链、价值链的数字化升级和重构。"贸易数字化的本质是数字化和对外贸易的融合，核心内涵是数字化赋能贸易全链条和贸易主体的数字化转型，外延不仅包含跨境电商等外贸新业态新模式以及新业态新模式本身的数字化升级，更重要的是关乎传统一般贸易和加工贸易的数字化升级，通过数字化升级提升传统对外贸易的质量、技术、标准、服务和品牌，从而重塑对外贸易竞争新优势。贸易数字化的基础是贸、产、服协同一体化推进，贸易数字化、产业数字化和服务数字化融合发展，结果是实现对外贸易全产业链、供应链、价值链的数字化升级和重构。贸易是产业的先导和引领，产业则是贸易的基础和支撑，贸易与产业需要融合发展,贸易数字化和产业数字化也在不断互相融合、相互促进,两者相向而行,共同推动中国贸易高质量发展。

贸易数字化如此重要且越来越被大家关注,那和现在比较热门的数字贸易到底有什么区别和联系呢?数字贸易这一概念沿用至今,大家对其解释各不相同。对于数字贸易的内涵和外延,学术上的分歧也很大。我个人认为,数字贸易是一个特定用词,内涵非常明确,就是可数字化的服务贸易,主要是从贸易对象是否是可数字化的产品和服务来看。商务部在 2021 年中国国际服务贸易交易会期间发布的报告显示,2020 年我国可数字化交付的服务贸易额为 2 947.6 亿美元,占服务贸易总额的比重达 44.5%。预计到 2025 年,中国可数字化的服务贸易进出口额将超过 4 000 亿美元,占服务贸易总额的比重达 50% 左右。所以,数字贸易就是服务贸易中可数字化的部分。随着服务贸易的数字化程度越来越高,数字贸易占服务贸易的比重也越来越大。贸易数字化包含货物贸易数字化和服务贸易数字化,因货物贸易占比大、环节多、应用场景丰富,故贸易数字化主要指的是货物贸易的数字化。贸易数字化强调过程属性,更多涉及产业和企业层面,而数字贸易更多涉及国家之间的协调。贸易数字化更多指一种创新和实践,就是如何通过好的做法和示范案例进行贸易促进,而数字贸易是服务贸易的一部分,除了本身是可数字化的服务贸易,更多的是一种理论、规则、政策和法律。

近几年,大家对跨境电商都非常重视,跨境电商发展也非常迅速,形成了比较完整的产业链和生态圈。那么跨境电商与贸易数字化又有什么区别和关联呢?从利用数字技术情况看,跨境电商是 PC 互联网、移动互联网和跨境贸易的结合,利用网络平台进行跨境交易的一种业态和模式,而贸易数字化则囊括了互联网、大数据、云计算和人工智能等所有数字技术。从跨境电商的交易额和产品结构看,根据海关统计,2020 年前三季度,我国通过海关跨境电商管理平台实现的进出口额为 1 873.9 亿元人民币。即使按照宽口径计算,2020 年全年跨境电商进出口额也只有 1.69 万亿元人民币,仅占中国当年进出口额 32.16 万亿元人民币的 5.25%,总量还是比较小的。从跨境电商的产品结构看，主要以日用消费品为主，而占比更大且附加值和技术含量更高的原材料、中间品、零部件等工业品，几乎还没有开始利用跨境电商平台进行交易。所以，跨境电商并不能等同于贸易数字化，贸易数字化起到的作用更基础，涉及的技术更广泛，包含的贸易总量更大，囊括的产品结构更全面。跨境电商是贸易数字化过程中的一个阶段，是贸易数字化在营销端数字化的一个组成部分和应用场景，也是贸易数字化过程中孕育出来的一种外贸新业态新模式，是当前发展速度最快、增长潜力最大、带动作用最强且相对比较成熟的外贸新业态新模式。跨境电商要在贸易数字化发展过程中起到"火车头"的作用，其本身也迫切需要进行贸易数字化升级。

无论是通过服务贸易数字化实现的数字贸易、以跨境电商为代表的外贸新业态新模式，还是对外贸易进入数字化时代必须要经历的贸易数字化，未来最终的贸易形态都是数字化贸易。数字化贸易就是建立线上线下一体化、货物和服务一体化、国内国外一体化的国际贸易数字孪生体系，是贸易在数字化时代的最终归宿，但在人类全面进入数字化贸易时代之前，贸易数字化是必须要经历的阶段。人类国际贸易的历史就是一部分工和解绑的历史，全球范围内的分工和资源配置驱动国际贸易不断发展，同时与贸易相关的各个环节都和贸易不断解绑。首先是生产环节和贸易环节逐渐解绑，反映在产业内贸易、价值链贸易在国际贸易中的份额不断增加；其次是服务从贸易中解绑出来，无论是贸易前端的营销服务，还是履约交付环节的运输物流、金融支付、通关检验等服务，都逐渐从贸易中解绑；最后，随着数字技术和数字工具的应用普及，未来更多的贸易环节、生产环节、研发环节和服务环节将被数字化解构和重新组合。国际贸易产业链、供应链和价值链被数字化不断解构和重链，数字化重构后的国际贸易将变得更加简单、可信、高效和精准，同时门槛更低，更多的中小企业借助数字化贸易平台和工具走向全球。未来所有贸易都将是被数字化改变和重构的贸易，所有贸易的趋势和归宿都是数字化贸易，数字化贸易将更加包容、普惠，更加低成本和高效率。未来任何一家小企业或自然人都能够轻松利用数字化平台和工具以及解绑后的专业化服务将产品销往全世界任何一个角落，真正实现"全球买、全球卖"。

要实现数字化贸易的宏伟目标，就必须加紧推进贸易数字化的进程。由于贸易数字化涉及的贸易环节和贸易主体非常多，所以是一项非常繁杂、艰难、系统且极其重要的工作。虽然难，但是方向正确，所以必须持之以恒地加快推进。贸易数字化主要有以下4个特征：

一是基础性。与外贸新业态新模式相比，贸易数字化是一项基础性工作。新业态新模式的根基是贸易数字化，只有把贸易数字化基础打扎实了，新业态新模式才能走得稳、走得远。如同基础研究和应用研究一样，只有基础研究扎实了，才会源源不断地产生各类应用技术，同时应用技术会更加扎实稳健。我们现在不仅要关注跨境电商、市场采购、海外仓、外贸综合服务、保税维修、离岸贸易等已有外贸新业态新模式的发展，而且要利用数字技术和工具把贸易各环节、全流程和全链条打通，同时更需要关注产业的数字化转型和作为微观主体的外贸企业的数字化转型。只有坚持不懈地把贸易数字化这项基础性工作做好，才能充分发挥我国制造大国和数字大国的优势，在数字化时代重塑我国对外贸易竞争新优势，从贸易大国迈向贸易强国。

二是系统性。国际贸易是专业性、强监管的行业，贸易链条比较长，涉及的环节比较多，通常需要对接海关、港口、外管、银行、保险、物流、税务、检验检疫等部门或企业，数据流动接口比较多，需要通过数字化打通和穿透贸易全流程，实现真正的一站式数字化集成，把碎片化的数字化应用进行集成，并和企业内部数字化进行无缝对接，实现数据自动流动，真正为外贸企业降本增效。贸易数字化还需要政、产、学、研、媒共同努力，协同推进。政府在贸易数字化顶层设计和营造良好的贸易数字化政策环境中起主导作用。为贸易各环节提供数字化解决方案的服务商和贸易平台企业是贸易数字化的赋能者，是引领和推动贸易数字化的主要力量。作为贸易主体的外贸企业是贸易数字化真正的主力军，必须加快数字化转型，升级成真正的数字化企业，融入贸易数字化的大潮。产业集群基地和外贸转型升级基地也要加入贸易数字化的行列，加快产业数字化赋能平台建设和产业数字化转型，为贸易数字化提供坚实的产业基础。商学协会等社会中介组织应发挥桥梁纽带作用，链接各方资源，共同促进贸易数字化。科研机构和高等院校应该加强贸易数字化理论、政策及实践案例研究，同时为加快贸易数字化发展培养既有数字化思维和技能又懂国际市场营销的复合型人才。此外，媒体在宣传贸易数字化好的经验、做法和示范项目中起到非常大的普及推广作用。总之，贸易数字化是一项系统工程，需要各方联动、协同推进。

三是长期性。数字化是未来几十年贸易领域最确定的事情，贸易数字化也是中国对外贸易进入新时代、获取新竞争优势需要长期持久做的工作。这项工作需要有足够的耐心，经历一个循序渐进的过程，不建议对贸易数字化设定一个单维度的指标，因为这样可能会导致急功近利。我们可以引入更多维度的指标来评估贸易数字化的成熟度和渗透率，为稳步有序推进贸易数字化提供可借鉴的参考物。对于企业来说，数字化转型是一个必选题，但也不可能一步到位、一蹴而就。每个行业、每家企业的实际情况各异，发展阶段也参差不齐，所以数字化转型只能量体裁衣、因时制宜、因地制宜和因企制宜。企业必须要做长远打算和长远规划，持续投入资源。数字化转型需要久久为功、小步快跑、升级迭代。

四是引领性。随着数字技术和对外贸易的不断结合，未来还会产生很多新业态新模式和新的应用场景。贸易数字化将引领对外贸易持续走上创新发展的道路，新的理念、新的工具、新的产品、新的商业模式、新的营销模式和新的运营模式还将不断产生，为外贸打造数字化的内核，推动"旧外贸"向"新外贸"转变，通过创新实现中国对外贸易的质量变革、动力变革和效率变革。我们需要持续推进贸易数字化工作，打造对外贸易新动能，形成对外贸易新优势，在对外贸易创新发展中起到示范性、引领性、先导性作用，为中国贸易高质量发展保驾护航。

由于贸易数字化在对外贸易发展中起到基础性、引领性和战略性的作用，所以贸易数字化是一个关键枢纽和节点，将贸易流程各环节、涉及的贸易主体、贸易服务提供者等都连接起来。抓住了贸易数字化，就抓住了对外贸易创新发展的"牛鼻子",真正做到纲举目张。通过抓贸易数字化工作,不仅能孕育出更多的外贸新业态新模式,而且能让现有的以跨境电商为代表的新业态新模式实现数字化升级,从而更加行稳致远。通过贸易数字化,我们还能更好地实现贸易与产业的融合,进而推动贸易数字化和产业数字化的融合,更好地打通贸易堵点,实现贸易畅通。通过贸易数字化,可以让现有的外贸转型升级基地、国际营销网络和贸易促进平台进行数字化升级,让贸易基础更牢靠,贸易竞争力更强大。通过贸易数字化,可以加快推进国际贸易单一窗口建设,打通数据在贸易各环节的流动,建立标准化、一体化、透明化的数字监管体系和数据流动体系,缩短贸易流程,降低贸易成本,提高贸易效率,增加贸易效益。推动贸易数字化,各商务主管部门还需要加快建设为外贸企业提供一站式服务的贸易数字化服务中心,通过贸易数字化服务中心让贸易数字化真正落地,让广大中小企业真正享受到普惠的贸易服务。通过政府引导,在全国打造一批贸易数字化示范区和示范项目,以此带动贸易数字化形成可复制、体系化的发展模式。作为贸易微观主体的外贸企业,其数字化转型则会为提升贸易数字化水平打下坚实的微观基础。外贸企业通过采用数字营销、外贸大数据、跨境电商等新型数字化营销工具和方法不断拓展新市场、新客户,同时通过贸易数字化转型增强快速满足客户需求的能力。数字化转型是企业转型升级、升维迭代的最重要的抓手,企业对外要实现从采购、研发设计、生产制造到营销销售和售后服务的全价值链的数字化转型,对内则从思维、组织、运营、文化和人才上实现全数字化转型,通过贸易数字化转型使自己不断升级迭代,进而进化成数字化时代的"新物种"。

在探索中实践,在实践中总结,贸易数字化方兴未艾,尤其是中国作为全球第一制造大国和第一货物贸易大国,拥有贸易数字化丰富的应用场景和实践案例。相信随着越来越多研究者、实践者的加入,一定会赋予其新的内容、新的作用和新的活力,为世界贸易数字化转型贡献中国智慧和中国实践。

邵宏华

2021 年 11 月于北京

目 录

写在前面的话

第 1 章 俯拾皆数：数字文明与数字世界 / 001

从万物皆数说起 / 002

　　毕达哥拉斯：数是万物的本质 / 002

　　老子：道是天地万物之源 / 005

　　随千年风烟来到数字化时代 / 007

　　顺势而为的数字聚合 / 008

　　因数而美，向数而生 / 010

　　不朽的进化——数字化时代"新物种" / 012

　　名副其实的时光行者 / 014

从农业文明、工业文明到数字文明的跨越 / 015

　　新生产资料：数据的胜利 / 015

　　新规则：文明改造文明 / 020

　　新能源：用之不竭的数据 / 022

　　数字化时代或将是中国的时代 / 023

数字技术：向前奔流是它的本质 / 025

计算力是一种重塑力 / 026

　　联网革命：时代让我们起飞 / 030

　　万物互联：不断扩大的能量源 / 034

我中有我：数字世界与物理世界 / 039

　　数字孪生：两个世界天生相通 / 040

　　"三力"：牵引物理世界变革 / 043

　　数字"永生"：潘多拉魔盒或丰饶之角 / 047

第 2 章　解构重链：进入贸易数字化的世界 / 051

解构数字化 / 052

　　数字化的本质是"三化" / 052

　　数字产业化与产业数字化 / 059

　　数字化重构：给传统产业"动刀" / 064

全球化 1.0~4.0 演变 / 068

　　全球化 1.0~3.0 发生了什么 / 069

　　全球化 4.0：新全球化形成 / 071

数字化与新全球化叠加 / 076

　　用数字化思维看长远 / 077

　　连接：新全球化另一个视角 / 079

什么是贸易数字化 / 082

　　贸易数字化概念和内涵 / 082

　　贸易数字化与数字贸易、跨境电商的关系 / 086

　　从产业角度看贸易数字化 / 090

　　从数字化和新全球化角度看贸易数字化 / 091

　　贸易数字化发展评价体系和指数 / 094

第 3 章 破局升维:透见贸易数字化的真实价值 / 097

站在月球看地球 / 098
  知事而豁达,透事而开阔 / 099
  找到"虫洞",实现跨越式发展 / 102
  企业物种的超级进化 / 104

透见贸易数字化的曙光 / 107
  当"老外贸"遇到"新外贸" / 107
  看清趋势:站在未来看现在 / 111
  贸易数字化意义何在 / 112
  贸易数字化从 1.0 到 3.0 / 114

有"融"乃大 / 121
  融合一:内贸和外贸 / 121
  融合二:货物贸易和服务贸易 / 122
  融合三:贸易和产业 / 124
  融合四:线上和线下 / 125

不"新"不立 / 126
  宏观层面的创新 / 127
  微观层面的创新 / 128

价值的力量 / 130
  贸易数字化元年 / 131
  "数字强贸"战略的提出 / 133

第 4 章 赋能予力：让外贸插上数字化的翅膀 / 137

数字化赋能贸易全流程改造 / 138

数字营销："出海"新利器 / 141

  搜索引擎营销 / 142

  社媒营销 / 147

  社群营销 / 151

外贸大数据："凡尔赛式"契合需求 / 154

  市场分析数据化 / 156

  客户"画像"数据化 / 156

  行业监测数据化 / 157

  商业洞察数据化 / 158

  外贸管理数据化 / 158

跨境电商：贸易数字化的成熟分支 / 161

  跨境电商平台：实现全球覆盖 / 162

  独立站：更自主、更灵活 / 169

  数字品牌：构建品牌新形象 / 171

  海外仓：堪比本土化的服务 / 173

贸易数字化"新基建" / 174

  数字化物流：用数字编织物流之网 / 175

  数字化服务：重塑售后服务的竞争力 / 178

  数字化通关：新时代的通关革命 / 181

  数字支付：让支付更加"浑然天成" / 186

  数字认证：共建可信任的数字世界 / 189

第 5 章 升级迭代：外贸企业数字化转型路线图 / 195

疫情下的一抹亮色 / 196

  "万企调查"聚焦数字化转型 / 197

  数字化转型痛在何处 / 201

"痛定思痛"的良方 / 203

  技术层面的解决方案 / 204

  组织层面的解决方案 / 207

  环境层面的解决方案 / 208

向外转：营销数字化转型当先 / 210

  用数据撬开市场的大门 / 210

  用数据为客户精准"画像" / 212

  用数据制定竞价策略 / 214

  通过主动营销精准拿下客户 / 215

向外转：从"中国制造"到"中国智造" / 223

  工业互联网：制造力量的另一种诠释 / 224

  工业互联网应用价值体系 / 226

  引领制造业转型的指路明灯——"灯塔工厂" / 230

  打造数字化转型的"智慧工厂" / 233

向内转：打造数字化企业自身新范式 / 236

  传统企业治理思维与困局 / 236

  从机械性思维说起 / 237

  构建数字化时代的治理模式 / 239

数字化治理新模式实践：以环球慧思为例 / 244

  树立数字化思维 / 244

  建设敏捷型组织 / 246

  构建信息网络节点 / 248

打造数字化运营体系 / 251

筑牢生态型人才梯田 / 258

锻造文化输出线路 / 261

数字化转型要点集结 / 264

"一把手"工程：自上而下和自下而上相结合 / 264

因企制宜：小步快跑、升级迭代、久久为功 / 266

意识基础：来自强烈的使命感 / 267

中心导向：以客户为中心，以创造客户价值为导向 / 268

转型核心：快速反应，在不确定性中找到确定性 / 269

全面考量：战略导向、能力建设和系统管理相结合 / 270

不是转行：聚焦主业，强化专业化能力 / 271

强化协同：共生能力和一体化能力并举 / 273

第6章 未来已来：贸易数字化新格局 / 275

研究者说：大格局与小布局 / 276

实践者说：打造数字化内核 / 295

著作者说：贸易数字化重塑中国外贸竞争新优势 / 315

参考文献 / 331

致谢 / 333

贸易数字化全景图 / 335

第 1 章
俯拾皆数：数字文明与数字世界

总有一些事物或思想穿越数千年甚至数万年的时光旅程，与人类相伴于浩渺的宇宙之间。"数"就是其中的一分子，它以无处不在的生存本质，演绎着经典永流传。很多先贤哲人有意或无意地发现了数及其价值，甚至用一生研究它、揭示它、敬畏它，为世界留下了难以计数的宝贵知识财富。数，踏着历史横流而来，贯通人类生存始终，讲述一个又一个新奇的身边故事。

不管你是否承认，中国外贸都已开启变革闸门。2020年，贸易数字化以强劲涌动之姿现身，打破传统贸易与新外贸的一墙壁垒，推动中国外贸升级发展。数字化，从此加速流淌进中国外贸的热血之中，成为一种新型进化基因。

在进入贸易数字化正式章节之前，我们有必要理解"数"的时光旅程和价值指向，看一看它如何穿越历史风尘来到了中国外贸的生态系统中，以高价值形态重塑一个崭新的贸易世界。那就从"万物皆数"说起吧！

从万物皆数说起

具有传奇色彩的希腊萨摩斯岛地处爱琴海东南部，与土耳其（小亚细亚半岛）隔海相望，往南穿越地中海便到达拥有灿烂古文明的埃及。昔日，航海贸易造就了这里的商业繁荣景象，见证了古希腊的辉煌。曾有数位人类巨匠出生于或踏足过这个古老的岛屿，如古希腊哲学家伊壁鸠鲁（Epicurus）、"历史之父"希罗多德（Herodotus）等，而最著名的莫过于古希腊哲学家、数学家和音乐理论家毕达哥拉斯（Pythagoras）。

毕达哥拉斯：数是万物的本质

根据后人整理的资料，毕达哥拉斯大约公元前570年出生于萨摩斯岛。谁也没有料到，他此后取得的伟大成就让这座小岛熠熠生辉了2 000多年。直到现在，在这片原野上，仍然流传着毕达哥拉斯的诸多传说，仿佛岛上的风和白云依旧在倾诉着思想的力量。实际上，毕达哥拉斯未有著作流传于世，言论多由弟子口口相传，后经世人根据传闻整理而成体系，其生平事迹难以找到精准的资料考证，但这并不能掩盖他身上的传奇光芒，就如中国思想家孔子的思想由其弟子记录集成《论语》一样，对后世的影响长盛不衰。

据传，毕达哥拉斯曾游历埃及和巴比伦，深受古埃及文明和两河文明（美索不达米亚文明）的影响。埃及的金字塔和巴比伦的"空中花园"都蕴含着深奥的数学知识，反映了这两种古文明的数学成就。或许，这正是毕达哥拉斯作为数学家提出"万物皆数"的文明根基。

万物为何皆数？毕达哥拉斯认为，数是万物的本质，数量及其关系构成了整个宇宙的和谐秩序，如果没有数量概念，世间的一切事物就无法被认识。1、2、3、4这几个基本数字构成了宇宙空间维度：1代表点，是一切的起始；2点连成线，形成一维空间的直线；3点连接，形成二维空间的面；4点连接，构成三维空间的体。除了几何学和数论方面的成就，著名的毕达哥拉斯定理（勾股定理）也被视为毕达哥拉斯在数学领域的贡献之一。虽然他并不是最早发现勾股定理的人，但他通常被认为是证实勾股定理的第一人。

然而，毕达哥拉斯对数学的研究并未停留在数和数量关系本身上，而是试图通过揭示数背后的万物秩序，为人类找到一条精神世界和情感世界的归途。正如法国数学家米卡埃尔·洛奈（Mickaël Launay）在《万物皆数：从史前时期到人工智能，跨越千年的数学之旅》一书中所言："从人类诞生之初到现在的漫长历史岁月中，数学经常被用来研究和理解这个世界。"毕达哥拉斯及其学派将数视为宇宙万物的本源，以此理解世界的奥妙，让渺小的人类在无尽的宇宙之中找到存在的真实意义和情感归宿。

这就不难理解毕达哥拉斯为何会赋予数字某种意义了：1 是万物之母，代表智慧；2 是对立和否定的原则，代表意见；3 是万物的形体和形式，代表整体之数；4 是宇宙创造者的象征，代表公平；5 是奇数和偶数，代表婚姻……

毕达哥拉斯研究数学之初便赋予它价值和意义，而不是仅仅关注数字符号或几何图形，这是他的高明之处。也可以这么理解，数的意义不在于数本身，而是它所延伸出来的精神世界和情感世界，它甚至要回答"我们从哪里来、要到哪里去"这样的亘古问题。

2 000 多年之后的当下，"万物皆数"所蕴含的思想意境又焕发出了新的生命力。它又将回答什么问题呢？在数字经济、万物互联、人工智能、云计算、区块链等新事物方兴未艾的今天，数可能被视为一种连接历史成就和现实发展的绳索，一种新经济模式崛起的支撑，一种打破旧贸易秩序、颠覆传统贸易格局、创立外贸新范式的力量。在这种背景下，对于国家来说，由数字技术支撑的产业数字化转型将重构经济秩序，重塑生产力和生产关系，定位新的发展动力。此时，数回答了如何实现经济可持续发展、提升国际竞争力的问题。对于企业来说，沉淀下来的大数据可能意味着订单、意味着市场份额、意味着品牌力度、意味着价值链位置。此时，数回答了如何在新时代更好地生存下去的问题。不同的角色将从数中找到不同的答案，并深刻体会这份答案的价值。或许，数不能回答所有人的问题，但它至少是一种被历史无数次验证过的寻找答案的有效途径。

拂去历史弥尘，"万物皆数"历久弥新。"万物皆数"一词多次出现在后人的各种著作中，几千年过去了，人们仍在用它理解世界、更新法则，并赋予它新的现实意义。2020 年新冠肺炎疫情给世界经贸蒙上了一层厚重的阴影，而数字化成了应对不确定性的最好办法。今后，数字化在各行各业中还将显示出更大的威力。

在无数人追问人生意义之时，总会发现沧海桑田，物非人非，山河亦时有移位，而思想和学识总能穿透历史的斑驳年轮，以涤荡人心的力量走到我们面前，永葆青春模样。毕达哥拉斯大约公元前 500 年离世，斯人已逝，但他的数学研究成果并未埋葬于某一角落，而是经过后人的补充和演绎，延续至今。

从另一个角度说，毕达哥拉斯研究数及数量关系的过程，就是其对"一与多"这类哲学难题的追问过程，"万物皆数"亦可视为数学研究之树上开出的哲学之花。一粒蒲公英的种子就蕴含了一与多的关系，种子是一，长出的蒲公英是多，每棵蒲公英又是完全不同的个体，山坡上成片的蒲公英即构成了多的世界。而同时蒲公英又可称为"一"，它与山、树、云、土壤、河流、船只、人这些更多的"一"构成了更大范围的"多"。这里的"一"与数字"1"又具有相同的意义，即一切的起始。

老子：道是天地万物之源

一切的起始到底是什么？毕达哥拉斯给出了自己的答案：数。奇妙的是，几乎与毕达哥拉斯同一个时代，中国诞生了一位伟大的思想家和哲学家——老子。虽然老子的具体生卒年月无从考证，但他为春秋时期人基本是定论。人们推断老子生活在约公元前 571 年至公元前 470 年。在不同的时空里，地理上相距 7 000 多千米之遥，老子和毕达哥拉斯这两位先贤哲人都对万物本源和"一与多"发出灵魂追问，将世界不同的文明如此微妙地联系起来。

老子认为，道是天地万物的起源，这与毕达哥拉斯提出的"数是万物的本质"有异曲同工之妙。何为道？

《道德经》开篇便写道："道可道，非常道；名可名，非常名。无名，万物之始；有名，万物之母。"这两句话的意思是"道可知而可行,但非恒久不变之道;名可据实而定,但非恒久不变之名。无名,是万物的原始;有名,是万物的开端。"也可以这么理解:"万物始于微而后成,始于无而后生。"老子又说:"有物混成,先天地生。"其中的"物"即"道",先于天地而生,为本原。

数千年来,人们对于"道"的理解各有千秋,每个人心中都有自己的"道"。在这里,我们并不纠结它有多少层含义,而只要清楚"道是天地万物的起源",便算是领会到老子的哲学精髓了。《道德经》中的另一句话能帮助我们理解为何道是一切的起源,即"道生一,一生二,二生三,三生万物"。这里用"一""二""三"代表了道化生万物的过程,由"一"及至世间所有。这一过程表现为从无到有、由简至繁,以数字加以描述。"一"还常常被老子用来指代"道"。

即便熟读了《道德经》,恐怕也很难用语言表述"道",但它又无所不在,浸透我们生存的这个现实空间的方方面面。老子将道作为天地万物的本原,以"道"字开启《道德经》5 000余字的旷古哲学巨著,最终的落脚点却是"万物"。以"道"为起点,世间万物相互对立、相互统一、相互转化,最终体现为道法自然、和谐统一。追本溯源认识了道,才能更好地认识万物,理解人间世。这与毕达哥拉斯用数理解万物殊途同归。

"有无相生,难易相成,长短相形,高下相倾,音声相和,前后相随。""曲则全,枉则直;洼则盈,敝则新;少则多,多则惑。""重为轻根,静为躁君。""柔弱胜刚强。""祸兮,福之所倚;福兮,祸之所伏。"……这些辩证思维在《道德经》中俯拾皆是,刻画了世间万物的相依相存、相克相生。

老子的思想中蕴含着数字,又从哲学高度看待万物,告诉我们修身、治世、成就事业的古老智慧。放到现在的数字化时代,其中的辩

智者论"数"

证思维仍可为我们指点迷津。不同于工业时代的思维方式,数字化时代强调利他、协同、共生共赢。若以老子的哲学思想看待数字化时代的这些特质,我们就能更容易做到思维方式、管理模式的升维,快速适应新的数字环境。

随千年风烟来到数字化时代

在数字化时代,我们需要摒弃非此即彼、唯有竞争和厮杀才能生存的守旧思想。此时,"我为人人,人人为我"应该成为思考问题的一个基本出发点,总结起来就是利他思维。你在想办法成就别人的时候,别人也会成就你,最终大家互相成就、协同发展、共生共赢。每个人都有自己的能力和资源,在数字环境中,要思考如何调用别人的能力和资源,同时将自己的能力和资源分享出去,为他人所用。有时候,看上去失去了,实则得到了更多。不同的能力和资源协同之后,能够打破信息孤岛,形成更大的智慧和资源池,使企业在降低成本的同时提高效率。久而久之,这种利他思维成为数字化时代的润滑剂,让经济、贸易、社会等各环节运行得更加高效、顺畅,让企业、个人等各个主体更加和谐、融洽。

正如老子所说的"洼则盈,敝则新""少则多,多则惑":低洼之处容易充满,陈旧的事物反能快速更新;欠缺就更容易获得,贪多反而招致迷惑。由此可见,得与失并非对立而生,在一定条件下它们之间往往相互转化。由此及彼,数字化时代的利他,也并不意味着牺牲自我,反倒是一种"两全"——自我成全、成全他人。一家企业不可能具备所有资源,而数字化时代恰恰提供了这样一种开放共享的机制,让企业有能力打破自身边界,在利他思维主导下通过合作实现以资源换资源。客户在哪里,企业的边界就拓展到哪里,未来企业成为无边界的组织也不是没有可能。不只是经营企业,现实生活中做任何事情用了利他、共享思维方式,都大有裨益。当然,只有全社会形成利他氛围,才能真正达到互利共赢。

在数字化时代,思维模式的更新比任何时候都重要。外贸企业可用符合新时代发展要求的新思维将自身打造成组织网络中一个关键节点,在贸易价值链上获得主动权,告别单打独斗,融入共生共赢的浪潮。

在历史的城墙上剥离一抹尘土,便足以让我们穿越到数千年的文明源头,用彼岸的智慧解答此岸的难题。回到 2 000 多年前老子生活的时代,昔日物什早已化为乌有,哲学思想却深深地镌刻着古时印迹,随千年风烟来到了数字化时代。"三生万物",而万物生生不息。从古至今,数学与哲学为人类历史拉出了两条从未间断的轨迹,贯穿山川、江海、茂林和亘古岁月,推动社会持续迭代发展,涓涓流淌,绵延不止。

顺势而为的数字聚合

让我们从古代转向近现代,聊一聊数的用处。

在过去不到 200 年的时间里，摄影世界发生了剧变，胶片相机从风光无限到几近寿终正寝，数码相机从势单力薄到风靡全球，彻底改变了照片的输出形式，也改变了身在其中的企业的命运和每一位摄影师对艺术的诠释方式。而数字技术正是这一变革的关键推动力量。

延伸阅读

摄影世界的"变数"

在摄影术发明之前，人们只能以绘画或雕刻的方式记载人物肖像，难以传递精细的真实相貌。可以说，在照相机现世之前，根本不存在真实的历史人物影像。1826 年（一说 1825 年），法国人尼埃普斯（Niepce）拍摄了世界上第一张照片。1839 年，法国画家路易·雅克·曼德·达盖尔（Louis Jacques Mand Daguerre）发明了"银版摄影术"，世界上第一台真正意义上的照相机诞生。这一年被普遍视为摄影术的诞生之年。照相机是创造性的发明，这一事实无人置喙，它在人类发展中的地位甚至可以与造纸术和印刷术相媲美。1888 年，柯达公司生产出胶卷，同年该公司发明了世界上第一台使用胶卷的照相机。此后大约 100 年间，胶片相机统领摄影世界，催生了一大批摄影师和著名的照相机品牌。1975 年，柯达公司工程师史蒂文 J. 赛尚（Steven J. Sasson）发明了最早的数码相机，同年第一张数字照片诞生。

1991 年，柯达公司推出了世界第一款专业级数码相机并实现量产，数码时代的大幕正式开启。之后，尼康、佳能、富士、索尼等公司纷纷投入数码相机研发和生产中，众多品牌开始在数码相机市场中厮杀。胶片相机在与数码相机的市场博弈中日渐式微，数码相机则逐渐占据上风，成为绝大多数摄影师的心头好。

梳理摄影历史，让我们看清楚了数字技术变革对一个传统领域的强大席卷力。在这股浪潮中，一些曾经创造过辉煌战绩的企业倒下了，其中最典型的莫过于柯达公司。曾几何时，中国很多城市的大街小巷都能看到柯达的身影，红黄相间的店面和 Logo 设计传递着鲜明的品牌价值。后来，柯达胶卷的地位江河日下，它在各种著作中以案例形式被展示。在这里，我们称之为"被数字技术打败的百年企业"，它曾因胶卷闻名于世，也因胶卷败走麦城。由于遭受数字技术的冲击，柯达公司胶卷销量大幅下降，最终折戟沙场，市场地位一落千丈。2009 年，柯达公司宣布柯达克罗姆（Kodachrome）胶卷停产，意味着胶卷时代的终结。2013 年，柯达公司破产重组，走上了漫长的转型之路。时至今日，几乎被人们遗忘的柯达仍在寻求于数字化时代逆风翻盘，前路悠长而艰险。时代瞬息万变，英雄悲兮不可追，我们将美好的祝福送给柯达。

因数而美，向数而生

将柯达的悲情故事放到外贸行业内，同样值得深思。因为数字技术过去给柯达建造的"牢笼"，犹如数字化时代当下为外贸企业打造的"枷锁"。不合时宜的永远不是技术创新，而是身在变革中的我们无法顺势而为。与百年柯达相比，过去几十年崛起的大多数中国外贸企业仍算"年轻人"，缺少深厚的品牌沉淀，更没有强大的国际市场影响力，随外贸发展沉浮修炼，虽增长了本事才干，但也数度遭遇风刀霜剑严相逼。"行路难，难于上青天！"在传统贸易时代，中国外贸企业曾靠低附加值产品火遍全球，但是一个"难"字从来没有离开过它们奋斗过程的始终。如今，数字化时代的车轮已卷起滚滚尘土疾驰前行，外贸企业能否搭上这辆车，意味着未来数年能否更好地生存和发展下去。质变，从改变开始。全面拥抱数字技术是柯达这样的摄影相关企业打破"牢笼"的开始，而深谙数字化时代的生存法则是外贸企业将"枷锁"变成钥匙的必备技能。

柯达的经历告诉我们，技术发展不会因为谁曾在某一领域创造了历史就对谁手下留情，技术创新从不停歇，即便是百年企业也难免被抛弃。做企业往往九死一生，危机意识不可抛诸脑后，升级迭代的本领也需时时累积。数码相机发展了几十年，现有的知名相机品牌的地位也并不是牢不可破，甚至有些企业已走到岌岌可危的地步。自2008起，微单相机走入摄影世界，解决了单反相机体型庞大、笨重的缺点，对单反相机的市场份额构成了很大的威胁，甚至一些摄影师也开始使用微单相机。在专业领域，虽然微单相机还只是单反相机的补充，但随着技术的进步，谁又能断言微单相机未来不能完全取代单反相机呢？就如当初数码相机取代胶卷相机一样，并没有花费多少时间。你看，在数字技术创新大潮中，没有人能高枕无忧。

摄影，又如何因数而美？不管是过去还是现在，数字及其比例关系始终在摄影中占据重要地位。过去，胶卷是主要生产资料，来到数码时代，数字成了核心资源之一，摄影师对数字组合的把控能力更加重要。24毫米、35毫米、85毫米、135毫米、200毫米、400毫米……这些数字在摄影中代表了不同的焦距，使用不同焦距（焦段）的相机镜头拍摄出的照片呈现不同的效果。摄影在快门、光圈、感光度不同的参数组合之下，又会产生千变万化的照片风格。另外，摄影作品中近景、中景、远景之间的比例关系也蕴含着数学奥妙。

在摄影世界，如果将照相机看作一个数字平台，那么摄影师就是用数字在平台上演绎摄影这门艺术的匠人。技术改变了摄影，但是各项技术的集大成者——照相机，始终只是摄影师进行艺术创作的得力工具，就如画师手中的笔一样。熟练掌握摄影技术的人不一定能拍出好照片，技术犹如一张照片上的背景，摄影师的艺术功底和对世界的洞察力才是焦点所在，而两者又不可分割。摄影作品上跳动的不再是光影，而是摄影师的修为。归根究底，人的力量才是摄影世界最大的力量。

在数字化时代，人的力量更加凸显。人们留下了海量的行为数据，同时他们也是数据的最终使用者。为了适应数字环境，外贸人也需要随企业转型而升级，做新理念、新知识、新技能和新方法的传递者。目前来看，既懂外语又懂外贸、既懂网络又懂数据的复合型人才和精英型人才犹如凤毛麟角。谁都不是天生的王者，我们要避免被淘汰，就必须不断地学习和沉淀，尽管这个蜕变过程有时是痛苦的。脱胎换骨之后，"新外贸人"的牌子才能立起来。为了具备使用数字营销、外贸大数据、跨境电商等数字化时代资源的能力，外贸企业不得不培养自己的"新外贸人"。

在数码相机横行的当下，仍有人热衷于收藏胶卷相机，用独特的照片风格怀念旧时光，祭奠永不再来的青春。然而，它只能代表过去，无法守望未来。

不朽的进化——数字化时代"新物种"

法国著名的昆虫学家、文学家法布尔在《昆虫记》一书中说："四年黑暗中的苦工，一个月阳光下的享乐，这就是蝉的生活。我们不应当讨厌它那喧嚣的歌声，因为它掘土四年，现在才能够穿起漂亮的衣服，长起可与飞鸟匹敌的翅膀，沐浴在温暖的阳光中。"如此悲怆的命运安排却是大自然的馈赠。即便如此艰难的一生，仍或是经过千万年进化的结果。可怜吗？每一个生命体都有各自的归宿。子非蝉，安知蝉之乐？

进化，无处不在，从不停息。40多亿年高龄的地球在进化，繁衍了约30亿年的物种在进化，出现在地球上约250万年的人类在进化……存在于历史中的是我们，而今与地球同命运的也是我们，我们是那么相同，我们又这么不同。而不朽进化的背后，有着无形而强大的数字力量。地球与太阳保持了适度的距离，形成了平衡的数量比例关系和力量关系，恰好造就了空气、水和适宜的温度，得以让物种生生不息。然而，任何平衡关系都不是静态的，大自然的每一次"异动"都可能导致进化过程戛然而止，一如几千万前的"恐龙大灭绝"事件。如今存在于地球上的物种有谁不经进化就适应了环境变化呢？将放大镜放到生物身上看个仔细，不同生物的染色体数量大为不同，由此构成了绚丽多彩的生物世界，数在其中又无声发力。

在这里，我们并不是要不自量力地探究复杂的生物学问题，而是借物种进化背后的数之驱动力量，强调进化的至关重要性，用进化理论解决现实问题。一个时代有一个时代的生存要素和资源禀赋，从工业时代过渡到数字化时代，企业生存的环境必然发生变化，进化势在必行。如果我们将企业视为"物种"，那么就可将进化从生物世界延伸到商业世界，重新审视进化的价值所在。进化，并不只表现在外在形式上，还体现在内在力量的集聚上。人是如此，企业也是如此。

数字化时代的大旗已在不远处的山头上高高飘扬。关于制造业企业转型升级的呼声已嘹亮多年，诸多企业向更高水平、更高质量、更具附加值的发展层次进发，其中断然少不了数据的身影。数，将在企业的这一次进化中扮演关键角色。在数字化时代，企业需要做到对外进化（转型）和对内进化（转型）。所谓对外进化，涉及供应链、研发设计、生产制造、品牌营销、售后服务等环节；所谓对内进化，则需要全面重构思维、组织、运营、文化和人才体系。从工业时代的

"旧物种"进化为数字化时代"新物种"的企业，将实现蜕变、迎来新生。

唯有进化，方可守住工业时代的"战绩"，避免前期的积累付之一炬。每一家外贸企业都迎来了未来10年最确定的事情——数字化。转型升级不是随便说一说就束之高阁，而是必须身体力行，即刻付诸实践。否则，你就可能成为达尔文在《物种起源》一书中所描述的"自然选择""生存竞争"的牺牲品。

名副其实的时光行者

"人事有代谢，往来成古今。"从某种程度上说，数也无时不刻在进化。从远古时的结绳计数到现在数字经济浪潮汹涌，数穿越时空成了新的生产力。在悠长流淌的岁月激流里，在无限延长的历史画卷中，它未囿于方寸之间，未驻于一隅之地，而是低调地渗透所有，用抽象引领具象，用简单化解繁难，助我们立于苍茫天地间，创造灿烂的物质文明和精神文明。

数，不是冷冰冰的符号，它被赋予情感、信念和能力，被用来推动现实世界的升级发展。在此过程中，数存在的意义也得到了升华。我们研究数、理解数，真正的目的是为我所用，将它看作一种经济资源、一种理解现世的通道。我们从几个角度梳理了数的古往今来，就是要揭示数在人类历史和不同领域中的重要推动作用，为企业进入贸易数字化的世界提供更开阔的视野。

在如今这个新时代，数终于告别低调，从幕后走到了台前。那些拥有海量大数据并使之在线化的企业抢占了市场先机，成了数字经济的微观引领者。数，是一位名副其实的时光行者，它一定能告诉我们数字化时代背后的逻辑和规律。

从农业文明、工业文明到数字文明的跨越

纵观历史进程，人类大致经历了 3 个文明阶段：农业文明、工业文明和数字文明。如今，我们穿越漫长的农业文明，走到了后工业文明时代，并且一只脚已经迈进数字文明的门槛。人类待在农业时代大约有 1 万年时间，开启工业时代仅是近 200 多年的事，数字化时代随即以迅雷不及掩耳之势"登堂入室"，文明的迭代呈现加速度。

3 个文明代表着不同的物质文明和精神文明发展水平，各自拥有社会驱动力。每一阶段的文明交替背后，是新技术推动生产力不断迭代发展，随后出现与生产力匹配的生产关系，生产组织方式和思维方式也相应发生改变。而作为新生文明力量，数字文明的爆发力和穿透力比其他两个文明都惊人。也许，一些人在自己的领域内尚未感受到这股强力。如果你并不在意眼下数字文明的涓涓细流，当有一天它汇聚成了洪流，你就可能错过中流击楫的机会。

数字文明缘何超越农业文明、工业文明而崛起？当然缘于它是一种更高级、更先进的文明形态。

新生产资料：数据的胜利

在传统农业文明时期，生产力主要是人力和畜力，而畜力又以牛为代表，牛耕田的图腾常见于国内外文物、古诗文和书画等载体上。始于 18 世纪 60 年代、结束于 19 世纪 40 年代的英国工业革命，将人类从农业文明带入工业文明。以蒸汽机为代表的新动能推动了生产力的极大发展，机器取代手工业生产和畜力，机械化的力量称霸全球。过去 200 多年来，工业文明以技术变革为支撑，推动人类社会大发

展,使人类的财富迅速膨胀。而到了数字文明时期,生产力演变为算法和算力。算法其实是一些逻辑关系,跟硬件和软件都有很大的关系。谁的算力强大,谁就可能在新时代获得超强竞争力。这种新型生产力的能量将超越农业文明之畜力和工业文明之机器力,颠覆整个社会的生产和组织方式,重塑制度和管理模式,同时为人类创造智能化的生存空间。

在不同的文明形态下,生产资料实际上一直在变。农业文明最看重土地。过去几千年,中国历经数个朝代更迭,围绕土地的争夺及土地制度的修整从未停止。《易经》中说:"见龙在田,天下文明。"这被认为是汉语中"文明"一词的最早出处。后人对这句话有很多种解释,但多多少少都有农耕文明的影子。以农立国的华夏民族,将"田"(土地)视为根基,最早的"文明"也出现在田间。到了工业时代,最重要的生产资料变成了资本,由资本雇用劳动力展开大规模生产。产业或企业的兴起都离不开资本的鼎力相助,比如,硅谷之所以能成为全球高科技研发和创新中心,除了大量人才的加入,大规模资本的支持也必不可少。

而在数字化时代,数据成为最重要的生产资料。不管算力有多么强大,如果没有数据这种基本的生产资料,一切都是无源之水、无本之木。在商业世界中,最大的竞争将来自于对数据资源的争夺。那些沉淀巨量内部数据和外部数据的企业,将获得更大的市场话语权,甚至由此斩获重新制定商业规则的资格。未来新的全球化也会以数字化为基础,争夺也将围绕数据展开,包括数据的跨境流动、数据规则等。这与农业文明时期争夺土地以及工业文明时期争夺石油等资源的性质是一样的。

在生产组织方式上,农业文明时期以村庄的点状分布式为特点,相对比较封闭。以前,隔一个村庄、一座山,方言可能都不一样。更有甚者，隔一条小溪，溪这边的人听不懂溪那边人的话。大家过着小农经济式的自给自足的生活，日出而作、日落而息，相互不连通，最多拿自己种出的东西去附近的集市交换，贸易范围非常有限。

这一时期的国际贸易方面，始于西汉的"丝绸之路"成为连接东西方的商道，一度驼铃不息、欣欣向荣，在唐朝达到鼎盛，于宋朝逐渐没落。到了明朝，郑和下西洋开辟了"海上丝绸之路"，但是这条海上贸易通道并没有走很远，后来甚至中断了。应该说，中国在漫长的农业文明时期曾积极参与全球贸易，以"丝绸之路"为代表，在全球贸易发展史上留下过浓墨重彩。

在中国，农耕思想根深蒂固，影响力巨大，"重农抑商"曾经主导过多个朝代的社会经济发展方向。从某种程度上说，这也是导致中国一直没能真正打开工业文明大门的一个因素。一方面没能保住国际贸易通道，特别是错过了世界海上贸易兴盛时期；另一方面在技术上没有更多突破，难以主导或深度参与工业变革。

在工业文明时期，生产组织方式是以规模经济为主的专业化分工，主要采取金字塔形的管理方式，更集中化、规模化。企业组织架构有科层制、事业部制、职能制等，目的是让效率更高、成本更低。这时候，工业社会更多的是垂直分工，有些地方出口资源、劳动，有些地方出口工业制成品，有些地方出口原料、进口工业品，基本上形成了发达国家和发展中国家两个贸易阵营。只有到了工业文明时期，全球市场才得以形成，国际贸易迎来黄金时代。真正的国际贸易是随着工业社会的发展而兴起的。

这一时期，国际贸易领域出现了一项重要发明，即集装箱。其实，发明不只体现在技术上，还体现在组织方式上。集装箱的发明就是典型的货物组织方式的变革，它适应了规模经济的要求，带来了效率革命，促进了国际贸易的巨大进步。

延伸阅读

集装箱颠覆贸易

20世纪50年代，集装箱航运在美国崛起并很快传播到世界各地。推动这一进程的关键人物是出生于1931年的美国人马尔科姆·麦克莱恩（Malcom McLean）。确切地说，马尔科姆·麦克莱恩并不是集装箱的发明者，在集装箱航运开始之前几十年，人们就已经在使用这种货柜。但是，马尔科姆·麦克莱恩从自己多年管理卡车运输公司的经验出发，不断寻找和修正削减成本的方法，提供了一套货物处理的新体系，给全球货运行业带来了一场变革。

通过集装箱运输货物，能够大大降低货运成本、节省运输时间、提高货运效率。集装箱由最初的各种不同设计规格最终走向标准化，又是一次质的飞跃。标准化之后，全球不同的港口以及不同运输公司的船、火车、卡车等，装卸货物都可以实现兼容。因此，集装箱的发明可视为对国际贸易货运方式进行了一次系统性的改造，加速了全球化分工，推动了全球化的到来。

走到今天，工业文明已与数字文明碰面，面临被改造的命运。数字文明是一种更先进的文明形式，组织架构更加扁平化、去中心化，更加开放、透明。表面上看，数字文明时期的组织形式似乎要回到农业文明时期，呈现分布式特点，也有很多个体和节点，但是数字化时代的内核是完全不同的。这体现在数字化时代将这些分散的点都连接起来，而不是回到过去那种封闭的状态。这是一种革命性的转变。

数字化时代的组织方式更加合理。这就好比电路，串联时，一盏灯熄灭了，所有灯都会熄灭，而并联就不存在这个问题；再比如动车组，以前火车头只有一个，现在每节车厢都有动力，某一节车厢坏了，并不影响整辆车正常运行。这就是数字化时代新型组织方式的好处。

数字化时代最关键的特征之一就是连接。连接是数字文明与农业文明、工业文明最本质的区别。连接之后，所有的人和物都能沉淀数据。人们打破了信息孤岛和信息壁垒，沟通更加精准、高效。每一个人都成为数据的一分子，同时又是数据的创造者。更重要的是，人的思想连接起来之后，知识能够实现裂变。数字文明时期的连接将农业文明的分散变为聚合，将工业文明的大规模、集中式生产变成柔性化生产。数字社会中的生产要素看似分散在世界各地，实则都在同一个由数据主导的生态系统中。

例如，大家合作举行一场线上音乐会，音乐家各有分工、各司其职，通过互联网平台，上万人可以同时在线观看，每个人都围绕着音乐会成为一个点，最后全部被连接起来。而这里的"分工"也并不是工业时代的那种"分工"，它是一种更高层次的分工，可以实现协同效应。

应该说，连接是一项伟大的创新，它将带来网络协同效应。这不同于工业文明时期的规模效应。工业时代的规模经济到达一定程度之后，边际成本会递增，这时候规模经济就变成了规模不经济，同时管理成本也会大大提高。而在数字化时代，数据越多越好，边际成本不断下降，所以连接之后能产生网络协同效应。工业文明没有考虑到连接和网络协同效应，比如企业做一套ERP（企业资源计划）系统，只是为了管理自己的内部人员，并不会跟外部资源连接和协同。

需要说明的是，网络协同效应绝对不是1+1>2。企业之所以要组织团队工作，甚至极少人就能完成的事情也要由团队来做，就是因为团队成员之间能实现协同效应，思想和知识协同之后获得的成果是大为不同的。在数字化时代，你会发现单打独斗根本行不通，很多人为我服务，我也为很多人服务，大家同在一个生态系统中，共生共赢。

农业文明和工业文明都曾胜利过，现在到了数据大获全胜的时候。今天我们提出"贸易数字化"，其实有两个维度：一个是全球化，即"全球买、全球卖"，利用全球市场资源；另一个是数字化，用数据改造贸易的全产业链条。在数字文明时期，国际贸易也将升级为由连接和协同构造的生态体系。

新规则：文明改造文明

在生产力发生剧变的情况下，生产关系必然发生改变。所以，一个文明有一个文明的社会体系：农业文明有农业文明的秩序；工业文明有工业文明的规则；当然，数字文明崛起之后，也将建立自己的生存法则。

工业文明时期的一个反面例子，或许能让我们理解生产关系适应生产力的重要性，它就是英国著名的《红旗法案》。该法案实际上是英国于1865年推出的《机动车法案》，之所以被称为《红旗法案》，其实具有嘲讽意味。在第一次工业革命推动下，蒸汽机很快被应用到交通运输行业，由蒸汽机驱动的机动车迅速在英国出现。不过，当时马车仍是主流交通工具，人们对这种新型机动车的安全性产生怀疑。于是，《红旗法案》对于蒸汽机车的乘车人数量、行驶速度等都做出了规定，其中一条就是必须有一个人手持红旗，在车前约50米以外做引导。这些规定实际上将蒸汽机车限制在了马车的频率上。此项法案直至19世纪90年代中期才被废止。其严重后果是，英国丧失了当时发展成为汽车工业强国的大好时机，将机会拱手让给了德国和美国。

这个例子也说明了新规则是否适宜影响重大。随着数字文明的推进，我们不仅要对工业文明的旧规则进行调整，而且要实施适应数字环境的新规则，通过体制机制的完善来适应生产力的发展。数字化将建立自己的社会体系、生产体系和生活体系。

文明的迭代，并不是一个文明消灭另一个文明，而是一个文明改造另一个文明。工业化改造了农业文明，数字化也将重构工业文明的整套制度体系。比如，工业文明的机器将人的手脚解放出来，节省了人的体力。到了数字文明时期，算力将人的大脑解放出来。如果说工业时代让人跑得更快、更远，那么数字化时代就是让智能化机器算得更快，为人类服务。比如养殖业，农业文明时期多以家庭为单位养殖，规模很小；到工业时代变成了大规模的养殖；而数字化时代升级为精准养殖，给每头牲畜装上传感器，能够精准地进行投喂和监测。

即便是现在的"一带一路"（"新丝绸之路经济带"和"21世纪海上丝绸之路"），也并不是过去"丝绸之路"的简单复盘，而是在新全球化背景下，以数字化时代的贸易方式运行，其中比较典型的就是跨境电商。"一带一路"始于2013年，源于后工业文明时期，但在数字文明进场之后，它被打上数字化的烙印，加速铺开。

电的发明是一次划时代的技术革命，也是工业文明的标志之一。吴军在《全球科技通史》一书中写道："电的使用对文明的作用远在蒸汽机之上。蒸汽机主要为人类提供动力，而电不仅是比蒸汽机更方便的动力，而且改造了几乎所有的产业……电使这些产业脱胎换骨，以崭新的形式重新出现。"

数字技术也一样，它将改造工业时代的产业形态、生产和生活方式。数字化通过智慧城市、智慧医疗、智慧交通、数字支付等形式逐渐渗透每个人的生活，走进千家万户，最终建成数字化社会。数字文明在拿到时代的交接棒后，将加速奔跑。但是，在实体企业还没有真正弄懂数字化及其意义之前，在它们尚未学会利用大数据实现自我改造之前，这一切都是空谈。

新能源：用之不竭的数据

人力和畜力可视为农业文明的能源，石油、煤炭等是工业文明的能源，而数据是数字文明的能源。人力和畜力是有限的；石油、煤炭等是非可再生能源，越用越少，终会走向枯竭；而数据用之不竭，会沉淀下来，越来越多。

例如，特斯拉最核心的是自动驾驶系统。这套系统根据车辆运行中产生的海量数据不断自我训练，持续更新模型。特斯拉实际上卖的是数据。传统汽车买的第一天是最新的，往后越来越旧。而特斯拉买的第一天是最旧的，除了车体外壳，以后随着数据的更新和迭代，自动驾驶系统一天比一天新。这就是数字化时代的价值体现。

本质上说，数据是一种新能源，也是数字化时代的基础资源。随着万物互联的推进，未来的数据量会翻很多倍，企业最后拼的将是算法+算力+数据。

收集起来的是信息，沉淀下来的才是数据

数字化时代或将是中国的时代

中国在农业文明时期创造了辉煌的成就,"四大发明"皆出自这一时期,影响力绵延至今。虽然18世纪错过了工业革命,工业化起步比较晚,但是这并不妨碍中国在最近70多年的时间内建成了全球最完备的工业体系。农业缓慢累积,工业加速布局,到数字文明时期,中国绝不会置身事外,数字化时代或将是中国的时代。

在文明交替之时,中国最有可能成为第一个完成数字化的国家。为何这么说?

首先中国人口多,产生的数据多,而且中国是最早大规模应用5G技术的国家之一,物联网又是5G技术最重要的应用领域。为了实现万物互联,中国将建设更多的数据中心。当前中国的数字基础设施水平领先全球。即便是中国农村地区,也已经普及智能手机,人们都在线了。接下来,中国的社会零售总额有可能超过美国,成为世界第一大消费国。在这些条件共同作用下,中国每天都会产生大量的消费者行为数据。其实,数字化时代最关键一点是,看谁"跑"出来的数据多。纵观全球,只有中国具备更充足的条件。巨量数据加上算法和算力,将使数据应用模型不断优化,形成其他很多国家难以企及的数据竞争力。

拿中国在线教育"出海"来说,其已经显示出了很强的国际竞争力。其中一个原因就是中国使用在线教育的人基数大,"跑"出来的模型更具数据基础,可用性更强。国外也有一些教育模型,但是由于使用的人太少,无法积累足够的数据。在这个应用场景中,有技术只是一个方面,数据更为重要。唯有更多的人使用了教育模型,沉淀下来大量数据,才能不断地训练模型,使模型越来越成熟和智能化。就像现在的机器学习,你"喂"给它数据后,它可以不间断地自动学习,"大脑"变得越来越聪明。

第一次工业革命并没有发生在美国,但是大规模的实践和应用出现在美国,最终美国成为工业强国和经济实力上的霸主。过去,发电机等电力应用技术很多是欧洲发明的,而美国纽约反倒成了全球第一个实现电气化的城市。同样,数字技术也不是最先出现在中国,但是中国人口众多,"跑"出来的数据量能够支撑数字技术广泛应用,更快地渗透到产业端。从 0 到 1 的创新之后,从 1 到 N 靠什么?靠人多,靠大量的应用,而不是原始的技术,在此方面中国具有优势。用的人多,"跑"出来的数据就多;数据多,算法就先进;算法先进,模型就好使。就像上面所说的在线教育,中国的模型已经被很多人使用,积累了大量数据,自然竞争力更强。

另外,中国是制造业门类最齐全的国家,也是名副其实的制造大国。截至 2020 年,中国已连续 10 年保持世界第一制造大国地位。门类越齐全,制造的东西越多,每天"跑"出来的数据就越多。只要制造业运转起来,每天生产那么多零部件、成品等,背后都是数据资源。不只是制造业本身,与制造业相关的服务链条也在"跑"数据。中国作为制造大国"跑"出来的数据量级,又有几个国家能追得上?

再看一看国际贸易方面的证据。近些年来,中国劳动力红利几近消失,按照行业发展规律,中国外贸规模应该呈现下降趋势。而实际情况恰好相反,中国外贸规模非但没有下降,反而在不断扩大,其中一个关键驱动因素就是数据。制造大国的根基加上贸易数字化,刺激中国外贸行业出现了新的增长点和发展引擎。在数据优势主导下,不仅企业降本增效了,而且算法、应用模型都越来越优化,产品附加值也越来越高。可惜现在很多人还没有看到这一点。

在新冠肺炎疫情冲击下,2020 年中国外贸仍然取得了超出预期的好成绩。很多人认为,口罩、呼吸机等医疗产品出口增多是主因,其实这仅是其中一个原因，最根本的是外贸叠加了数字化，贸易数字化已经进入传统企业。数字化走到哪个行业，哪个行业就很可能焕发新的活力，中国外贸行业也不例外。

中国多年保持世界第一制造大国地位，正在向全球第一消费大国迈进，未来很有可能成为第一数据大国。这3个"大国"蕴藏的能量将超越农业文明和工业文明任何一个时期，推动中国成为数字文明的强力打造者。中国正为世界数字文明秩序的构建贡献中国智慧和中国力量，而且这份智慧和力量的分量史无前例。

中国的崛起有其必然性，很大程度上是由文明的更替带来的。过去几千年，中国曾有过唐朝那样的兴盛时期，最好的时候已然是世界中心，但是在工业革命时期走向落后。幸运的是，改革开放以后，中国抓住了全球化的短暂机会，特别是以2001年加入世界贸易组织（WTO）为节点，迎来了外贸的"黄金时代"，制造业进入新一轮快速发展期，并全面融入全球经济，"世界工厂"地位一时间无人能及。在数字文明攻城略地的这一波行情中，中国将走在前面。

数字技术：向前奔流是它的本质

水润万物而无声。数字技术如水，以看似冰冷的调性给养了社会和经济发展，润泽每一个人的生活。如果用一条大河的流淌来形容数字技术的发展历程，那么期间必然经历了万千风景，向前奔流就是它的本质。如今，这条大河还远未入海。

从大型计算机、个人计算机（PC计算机）到PC互联网、移动互联网，再到大数据、云计算，数字技术的持续发展扭转了大工业时代的航道，掀起了人类文明史上新一轮变革，重塑了工业文明时期的产业形态，影响了每一个人的生存模式。由此而来的信息大爆炸所产生的威力，至今仍在辐射世界的每一个角落，发挥肉眼可见的效用。走到信息时代的深处，扑面而来的新技术又将以何种姿态推动人类社会的发展？这并不是一个难解的问题，因为一切都已在路上。

计算力是一种重塑力

从最早的算盘风靡世界到机械计算机出现，再到电子计算机问世，"计算技术"在解决人类世界的问题中发挥了越来越大的作用。在计算机历史上，1946年注定是一个值得被铭记的年份，因为这一年世界上第一台电子计算机诞生于美国，谱写了信息时代的前奏曲。这台计算机名为ENIAC（中文名为"埃尼阿克"），由美国宾夕法尼亚大学的约翰·莫奇利（John Mauchly）和约翰·埃克特（John Eckert）发明。当时，埃尼阿克电子计算机完全是美国出于战时需要而推动研制的产物，只不过它问世时战争已经结束。虽然这台计算机看似已经失去了实际意义，但是它无意间却开创了一个崭新的时代。

在此之前，很多重量级人物做了大量铺垫工作，如法国数学家、物理学家布莱士·帕斯卡（Blaise Pascal）发明了一台能自动进位的加减法计算器（机械计算器），德国数学家、哲学家戈特弗里德·威廉·莱布尼茨（Gottfried Wilhelm Leibniz）发明了对于计算机来说至关重要的二进制，英国数学家、逻辑学家艾伦·麦席森·图灵（Alan Mathison Turing）奠定了现代计算机研制的数理逻辑和计算理论基础，美国数学家、计算机科学家冯·诺依曼（John von Neumann）对人脑和计算机系统的探索为研制电子计算机提供了方向。

这一铺垫过程跨越300多年，看上去身形庞大、十分笨重的埃尼阿克电子计算机，是人类智慧的总集成者。彼时，以其为代表的电子计算机不仅昂贵，而且应用面非常窄，使用价值并不为普罗大众所感知。

20年代60年代，IBM（国际商业机器公司）研制出适合商用的计算机，开启了大型计算机商用的时代。此后，IBM一度垄断了计算机市场。不过，计算机真正风靡全球、开始发挥巨大功效要从第一台个人计算机出现算起。关于是谁先发明了真正意义上的个人计算机，是苹果公司还是IBM，抑或其他人和公司，存在一定的分歧。但是，这并不重要，重要的是从20世纪七八十年代开始，个人计算机真正登上了历史舞台。

这一时期（大约20世纪40—80年代），全球贸易进入高速发展期。经历过战争的纷乱之后，大工业时代继续向纵深推进。

在此期间，英国、德国、美国等老牌资本主义国家牢牢把握住了国际贸易规则的制定权和脉搏，形成了全球贸易的一个梯队。1944年，以美元为中心的国际货币体系——布雷顿森林体系建立，其核心内容是美元与黄金挂钩，其他国家的货币与美元挂钩，美元为最主要的储备货币和贸易支付货币。这一体系显示了当时美国的经济实力及其在国际贸易中的控制权。尽管后来该体系由于无法满足国际贸易发展需要于1971年解体，但其给全球贸易和汇率市场带来的影响时至今日仍远未消弭。WTO的前身——关税与贸易总协定（由美国主导），也在这一时期成立，其主要目的是推行贸易自由化。

与此同时，以"亚洲四小龙"（韩国、新加坡、中国台湾、中国香港）为代表的国家和地区创造了经济发展的奇迹，在全球贸易市场扩张的版图上以外向型经济取胜。尤其是日本和韩国，迅速打造了成熟而强大的工业体系，包括钢铁、造船、汽车业、半导体、电器制造等在内的产业在全球产业链中占据重要地位。这些新崛起的国家和地区形成了全球贸易的另一个梯队。

更多的是作为跟随者的广大发展中国家和新兴工业市场，它们在国际市场上的话语权不大、声音较小，形成了最弱的一个贸易梯队。几十年间，中国做了两件至关重要的事情：工业化和改革开放。中国完成了从传统农业大国向工业国家的转变，基本解决了国内市场供给不足的问题，为对外贸易打下了坚实的经济基础。改革开放之后，中国经济逐步融入全球市场，对外贸易发展的根基更加牢固，但是在全球贸易中的比重并不高。此时，蓄势待发的中国外贸仍在等待一个重要时刻的到来。

以计算机技术为代表的科技进步，不断渗透国际贸易领域，其中一个例子就是商品结构的变化。过去，原材料、初级产品等在国际贸易中占据较大的份额。新技术出现之后，高科技产品的比重开始上升，其中就包括计算机制造所用的半导体、集成电路等关键技术产品。掌握计算机核心技术的国家在全球价值链上占据了上风。

有时候，我们可能分不清楚是"时势造英雄"还是"英雄造时势"，苹果、微软、英特尔等技术"大咖"在这一时期纷纷登场，它们激活了技术创新的灵魂，同时受益于新技术的巨大红利。如果说过去数万年人类为了获得能量而战，那么计算机出现之后，世界就开始围绕信息而运转。计算机创造了信息价值，真实、有用的信息能够帮助企业做出合理的决策，围绕信息"做文章"的跨国企业也开始将先进的管理方式和经营方式传播至世界各地。

相比蒸汽机和电，计算机技术对现实世界的改造力有过之而无不及。总体来说，在计算机技术开始逐步绑定世界文明史的这一初始时期，在发达国家和地区主导下，全球贸易平稳发展的大量干扰因素被过滤掉，建立了多边国际秩序和制度，确立了和平和发展的基调，各国从零和博弈走向合作共赢。但是，国际贸易所产生的数据资源仍然无法被计算机全面而完整地保存下来，人们对数据资源的理解也比较懵懂。

PC 计算机进入家庭至今的几十年间，在摩尔定律的作用下，计算机技术发展一日千里，迅速渗透全球各地，改变传统商业思维模式，影响每一个人的工作和生活，似一股新鲜血液冲刷了工业神经，构建出全新的商业文明。

延伸阅读

摩尔定律的作用

1965 年，在著名的仙童半导体公司（Fairchild Semiconductor）任职的戈登·摩尔（Gordon Moore）——亦是后来的英特尔公司（Intel）创始人之一，在《电子学》（*Electronics*）杂志上发表文章，提出了摩尔定律（Moore's Law）：集成电路上可容纳的晶体管数量每年翻一番，性能也将增加一倍。1975 年，戈登·摩尔在论文中对这一定律进行了修正，改为每 24 个月翻一番。后根据经验总结，每 18 个月翻一番受到行业的普遍认可。

此后 50 多年，摩尔定律的可靠性不断被信息时代的发展实践所证实。这不仅意味着计算机技术更新换代的速度惊人，计算能力呈指数级增长，而且意味着计算机技术改造经济和产业的力量势不可挡。在摩尔定律作用下，计算机终于以较低的价格进入寻常百姓家。

然而，作为 20 世纪最伟大的技术发明之一，计算机在联网之后，才算真正移除了信息时代爆发式增长的最后一块路障。变革掀开新的一页。

联网革命：时代让我们起飞

在计算机应用的初级阶段，信息被孤立在一台台计算机上，人们能在计算机上处理信息，但是不能传递和分享信息。它就如彼岸之花，我们能看到隔岸之美，但是难以近距离感受到细节。即便是计算机上用来处理简单事物的应用系统，也可能存在不兼容性。信息孤岛问题飘然而至，横亘在计算机应用的前方，阻碍技术进步的脚步，信息或数据的价值远未被挖掘出来。

互联网技术改变了这一困局。同计算机的出现一样，互联网最初被用于特定的专业领域和工作，人们在小范围内通过有限的联网功能共享数据和信息。20世纪90年代，以PC互联网为代表的互联网技术真正开始发展壮大。回顾历史上每一次技术革命，可以总结出一个规律：能否进入商业应用领域，是其能否爆发式增长的前提条件之一。互联网技术也不例外，这一阶段实体企业接入互联网的意愿日趋强烈，同时一大批互联网企业破壳而出，成为数字化时代的弄潮儿。

PC互联网时代来了！在中国，网易、新浪、搜狐和腾讯等互联网公司均发迹于这一时期。巧合的是，除了网易起始于1997年，另外3家公司都创立于1998年，后来都成为门户网站的引领者。这种巧合的背后，说明当时PC互联网市场相当活跃，技术、资金和知识储备到了一定的程度，谁能过了最后一关——思维方式转变，谁就能在"风口"上乘势而上。放到现在的数字化时代也一样，对于贸易数字化这种新生概念的接受度和执行力如何，最关键的还是要看企业的思想解放程度。现在大家缺的往往不是资金、技术等基础资源，而是改头换面的自觉。

人和机器联网之后，实时互动和沟通成为可能，人们在不知不觉间成了数字世界的"公民"。1999年，腾讯QQ（前身为OICQ）问世，迅速吸引大量用户使用。作为一款互联网即时通信工具，QQ体现了计算机联网之后的价值，除了具有日常沟通功能，还能传输和共享文件，并衍生出游戏、聊天室等一系列互联网增值业务。QQ的小企鹅标识陪伴了很多人的青春岁月，现在仍影响着数亿人的工作和生活。

进入21世纪前几年，人人网（前身为校内网）、博客、QQ空间等社交网络平台出现，日记不再是纸上的私密情绪，而成了网络空间里的欣然分享，网络文学创作也开始进入百花齐放的繁荣期。

伴随而来的是，城市里的网吧如雨后春笋般涌现，年轻人沉浸在实时互动和分享的兴奋中，各大高校针对非计算机专业学生也开始增设计算机实操课程。在商业领域，计算机成为日常工作中必不可少的沟通和传输工具。不知不觉间，大量数据在互联网上沉淀下来。回看10年前甚至20年前的QQ空间，你可能会发现，你分享的那些点滴心情已经被互联网记录下来，朋友给你的评论和回复也老老实实地待在那里，可谓旧游成隔世、恍然遇故知，一时间感慨万千。这便是计算机联网之后，数据沉淀带给我们的情感体验。

可以说，当时中国互联网企业坚定地把握住了这一波市场机会，搭上了互联网这艘"宇宙飞船"。将此放在时代大背景中看，就可知为什么中国承受了错失工业革命之痛，却能在最近的世纪之交把握住了信息时代的脉搏：一则20世纪90年代是中国经济高速发展期，改革开放的政策红利持续释放；二则全社会各方面飞速进步，工业化硕果累累；三则与世界的联系日益密切，对外贸易风生水起。是时代让我们起飞，而恰巧，我们也把握住了风向。

几十年的经济积累最终开花结果，为互联网行业的发展铺砖垫石，创造了联网的优越条件。联网不只是连接计算机和人，更重要的是与世界相连。

这一阶段的中国外贸也在酝酿腾飞之势。2001 年，中国结束 15 年艰难的"入世"谈判长跑，正式加入 WTO，终于等到那个"重要时刻"的到来。此后 10 年左右，中国外贸以泄洪之势深入世界贸易的价值链。长江三角洲、珠江三角洲地区的工厂大量涌现，产品研发和设计灵感迸发，无数生产线昼夜不停，大批民营外贸企业抓住海外采购热潮，将"中国制造"出口到全球各地。

很多老外贸人都知道，中国民营企业作为一股大规模的新生力量征伐于国际市场就是从这一时期开始的。这从中国进出口商品交易会（以下简称"广交会"）参展企业结构演变就能看出来。创办于 1957 年的广交会，前几十年很少能看到民营企业的身影。中国加入 WTO 之后没多久，大量民营企业挤爆了展览馆。现在，民营企业的贸易额已经占到中国外贸总额的 50% 以上，成为第一大外贸主体。从出口商品到贸易主体结构，从出口规模到出口市场范围，中国外贸发生了天翻地覆的变化。

在全球范围内看，中国外贸的惊人表现是新兴市场崛起的一个缩影。这一时期，除中国外的其余 4 个"金砖国家"——巴西、俄罗斯、印度、南非，经济也快速增长，亚洲、非洲和拉丁美洲的贸易参与度日渐提升，新旧贸易力量开始发生微妙的变化。各国产业链深度融合，国际分工更加精细，整个世界更加充分地连接在一起。

进入 21 世纪，PC 互联网发展和联网所带来的数字营销工具或平台，如谷歌（Google）、eBay、亚马逊（Amazon）、YouTube、推特（Twitter）、领英（LinkedIn）、阿里巴巴国际站等，在促进对外贸易中发挥了不可忽视的作用。全球采购商、供应商、工厂等贸易参与者通过这些数字营销工具或平台进行实时沟通，降低了传统外贸沟通往来的时间成本，极大地提高了贸易交易的效率。同时，各大数字平台上留下了海量而真实的交易数据，为后继外贸企业利用大数据进行精准营销积累了宝贵的一手资源。

PC 互联网大大减少了信息孤岛所造成的资源浪费，是对世界商业发展路径的一次颠覆。它打破了空间限制，缩短了信息沟通的时间，提高了经济运行效率；它让世界变平，让人们隔万水千山仍似近邻。

时间来到 2007 年，以苹果公司推出 iPhone（苹果手机）为标志，移动互联网走马上任。移动互联网是互联网和通信技术相结合的产物，它使人们摆脱 PC 互联网时期必须坐在计算机前面的限制，实现随时随地获取和共享信息、联系和洽谈商务。这时候，智能手机成了最重要的终端设备，各种主题和内容、服务于不同行业的 App（应用程序）短时间内即多如牛毛，也催生了大量创业公司。

在 App 厮杀的硝烟中，许多移动互联网创业公司可能今天刚刚出现在某个繁华地段的写字楼里，没过几天就消失在了钢筋水泥筑成的城市之中，冰冷而热切。资本、技术和人才相互纠缠，有人在激流勇进中抢占先机，有人则在十面埋伏中黯然退场，正印证了"商场如战场"那句话。数字技术递次进步所带来的市场激荡，并不是每家企业都能成功击楫，留下来的那些身经百战者，确实改变了商业模式。

2011 年，微信（WeChat）上市，人们的工作、生活和学习与其深度绑定，文字、语音、图片和视频等通过它传输，营销活动通过它开展，购物和支付通过它进行，思想和知识通过它传播……微信用实际行动证明，它缔造了移动互联网时期的商业传奇。在国际贸易领域，为了适应中国外贸人员的沟通习惯，一些外国人也开始使用微信，一改过去我们只能迁就他们、使用国外通信工具的情景。

2012 年，今日头条的广告突然出现在北京各条地铁线路上，铺天盖地。这款 App 通过推荐引擎技术计算出用户的兴趣，进而向用户推荐个性化的内容。在碎片化的海量信息面前，用户经常茫然失措，不知道如何找到自己需要的重点信息，而今日头条的主动推荐模式把握住了这一痛点，直击用户的心灵。这其中所孕育的"精准营销"的概念，切中了现在贸易数字化转型一个关键方向——用大数据为客户"画像"，用大数据描绘海外市场的细节，从而找到自己的比较优势，指导营销决策。

数字技术发展到移动互联网阶段，世界被缩小在一部智能手机中，一切都可不受时空限制。这一时期的数据更明显地体现出资源属性和商业价值。短视频、直播带货等营销方式声名鹊起，用户访问量被实时显示在屏幕上，下单量透明而确切。这些新型方式对传统生产线和仓储、物流能力都带来了考验，同时也改造了传统大规模量产的生产模式，创造了"柔性制造"模式。变革，就这样再次发生了。

万物互联：不断扩大的能量源

技术进步的速度过去以百年计、几十年计，现在以 10 年甚至三五年计，移动互联网发展尚且火热，物联网（Internet of Things，简称 IoT）就已经急不可耐地崭露头角，在市场上制造技术冲击波。如果说移动互联网实现了计算机与计算机、计算机与人、人与人的连接，那么物联网就是万物互联，任何物都能通过传感器与互联网连接。

移动通信技术是数字化的关键基础设施，移动互联网的普及以 3G、4G 技术为支撑，而物联网的发展离不开 5G 技术。相比 3G、4G，5G 具有更大的容量、更快的速度、更低的延时性和更强的连接能力。实际上，早在 2005 年，国际电信联盟（ITU）就提出了物联网的概念，但是由于移动通信技术的滞后性，过去一段时间内物联网的应用并不尽如人意，小范围的尝试较多。物联网和 5G 技术的发展都需要经历一个积累的过程。

2020 年以来，5G 技术终于进入大规模商用阶段，物联网应用也开始提速。近几年,国际上围绕 5G 技术话语权的争夺异常激烈,因为各国都预料到了它将给现实世界带来的颠覆性。得益于 5G 网络基础设施的快速铺设,物联网逐渐在自动驾驶、车联网、智能制造、智能家居、移动医疗、智慧城市等领域落地。

拿车联网来说,它是物联网在汽车行业的应用。车联网通过计算机技术、移动互联网技术等,收集、共享和处理汽车信息,推动汽车智能联网,实现路与车、车与人、人与人、人与第三方服务商的沟通。5G 技术的普及将打通车联网发展的基础设施环节。甚至有人说,如果没有 5G 技术,车联网很难发展下去,因为你不可能在全国所有道路上都铺设 Wi-Fi。在 5G 技术应用于车联网领域,中国敢试敢行,处于全球领先地位。

自从有了 5G ……

每一轮技术的更新换代都会催生新产业、新服务和新商业理念，也会改造传统产业，分别对应数字化产业和产业数字化。车联网就是典型的由多种技术和行业深度融合而成的新型产业，涉及汽车制造业、电子信息产业、通信技术、道路交通运输业等。它于摸索中贡献了一套"产业数字化"的实操方法，相信未来传统汽车产业将实现蜕变，焕发出新的生命力。

潜移默化间，车联网不仅驱动汽车行业数字化转型，而且能增加全球汽车市场的宽度和容量，为传统汽车贸易挖掘新的增长点。在如今大热的智联世界里，车联网是当之无愧的典型代表。不管是整车厂商，还是汽车零部件企业，抑或汽车产业链上的其他参与者，无不期望在车联网创造的新增量市场中攻城略地。其他由数字技术改造的传统行业莫不如此。

经过3G、4G阶段的探索，现在以5G商用为依托，大数据、云计算、人工智能、区块链等数字技术有了更为清晰的前进路径，产业互联网渗透各行各业指日可待。

2008年前后，大数据（Big Data）突然变成互联网领域的一个热词，一时间关于大数据的讨论持续升温。最初，人们只能从表面上理解大数据，认为它是指大规模的数据，而对于它的现实意义和价值知之甚少，或者说似雾里看花，难以摸清它的内在逻辑。根据不同专业人士和机构的总结，大数据除了量大，还具有及时性、多样性、可变性、真实性等特点。换句话说，仅仅掌握海量数据资源并不够，只有对多重维度的数据进行专业化处理、管理和分析，使数据增值并用以帮助企业做出正确的经营决策，才算达到了目的。

对于外贸企业来说，大数据有什么用？最近几年，很多外贸企业看到了大数据的价值，起步较早的外贸大数据公司已连接进出口企业，为它们提供大数据服务。例如，通过分析外贸大数据，外贸企业可以判断出某个海外市场的前几大采购商和供应商分别是谁、竞争对手有哪些、产品价格定位是什么、哪些客户是优质买家、采购淡旺季分布情况等，正所谓"知己知彼，方能百战不殆"。

近些年常被提及的"为客户'画像'"这句话，背后必然少不了大数据的影子。而外贸企业利用大数据，不仅要为客户"画像"，还要为海外市场"画像"、为出口产品结构"画像"、为竞争对手的供货能力"画像"，最终扩展到为外贸全流程"画像"。其实，大数据的价值在外贸领域还远未被挖掘出来，外贸企业用与不用是一个现实命题。

云计算（Cloud Computing），常常与大数据一同被提及。2006年，云计算的概念在搜索引擎战略大会（简称"SES大会"）上被正式提出。关于什么是云计算，很多人难以获得清晰的认知。有人将云计算解释为"水龙头"，也许更加通俗易懂：用水的时候，你只需要打开水龙头，而不必知道水从哪里来，别忘记支付水费就好了。再进一步说，云计算的最终境界就是如水、电、煤气等生活资源一样普通，付费之后即可随时随地按需取用。云计算通常以按需付费的模式向用户提供服务，主要包括三类：基础设施即服务（IaaS）、平台即服务（PaaS）和软件即服务（SaaS）。

随着云计算市场的打开，阿里云、百度云、腾讯云、华为云等云计算品牌纷纷亮相，其中阿里云一直占据主导地位。每年的"双十一"购物狂欢节就是阿里云发挥大作用的时候。得益于阿里云提供的超强计算能力，天猫等电商平台得以平稳度过流量高峰期。这是云计算在商业领域最生动的实践之一。

在数字化时代，数据量风驰电掣般加速积累。面对海量数据及数字化转型需求，一些企业意识到，自己建设数据中心或购置运算能力更强的计算机的成本高昂，根本无法承担相应的费用。这时候云计算就能派上用场。企业只需要支付不高的费用，即可消除诸多烦恼，享用云计算带来的便捷服务。

在数字化时代，大数据和云计算将赋能企业的数字化转型。除了这两个领域，区块链、人工智能等数字技术也在改变着社会生活和商业模式。

5G 应用方兴未艾，6G 就已经提上日程。不少国家已着手研发 6G 技术，意图锁定趋势、前置未来。在此背景下，全真互联网（CRI）的概念也被提出来，它是 PC 互联网、移动互联网、万物互联这条技术脉络上的更高点，将为 AR（增强现实）、VR（虚拟现实）等提供更大的用武之地，甚至脑机接口（大脑与智能设备连接）都被大胆地设想出来。

相比技术本身，应用才更重要。大型计算机—PC 计算机—PC 互联网—移动互联网—物联网—大数据—云计算……捋出数字技术发展的这一条主线来，就会发现信息获取的方式已发生天翻地覆的变化：从人找信息（如门户网站）到搜索信息（如百度搜索），再到信息找人（如今日头条）。

每一项数字技术都似一个能量源，为人类发展输入源源不断的动力。近些年，这些能量源越来越多，令人目不暇接。但是，它们似乎都有一个共同点，即极力与产业融合，创造更大的商业价值。在此期间，整个外贸行业形成了数字化转型的浓厚氛围，建立在数字技术之上的跨境电商顺势崛起。

在整个电商业内，2013 年被视为跨境电商元年。经过前期积累，跨境电商在这一年迎来爆发，以敦煌网、速卖通、兰亭集势等一批跨境电商平台企业为代表的外贸电商顺势崛起。

大量传统外贸工厂、企业、本土品牌商等蓄势进入该领域，将跨境电商"蓝海"染成了"红海"。2020 年，跨境电商绕过疫情冲击波，为稳外贸基本盘立下汗马功劳。作为贸易数字化的一个成熟分支，它在中国外贸中的分量将继续加码。

如今，数字技术向前奔流，全球贸易也勇攀高峰。移动互联网兴起的第二年——2008年，全球金融危机爆发，从此国际贸易进入漫长的震荡调整期，企业长期面临复杂、多变的外贸形势，不确定性成了最大的确定性。

然而，外贸企业转型升级也正是从这时候掀起了浪潮，更多外贸竞争新优势正在孵化之中。在数字技术滋养之下，中国对外贸易这棵大树长出新的枝丫，焕发新的生机。

我中有我：数字世界与物理世界

这个世界上有很多不同的其他世界，就如你我虽然这一刻面对面而立，但我们的精神世界又如此迥异。

现在，年轻人中流行着关于"平行世界"的追问：在我们所在的地球世界之外，是否有一个平行的影子世界？这个平行世界里是否有另一个我？在那里，我是不是正在体验截然不同的命运安排？有时候，年轻人也将影视剧、小说中的人物想象成活在平行世界里的生命。这些人物"出生"于我们的现实世界，正如"艺术源于生活"；但他们与我们又不在同一个时空里，正如"艺术高于生活"。

这样的追问超越了物理学中关于平行世界（也称多元宇宙）的表述，而是从物理世界出发分离出另一个梦幻世界，上升到了精神层面。这无关乎科学，只关乎心境，人们创造"另一个世界的我"，并给予"我"美好的想象，希望在物理世界之外找到遥远的慰藉。有时，想象并非全无意义，因为在残酷的商业世界之外，人们确实需要一抹情怀。

而你是否想过，这种关于平行世界的追问，或许与如今数字世界潜移默化地影响物理世界有一定的关系？换句话说，数字世界强化了我们对物理世界之外"另一个世界"的想象。年轻人眼中的平行世界类似现在的数字世界，但不同的是，数字世界并不虚幻，也不科幻和魔幻，它与物理世界孪生共存、形影相随、相互映照，它拥有指导、改造和重构物理世界的强大实力。

数字孪生：两个世界天生相通

在这里，我们所生活的现实世界为物理世界，而数字世界就如物理世界的"镜像"，它复制物理世界的一切，通过数据与现实世界连接，并反映现实世界的动态变化。从某种程度上说，两者共同构成了数字孪生（Digital Twins）的核心要义。

2011年，美国学者迈克尔·格里夫斯（Michael Grieves）和约翰·维克斯（John Vickers）在相关论著中引入术语——数字孪生体。在此之前，迈克尔·格里夫斯针对产品生命周期管理相继提出的镜像空间模型和信息镜像模型，本质上也是数字孪生。

通俗地说，数字孪生就是通过数字技术将物理世界和数字世界连接起来，两个世界相互反馈、深度融合、共生共赢。你在物理世界的每一次行动，不管是工作、旅游、跑步，还是吃饭、购物、睡觉，都会在数字世界里留下痕迹。这些痕迹即刻沉淀成数据资源，勾画一个数字世界里的你。这时候，世界上存在两个你：一个是由基因构成的实体之你，一个是由数据组成的立体之你。这两个"你"都有生命力，对比之后，你就能用数据结论优化自己的真实工作和生活。

作为数字化最强大的承载工具，互联网在经历了二十几年红利期后，也遭遇了瓶颈。2021年"元宇宙"概念横空出世，给人们带来更多的想象和憧憬空间。所谓"元宇宙",就是现实世界里的所有事物都可以投射在虚拟世界之中,同时在虚拟世界里展示现实世界。5G为"元宇宙"提供了通信基础,云计算为"元宇宙"提供了算力基础,脑机接口、VR/AR等为"元宇宙"提供了真实的沉浸感,人工智能为"元宇宙"提供了内容生成逻辑,数字孪生为"元宇宙"提供了世界"蓝图",区块链为"元宇宙"提供了认证/信任机制。这些技术创新不断聚合,从量变到质变,让曾经触不可及的"元宇宙"有了实现的可能性,最终形成一个体系,组合成一个虚拟和现实融合的新世界。2021年10月28日,脸书(Facebook)首席执行官马克·扎克伯格宣布,Facebook将更名为"Meta"。该名称"Meta"来自于科幻词语"元宇宙"(Metaverse)。马克·扎克伯格所设想的"Meta"也早已脱离了社交领域,其目标就是要建立一个数字虚拟新世界,在社交、游戏、工作、教育等各个领域发力,把人们日常生活的方方面面都囊括其中。一个新的"元宇宙"纪元正式拉开帷幕。

在广阔的商业领域,数字的商业世界映射出现实的商业世界,两者互为修正和支撑。现实世界里的每一项商业活动都会"跑"出数据,企业的每一次真实交易过程都会汇入数据库,构成数字世界的基础资源。就如在外贸领域,外贸企业在研发、设计、生产、销售、货运、通关等漫长的贸易流程上会留下浩如烟海的数据。这些数据并不是毫无意义的堆砌,而是蕴藏着难以估量的商业价值。数字世界里的交易数据、商业数据和海关数据等已经使大数据精准营销变为现实,指导了成千上万家实体企业的出口业务。而这些多样化的数据基本也都是外贸企业在实体世界里长年累月奋斗的结果,每一项数据皆是它们留下的足迹。

所有这一切,都以连接为前提。得益于互联网技术的深厚积淀,我们现在已经不需要刻意为连接发愁,它的天然属性越来越强。由此，数字世界和物理世界之间也不存在天然的屏障，可随时随地连接。当下，两个世界连接之后的价值挖掘才是我们最迫切要做的事。从物理世界通向数字世界，或者反之，表现为以连接为根本、以数据为纽带，两者缺一不可。

每当物理世界刮起风暴，数字世界便会跟着迎来强降水。久而久之，数字世界就能精准进行天气预报，让物理世界做到有备无患。而物理世界天气的每一次异动，又会再次反馈到数字世界，形成动态循环。这正是数字孪生所揭示的数字世界和物理世界的真实关系。数字世界和物理世界不是分离的、孤立的，而是连接的、亲密的；不是"彼"和"此"的关系，而是"你中有我、我中有你"，甚至"你就是我、我就是你"。

其实，在经济领域，虚实并存早已有之。传统上说，实体经济以制造业为代表，虚拟经济以金融业为代表。虚拟经济以实体经济为根，实体经济则需要虚拟经济提供支撑服务。但关于两者在国民经济中是应该平分秋色还是其中一方更为强势，曾经出现过不少讨论。现在，数字世界和物理世界用辩证关系告诉我们，虚实是融合共生的关系。数字化打破了两种经济形态之间的壁垒，模糊了两者的界限，使它们终于连通了！宏观经济尚且如此，身在其中的微观企业更没有理由拒绝数字世界。

人类在枯燥的生命进化和流转间，为适应和改造物理世界付出了长久而艰辛的努力。物理世界的发展仍然看不到尽头，在当前阶段，它映射出的数字世界又发出了一次颠覆性繁荣的信号。数字世界是新鲜的、朝气蓬勃的，它正摧毁物理世界陈旧的、老套的或被束之高阁的商业组织模式，将数据输入商业世界的血液之中，重塑现实。

如果企业尚不懂数据的价值，更缺乏沉淀和利用数据的意识，仍然在传统工业时代打造的暂时的温室里流连忘返，那么，即便互联网连接技术再先进，它们也到达不了数字世界，更不可能在数字世界里获得"领土"。这些企业将游离于数字世界之外，长此以往，在物理世界里也可能走向萎缩，最终弄丢未来，被数字化时代抛弃。

数字孪生有助于我们理解数字世界和物理世界的关系及其现实意义。最近10年，在数字化的浸透之下，数字孪生概念日渐流行起来，并从工厂的生产线走向全球很多领域，比如工程建设、智慧城市、智能制造等。数字世界和物理世界珠联璧合，通过渗透实体经济，加速影响社会的方方面面。

"三力"：牵引物理世界变革

简单来说，数字世界对物理世界的作用至少体现在3个"力"上，即指导力、改造力和重构力。在这"三力"牵引下，不仅物理世界里的生产力和生产关系会改变，而且从产业到企业、从管理到思维、从竞争格局到营销模式、从工作到生活等都会发生变革。

如何理解数字世界对物理世界的指导力？看一看大数据在消费领域的应用就清楚了。拿服装为例，在数据价值尚未被挖掘出来之前，服装品牌商所实施的营销策略如果没有传导到最终消费者，就很难估量营销效果。当接收到消费者的负面反馈意见时，改变营销策略已经来不及了。而有了大数据之后，品牌营销策略在哪些平台上引流更多，消费者对服装新品的关注度、接受度如何，有多少人预订了新品等信息都能及时得到反馈，不必等到最终销售结果出来之后才能获悉。这样，品牌商就能依据数据结论适时调整营销策略，从而达到更好的营销效果。由此，企业也能预测消费趋势，找出消费热点，并根据消费者的行为数据为他们"画像"，用来指导设计和生产。

对于外贸销售人员来说，没有什么比海外大型老客户突然停止采购这么痛苦的事了。关键是，你并不知道对方为什么不跟你合作了，一时间理不出头绪来。放在过去，你可能糊里糊涂就放弃了这个客户，之前开发客户所做的努力都打了水漂。但是现在，你通过大数据分析就可知道，这个客户不从你这里采购，那他转向了哪里，以及采购价格是多少，与替代者相比你是否有优势。据此，你就能找到客户丢失的原因，并决定要不要想办法再寻回这个客户。当一家外贸企业想开拓新的海外市场，但又怕折戟沉沙时，同样能通过分析这个市场的大数据，解构其竞争格局、产品价格、主要采购商等信息，看自己到底适不适合进入。

自从数字世界建立起来之后，指导力无处不在。在建筑工程领域，当物理世界遇到数字世界，就犹如被施了魔法。过去，我们经常看到关于建筑施工的宣传图片：几个人拿着建筑设计图在工地上"指点江山"。最近10多年来，随着建筑信息模型（BIM）从籍籍无名到风靡全球，虚拟的建筑工程三维立体模型开始取代传统的二维设计图。借助数字技术，复杂的建筑施工全过程被浓缩在一个三维模型信息数据库中。

作为一种数字化工具，BIM三维立体实物图"所见即所得"，不仅搭建建筑物的整体框架，而且强化建筑物内部的构件细节，甚至墙体材料、排水、暖通等信息都以数据形式表述，施工方通过这一仿真的三维立体图即可掌控所有。不仅如此，在开工之前，人们还能事先在计算机上模拟建筑施工过程，提前找出设计环节的误差和可能出现的施工问题，用真实的数据反映真实的问题，不断优化建造过程。上海中心大厦、中国尊（北京中信大厦）、深圳平安金融中心等建筑均用到了BIM技术。此项技术的应用是数字世界指导物理世界的典范。

类似的例子还有很多，数字世界的指导力让我们拨开物理世界的迷雾，面对前路是选择拐弯还是直行，数据会为我们做好决定。

当你每天打开手机版钉钉（办公平台），在上面考勤打卡、召开视频会议或电话会议、填报工作日志时，当你在微信上与客户、家人和朋友随时随地沟通时，你可能还没有察觉到，自己的工作、生活和思维方式正在被数字世界改造。但这些还远不能体现数字世界对物理世界的改造力，实体制造业才是最大的演绎场之一。

就如新文明改造旧文明一样，工业领域的改造力也在渐次递进。如果说工业1.0、工业2.0、工业3.0阶段的改造动力分别是蒸汽机、电力、电子信息技术，那么到了工业4.0阶段，物理世界与数字世界融合就成了时代主题。工业4.0侧重智能工厂和智能生产，强调制造的数字化和智能化。2013年，德国在全球最大的工业展会——汉诺威工业博览会上正式提出"工业4.0"概念，吹响了新一轮工业革命的集结号。全球不少国家已经加入工业4.0的"疆场"，比如"美国工业互联网""中国制造2025""日本社会5.0"等。数字世界正有条不紊地改造传统产业，推动制造业全流程的数字化。

由于发展成熟度较高且转型升级迫切，中国家电制造业成了工业4.0最早开花结果的领域之一。在"中国家电之都"顺德，无人智能工厂早已屡见不鲜。这个诞生过多个知名家电品牌的传统小家电制造基地，再次引领潮流，升级为家电企业数字化转型的前沿阵地。海尔、美的、格兰仕等家电企业无不在数字化和智能化上投入优质资源，特别是海尔历时数年搭建的工业互联网平台卡奥斯（COSMO Plat），走在了全球智能制造的前面。

数字世界对物理世界的改造不是花拳绣腿、徒有其表，而是内核的改变。数字世界的改造力在家电行业体现得淋漓尽致：工厂还是那座工厂，只是里面几乎看不到人了，昔日灯火通明、热火朝天的生产景象只可追忆。传统劳动密集型工厂变成了一台由数字技术驱动的超大型智能机器。虽然劳动力资源在与数据资源的比拼中落了下风，但是这并不意味着人是失败者，相反人才是真实的改造者和驾驭数据资源者。

再看数字世界对物理世界的重构力。2020年,"数字孪生城市"作为一个大数据新词破土而出,它为新型智慧城市发展提供了新方向。因此,2020年也被视为数字孪生城市的元年。很快,数字孪生城市被纳入中国不少省市的城市发展规划,其影响力和未来发展潜力可见一斑。

延伸阅读

数字孪生城市

所谓数字孪生城市,简单理解就是在物理世界的实体城市之外再建一座数字世界的数字城市,这两座城市通过数字技术相互映射、融合交汇,实现城市规划、建设、管理等全流程的数字化、在线化、智能化。数字城市不断汇集实体城市的各项数据,并从海量数据中挖掘实体城市的运行规律,找出实体城市的问题所在,用数字化的方式改善实体城市面貌、重塑实体城市治理模式。

交通堵塞、停车难等是各大城市的通病,特别是在火车站、医院、学校等人流量较大的热门地段,"乱成一锅粥"的情形令人颇感无奈。而数字城市通过城市大脑、城市大数据中心等智能化体系能观察到实体城市里的一切异动,并迅速找出对策。实体城市里所有隐藏的道路脉络、场景、建筑分布结构、人流热点、地下管道等都在数字城市里无所遁形。数字城市和实体城市互为"镜像",实时优化城市空间。

数字世界对物理世界的作用已从对一个工厂的改造延伸至对一座

城市的重构。在中国，要说谁在更高的起点上扛起了数字孪生城市建设的大旗，那非雄安新区莫属。雄安新区在规划之初就提出"数字城市与现实城市同步规划、同步建设"。2018年以来，与雄安新区热火朝天的建设现场同步，另一个数字城市也"拔地而起"。如果说别的"老城市"是在成熟的实体城市之外再建设一个新的数字城市，那么雄安新区的实体城市和数字城市是同时"出生"并天生连通的。从一开始，数字世界就在重构整个实体城市的雏形和未来走向，自然而彻底。未来，是否会出现更多领域与数字孪生挂钩？毫无疑问，"数字孪生+"已经在酝酿中。

数字世界不仅重构一座城市的运营秩序和治理模式，而且在辽阔的商业领域重构企业组织结构和管理机制，使企业脱胎换骨，实现数字化蜕变。数字世界的重构力将内化于物理世界的每一处肌理，以无所不在的气质融入实体变革这件长久之事。

从另一个角度说，数字世界对物理世界的作用力与物理世界对数字世界的反作用力势均力敌、不分上下。数字世界用包括"三力"在内的复杂的数字化牵引力作用于物理世界，而物理世界将宝贵的数据资源回赠给数字世界，不断完善数字世界的资源基础，两者达成一种动态平衡的关系。如果说数字世界拿到了哈利·波特的魔法棒，那么物理世界就是它演绎魔法的实体空间，是它体现自身生命价值的天下。归根结底，不管是数字世界还是物理世界，共同的目标都是让人类生存这件事变得更容易、更美好。

数字"永生"：潘多拉魔盒或丰饶之角

谁也没有想到，冰冷的数字技术有一天能温暖人们的情感世界。有一段时间，流行用人工智能（AI）技术让已故亲人的老照片动起来。当他们的音容笑貌鲜活起来，穿越时空与我们相对时，无数人的思念之心得到了慰藉。从某种程度上说，这是数字"永生"的一种表达。

数字"永生"，看上去是一个不可思议的话题。"天地尚不能久，而况于人乎？"然而，在数字技术的蝶变之下，数字"永生"正冲刷我们对世界的固有认知。试想一下，那些以 BIM 三维立体图形式存在于数据库中的建筑，又何尝不是物理世界里实体建筑的"永生"形态？那些数字世界里的数字城市，又何尝不是物理世界里实体城市的"永生"形态？从某个角度来说，数字技术发展到现在，万物正在实现"永生"。而人要实现"永生"，可能吗？

按照万物因物理世界和数字世界的结合而得"永生"这个规律，人的"永生"则需要物理世界、数字世界和生物世界三者融合起来。也可以说，物理世界与数字世界融合等于数字孪生，而数字孪生再与生物世界结合就是数字"永生"。更进一步说，如果人得以"永生"，那便是硅基（数字）+碳基（生物）的胜利。其中，硅基可以指代以硅为主要成分的芯片（数字技术），碳基可以指代以碳元素为有机物质基础的生物。

这些看上去似乎非常复杂，也可以理解为：将人做的所有事情、说的所有话，人的思想和思维方式，人对世间万物的感受和情感，人一生所有的记忆等，全部用数字化的方式保存起来，以数字的形式实现"永生"。即使有一天我们不在人间了，后人也能了解数字化的我们，甚至来一场跨越时空的交流。这种想法建立在数字世界和物理世界高度发达之上，建立在数字技术高度精湛之上。即便如此，如果没有别的颠覆性技术的出现，这也仅属于遥远的未来。

特斯拉 CEO 埃隆·马斯克（Elon Musk）创立的脑机接口技术公司 Neuralink 对脑机接口的研究，是人类对数字"永生"最著名的探索之一。脑机接口的基本操作方式是将微小的电极植入人类大脑，使人类大脑与机器互通信息，实现"人机交互"，人类可用意念控制机器。这些开创性的研究仿若科幻大片，至少现在看起来是异想天开。有些人对脑机接口的安全性提出了质疑；有些人认为，脑机接口只是博取眼球的噱头，人与机器不可能心灵感应，更不可能"永生"。

在短若尘露的人生历程中，人类拥有寻求不朽的本性，并善于在实践中"进化"。数字"永生"是潘多拉魔盒还是丰饶之角？至今尚未可知。但是，人类对于技术的持续探索无可厚非。如果数字"永生"技术有所突破，它也许会对世界产生一些现实意义，比如将宝贵的思想和智慧留存下来造福后世，或者用"人机交互"助益医疗事业发展。

不管数字"永生"最后能不能实现，它至少告诉我们一个事实：整个人类社会向数字化发展已成定局。追古溯今，人类历史上的"风口"并不多，但每一次大"风口"的出现，都意味着未来数年的改天换地，也意味着商业文明又将往前推进一大段行程。贸易数字化就是当下外贸企业面临的一个新"风口"。我们活在当下，却永远憧憬未来。当下是短暂的，历史和未来似乎才更长久。但对于未来这件事，只有"当下"说了算。不破不立，不止不行。对于外贸企业来说，唯有顺势而为，方可破局未来。

第 2 章
解构重链:进入贸易数字化的世界

　　顺势而为,方为智者。当前,中国外贸面对两个大势:一个是数字化,另一个是新全球化。这"两个大势"不断融合,塑造着新的全球贸易格局。在数字化时代,全球贸易不断被解构,从贸易环节到生产环节,再到服务环节,被解构后的世界贸易依靠数字技术重新链接。全球资源配置和产业创新合作通过数字化开启新的革命,中国外贸在数字化和新全球化时代迎来前所未有的机遇。

过去几十年，中国外贸之所以成绩斐然，正是抓住了工业潮流和全球化的大势。期间，中国外贸彻底走完一轮"新陈代谢"，从国际贸易舞台上的一名"小跟班"蜕变为全球市场的"执牛耳者"。现在，数字化叠加新全球化，正把中国外贸带上贸易数字化的全新阶段。"两个大势"所释放的势能，将解构一个旧的外贸世界，并仰仗数字技术重新链接出一种新的外贸秩序。身在外贸运行链条上的工厂、企业等参与者，以及研发、生产、品牌、营销、物流等环节，都是被解构和重链的对象。

今天，我们沉下心来研究"贸易数字化"，必须将其放在数字化和新全球化这两个全新的环境中。层层剥开数字化和新全球化的内核之后，何为贸易数字化、为何要进行贸易数字化转型，答案自然就水落石出了。

解构数字化

从 PC 互联网到移动互联网，再到大数据、智能化，社会发展前进的趋势在点点滴滴的改变中越来越明显。数字化是未来 10 年贸易领域最确定的趋势之一。未来 10 年也是传统企业数字化转型最后的窗口期。传统企业只有在未来 10 年内快速实现数字化转型升级，利用数字技术开展生产、管理和营销，才有可能在下一个趋势来临时把握机会，实现快速发展。

数字化的本质是"三化"

"三化"，即在线化、数据化、智能化。其中，在线化是基础纽带，数据化是重要资源，智能化是终极目标。

企业首先需要实现产品在线、员工在线、客户在线、设备在线、管理在线，才能为数据的产生、流动和沉淀提供重要基础。数据是重要的生产要素，也是数字化时代的"新能源"。企业要充分认识到数据资源的价值，重视数据积累和裂变的力量，进而透过数据洞悉事物的本质和规律，利用数据精准"画像"、高效分析、科学决策，达到事半功倍的效果。基于在线的数据，再借助强大的算法和算力，实现智能化目标。智能化以其精准、快速、便捷的优势，可担任企业"智慧大脑"的角色，帮助企业在各个环节和各个流程中实现高效运转。数字化的本质见图 2-1。

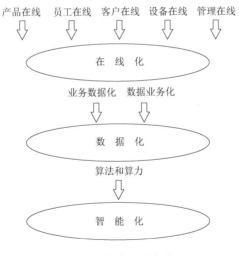

图 2-1　数字化的本质

在线化实际上就是连接。若没有连接，企业就无法产生数据，因此连接是数字化的第一步。互联网早已把人跟人连接起来，而人的连接意味着信息交互变为现实。在连接之前，互联网不可能进行信息传递，也不可能实现人与人的在线互动，更不可能形成网络协同效应。现在，物联网的发展又把物体逐渐连接起来，万物互联已非不可及之事。连接的一个结果是物体产生大量数据，比如自动驾驶汽车、智能家居、智能手环等，只要在线，就会不间断地产生数据。可以说，物联网代表着更大的数据量。

未来的连接，将连接一切，不只是人和人连接、物和物连接，还要做到人和物连接。对于企业来说，产品、员工、客户、设备、管理都要连接，都要在线。整个企业在线之后，才会获得源源不断的数据资源，继而走向智能化。

拿人来说，我们一旦离线了，就好比在数字世界里消失了一样。虽然我们在物理世界里活得好好的，但是于数字世界而言，我们已经不存在了。例如，QQ本身就设置了"离线"和"在线"的提醒。大家对QQ通常有一个印象：下班之后或休假期间，你可能就离线了，通过QQ无法及时联系到你。这样，你就在QQ营造的数字世界里隐匿了。而微信又进一步，它的理念是无时无刻不在线，无论什么时候找你都能找到。因此，微信链接的资源可能更多，对生活和工作的渗透力更强，产生的数据量或许也更大。

如果你不连接、不在线，物理世界里的你就不会映射到数字世界里，数字世界里也就根本不存在你这个人。而将来物理世界、数字世界和生物世界要融合，最重要的就是你在数字世界里存在。只有接入网络、一直在线，你在数字世界里才有"生命"。而唯有如此，你才能产生数据。

设备也一样，如果一直离线，无论它设计得如何精妙，也仅仅只是一个普通的物什而已，永远不会产生数据。而若不产生数据，设备根本到达不了数字化。所以，在线是数字化的大前提和基础条件。

连接是数字化的第一步，数据化则是第二步。数字化最关键的就是万物产生数据，即万物数据化。也就是说，物理世界里的存在要对应数字世界里的存在，实物和数据化的物互为"镜像"，把行为数据沉淀下来。如果不在线,行为数据就无法沉淀,这是最本质的一点。例如,你今天去了哪里、干了什么事情,只有你自己知道,除非你记录下来,才算保留了信息。而物理世界和数字世界融合之后,不需要人为操作,即可自动将行为数据记录下来,实现数据沉淀。

收集上来的是信息,沉淀下来的才是数据。数据并不需要人去收集,它自动就沉淀在那里,好似雁过留声。就像你今天打车从公司到家里,打车平台上会留下你的公司位置、家庭住址、行车线路等信息。不管你愿意不愿意,只要你用了打车软件,就一定会沉淀行为数据。数字化的核心资源是数据,在线和连接的目的就是沉淀数据,这与第三次工业革命时期以信息化为核心截然不同。比如,很多企业用ERP(企业资源计划)系统进行内部管理,但最多算是实现了信息化,因为这套系统并没有与外部数据连接起来。再比如,一些工厂实现了机器自动化,但自动化并不自动产生数据,最多提高了大工业生产的效率。所以,那些拥有ERP系统或初步实现了自动化的企业,离数字化都还很遥远。

如果万物没有沉淀数据,将无法实现数据化,进而数字世界也就建立不起来。就像前面提到的BIM,之所以能指导物理世界的建设过程,正是因为它建立在数据之上,或者说它就是数据。BIM先在数字世界建设一座数字化的仿真大楼,物理世界再按照这个数据模型建造就行。一切皆可数据化,就连人本质上都是数据。

数据是重要的资源,数据之于数字化时代,犹如石油之于工业时代。不同的是,万物在线化之后都能产生数据,自己就是数据的源泉。而石油是自然资源,受制于地理分布,掌握在少数者手里。石油"无产者"若要从石油"有产者"手中分得"一杯羹",就要付出相应的代价。从这个角度说,数据是更加开放和透明的资源,由此数据沉淀在哪里变得十分重要。比如,那些购物平台、打车平台、视频平台等具有沉淀数据的先天优势，成为数据生产的节点，能精准掌握消费者的喜好，话语权十足。

在线化和数据化之后，就到了数字化的第三步——智能化，即万物智能。一时间，智能家居、智慧城市、智能商业、智能客服、智能投资顾问、智能会计等纷纷登场，似乎所有传统事物之前加上"智能"两个字，就变成智能化的了。事实上，智能化远没有这么简单。只沉淀海量数据，却不让数据流动起来，就如只产粮、不用粮一样，沉睡的价值永远在沉睡。不过，海量数据该如何实现智能化呢？这时候，算法和算力就挑起了重担。

不管是智能家居还是智慧城市，都要通过数据建立一些算法模型。机器深度学习、智能仿真等技术发展以后，算法会越来越成熟。算力相当于汽车的马力，现在数据量超大的情况比比皆是，如果算力不足，就会导致"算不动"。

放到国家层面，一个国家算力的大小就相当于该国发电量的多少，电站的装机容量有多大，算力就有多大。如果发电量不足，整个国家的运转就会受到影响。同样，若该国没有足够的算力，根本难以使数据运转起来，更别提智能化了。中国既是数据大国，又是算力大国。随着5G基站、大数据中心、人工智能等新基建的推进，中国的算力越来越强大，数字转型、智能升级等方面都在提速。

在数字化环境中，算法和算力愈加关键。要达成智能化这个终极目标，必须以各种各样的算法和强大的计算能力为支撑。这就是为什么一个国家要培养数学家以及大批从事复杂脑力劳动的人才。就如算法工程师，他们利用算法解决实际问题，是高端紧缺人才。

智能化的最高境界是什么？最早人需要通过键盘与计算机连接，后来发展到用手触屏即可。现在智能家居逐渐普及，通过语音交互技术，人发出语音指令，窗户、空调等家居便能自动打开，甚至已经出现通过眼睛控制设备的例子。最终，或许能到达人的意念即可控制实物的阶段。你脑子里刚想听什么音乐，设备立刻就识别出你的想法，准确地向你推送那首曲子。这些并不是什么玄妙的东西，技术进步正一步一步将其变为现实。

数字化的最终目的是智能化，那些难以融合智能化元素的传统事物有可能被淘汰。也许不用太长时间，燃油汽车就会退出市场，而燃油导致不环保只是其中一个原因，最重要的是其智能化水平跟不上。再看智能联网汽车，天然就具有智能化的基因，与其说它是一台汽车，倒不如说它是一台智能计算机，人声可操控车里的设备。不少酒店也安装了智能化的系统，通过声音可控制室温、开关灯等。这其实只是智能化的初步应用，背后是设备在线之后产生了数据，并且有算法和算力支持。

万物连接之后，产生数据、沉淀数据，最终实现智能化。这3个步骤环环相扣，前一环节是后一环节的基石，似开弓之箭指向技术创新前进的征途。慢慢地，整个社会就完成了数字化。至今仍然有很多人弄不清楚到底什么是数字化，更不明白它的使命和担当是什么。不管是贸易数字化、金融数字化，还是数字产业化、产业数字化，只有先明白了"数字化"，才可能茅塞顿开，真正理解这些词语意味着什么。

数字化的企业与尚未数字化的企业，有本质的区别。拿养猪场来说，如果投料实现了自动化，那只能说走了第一步——自动化。再进一步，如果实现了养猪场信息管理，那就走到了第二步——信息化。但是，自动化和信息化都不是真正的数字化。真正的数字化是在每头猪身上安装传感器，让它产生数据，如每天吃多少、身体状态如何等。通过分析沉淀的数据，可设定合适的投喂时间、投喂量，控制室内的温度和湿度，保障每头猪健康成长。

过去，我们对数字化多有误解，甚至认为在工厂里放几台机器人、实现了自动化生产就是数字化了，其实不然。理解数字化的本质，还要结合四次工业革命来看。

> **延伸阅读**
>
> ### 接棒而来的四次工业革命
>
> 第一次工业革命（工业1.0）带来了蒸汽机时代，机械把人从体力劳动中解放出来。比如，原来由人工去插秧，后来变成了插秧机代劳；原来由人工去割稻，后来收割机取而代之。总而言之，人类从农业时代进入大工业时代，机械化程度越来越高。第二次工业革命（工业2.0）拉开了电气时代的大幕，电的发明催生了大量与电相关的新生事物，比如电灯泡、家电、电子产品和工具，直至现在的电动汽车等，几乎所有东西都离不开电。在这一阶段，自动化水平与日俱进。到了第三次工业革命（工业3.0）时期，信息通信技术、电子计算机技术等掀起了信息化的浪潮，以ERP系统为代表的企业信息化建设快速推进，信息化管理理念深入人心。现在，我们身处第四次工业革命（工业4.0）的潮头，制造业向智能化转型，数字化时代接棒而来。

数字化建立在前三次工业革命的成果之上，不管企业的机械化、自动化和信息化水平有多高，都不是数字化。信息化很早就有了，许多办公软件早于互联网诞生。从信息化迈向数字化，是以互联网的出现为节点的，真正的数字化要从互联网诞生说起。从IBM大型机发展到PC计算机，都不能称为数字化，因为它们都是独立的个体，并没有相通。直到互联网技术横空出世，计算机连接起来，数字化才算起步。最开始互联网技术的应用面很窄，到 PC 互联网、移动互联网阶段，应用范围急速延伸。现在物联网更是扩展了数字化的空间，连接的东西呈倍数增加，交互的方式也在优化。互联网技术大规模应用仅仅 20 多年而已，现在的数字化仍处于发展的初级阶段。

数字化，将让中国外贸迎来新的"黄金 10 年"。中国传统外贸已经走过数十年的光辉历程，但由数字化驱动的中国新外贸才刚刚起步。数字化不断塑造中国外贸的发展路径，持续强化"中国优势"，让外贸在一个全新的起点上重新启航。同时，数字化所带来的效率提升也会使中国在产业链、供应链方面的优势得到强化，加快中国品牌成长为世界品牌的步伐，让外贸向更高质量发展阶段迈进。中国外贸会发展得越来越好是确定性事件，也是必然趋势。

数字产业化与产业数字化

领悟了数字化的本质之后，我们就能更容易理解"数字"与"产业"结合之后的价值形态，以及数字产业化与产业数字化到底是什么。数字产业化与产业数字化是数字经济的两个组成部分。根据中国信息通信研究院（简称"中国信通院"）发布的《中国数字经济发展白皮书（2020）》，数字产业化与产业数字化的内涵如下：

数字产业化即信息通信产业，是数字经济发展的先导产业，为数字经济发展提供技术、产品、服务和解决方案等。具体包括电子信息制造业、电信业、软件和信息技术服务业、互联网行业等。数字产业化包括但不限于 5G、集成电路、软件、人工智能、大数据、云计算、区块链等技术、产品及服务。

产业数字化是指传统产业应用数字技术所带来的生产数量和效率提升，其新增产出构成数字经济的重要组成部分。产业数字化包括但不限于工业互联网、"两化"融合、智能制造、车联网、平台经济等融合型新产业新模式新业态。

简单地说，数字产业化就是数字技术发展所带来的新产业；产业数字化就是原本就存在的传统产业，借助数字技术再次获得"新生"。中国信通院发布的《中国数字经济发展白皮书（2021）》显示，2020年，我国数字产业化规模达7.5万亿元，占数字经济总规模的19.1%；产业数字化规模达31.7万亿元，占数字经济总规模的80.9%。总体上看，数字经济内部呈现"二八"结构特点。所以，产业数字化是数字经济的"主阵地"，传统产业的数字化改造为重中之重。

数字技术发展起来以后，互联网、大数据、云计算、VR、AR、物联网等逐渐形成了数字产业。这些产业形态曾被称为虚拟经济、互联网经济或新经济，与传统经济区分开来。经过多年发展，数字产业化渐成规模，聚集了不容小觑的经济力量。互联网公司刚刚出现的时候，很多人产生了质疑，认为它们在做不靠谱的事情。当时，互联网产业在经济领域的影响力很小。互联网技术发展到现在，数字产业化在宏观经济中的占比越来越大，且不同数字产业形态还在持续诞生。

数字技术不仅为新产业萌芽提供了肥沃的土壤，而且进入各行各业，改造大量传统产业，推动传统产业与数字化融合。产业数字化的概念应运而生。数字化融入制造业，就是智能制造；融入农业，就是智慧农业；融入城市建设，就是智慧城市；融入交通，就是智慧交通；融入汽车业，就是智能汽车……所有已经存在多年的传统产业，要想更好地制胜未来，都必须拥抱数字化。同样，数字化应用到对外贸易领域就是贸易数字化。

当前，产业数字化已经渗透很多领域，其中与很多人息息相关的一个例子就是智能驾校的出现。以互联网和人工智能技术为"发动机"，以VR智能模拟器为"底盘"，以智能机器人为"教练"，传统驾校在实际教学中引入数字化方略，模拟各类道路实况，为学员输出身临其境的教学场景体验。过去，学员必须到驾校场地练车，虽然有教练手把手指导，但对于教学体验的诟病也不绝于耳。驾校智能化之后，学员可佩戴VR眼镜在房间里练车，通过人机交互技术与智能机器人直接对话，接受机器人的耐心指导。

不少企业投入重金，设计和开发智慧陪驾系统，以图尽早介入这一波市场商机，传统驾校的运营模式和竞争格局正在发生改变。数字化这个"蜻蜓"，立上传统驾校这朵"小荷"，带来的是真正的教学变革。正是有了AI、VR、AR等数字产业的发展，传统驾校的学车模式数字化才成为可能。换句话说，数字产业化+产业数字化激发出了颠覆性的改造效应。

再举个例子，音乐行业是被数字化重构得最彻底的领域之一。音乐载体基本经历了黑胶唱片、磁带、CD、MP3和流媒体的迁徙，直到音乐完全实现数字化，不再需要任何实物存储介质。相应的，音乐播放设备也经历了留声机、台式收录机、随身听（Walkman）、CD播放器、MP3播放器、手机等形式的转变。音乐产业链条上的各环节因数字化而变革，一代又一代的音乐载体和音乐播放器演绎岁月流长，旧形式寿终正寝，新模式取而代之。黑胶唱片变成一种昂贵的收藏品，诉说着音乐的持久魅力。不管音乐行业如何变迁，音乐作品本身永不变。音乐最后以数字化的形式流传下来，不能不说是一种更好的归宿。

与此同时，数字化也改变了音乐会的组织形式。以前只能去某个地方听音乐会，现在几万人的大合唱都能在线上举行；世界各地的音乐家可异地共奏乐器，来一场"云上"交响乐。在数字技术的支撑下，整个音乐行业都已实现数字化。

数字产业化和产业数字化一脉相承。如果新技术发展以 50 年作为一个周期的话，一般来说，前 20 年是数字产业化的阶段，后 30 年是产业数字化的阶段。新技术出现之后，需要走过研发、推广、寻找商业模式、应用等步骤，待数字产业成熟，起码需要 20 年时间。就像现在的数字技术，经历了 PC 互联网到移动互联网的发展，涌现出了大数据、云计算、区块链、VR、AR、物联网、人工智能等技术。前 20 年，需要大规模发展这些技术，期间出现很多创业型企业，纷纷抢滩技术创造的市场留白。一开始，这些企业面临野蛮生长、竞争激烈的生存环境，存活率并不高；后面再经历一波"洗牌"，剩下一部分坚强者，进而整个产业在大浪淘沙中发展起来。

这一发展过程由研发和商业模式驱动。美国是核心基础技术的研发驱动者之一，而中国更善于找到商业模式，将技术应用推广开来。比如阿里巴巴，在创业过程中找到了适合中国的商业模式，创造了互联网商业奇迹。如今，全球技术力量分布大变，中国在数字技术领域已从跟随者变成引领者，在越来越多的技术创新和商业模式创新方面引领新潮。

数字技术带来的新兴产业并不是要让现存的传统产业消失，而是为其赋能，提供新的发展动能。就像蒸汽机将人类带入工业时代一样，数字产业化将人类带进数字化时代。前 20 年，互联网公司是舞台上的主角，传统产业可能只是数字产业化的旁观者。后 30 年，传统产业成为时代的主角，数字技术大规模进入传统领域，改造和重构经济的各个分支，产业数字化的大戏隆重上演。

产业数字化是用数字技术把传统产业重新做一遍。例如，出租车行业老早就存在了，滴滴等打车平台只是用数字技术重构了该行业。这带来两个效应：一个是网络协同效应，另一个是智能化效应。一家出租车公司规模再大，也不可能有打车平台上的车辆数量多。这是因为打车平台具有网络协同效应，体现出了数字化最本质的特点。它上面不只有出租车，还有其他各类车辆资源。在平台上打车的人越多，加入平台的车辆就越多，反过来人们越容易打到车。节点越多越好，否则发挥不了数字化的威力。打车平台上沉淀的数据越多，它的算法模型就越精准，并且能够不断优化。当然，这些都与在线化有关。打车平台连接后产生网络协同效应，数据积累又会优化算法模型，进而释放出智能化效应。

传统出租车企业为什么竞争不过打车平台？很重要的原因就是打车平台具有网络协同效应和智能化效应。传统打车方式常常遇到人找不到车、车找不到人的情况，存在严重的信息不对称，行车路线也比较随意。而打车平台能智能计算路程优劣，精准匹配乘客和司机，让他们在最短的距离内实现对接，避开堵车路段，提高打车效率。打车平台天生就是数字化的产物，它站在更高的维度上，对传统出租车企业形成降维打击。所以，传统出租车企业只有加入产业数字化的队列，才有未来。

中国也是在数字产业化发展约 20 年之后，数字化才开始进入传统产业和传统企业的。数字化转型的窗口期很短，传统产业和企业若固守"一亩三分地"，仍不愿意接纳数字化，以后就可能走向落后。其实，当前数字化程度越落后的产业或企业，实施数字化的效果可能越好。这就好比用新技术将一辆马车升级成汽车，降本增效、效率提升的效果会更明显。

数字化能够让很多传统的东西爆发出新的活力，这也是产业数字化的使命。外贸行业同其他很多传统行业一样，是数字化改造的关键领域。在互联网产生之前，外贸行业就已经身经百战，是擎起经济发展重要一隅的老行业。最早，外贸企业开发客户主要通过参加展会；如果有人能买到一本电话黄页，往往如获至宝；或者就是从各国大使馆经商参处获得一些供货信息，等等。总体来说，外贸企业开发客户的渠道不多，方式比较原始。

运用数字技术之后，除了展会等传统渠道，大量线上客户开发渠道扮演愈加重要的角色，大数据成为开拓海外市场的重要资源。以跨境电商为代表的外贸新业态新模式将部分交易从线下转到线上，以数字化的方式改造了贸易模式。不过，中国外贸行业的数字化转型仍然处于初级阶段，任重道远。

数字化重构：给传统产业"动刀"

更进一步说，数字化在改造传统产业过程中，重构了产业链、价值链和供应链。产业链主要涉及产业上下游的数字化，尤以"产业互联网"这种新生经济形态最为惹人注目。价值链主要涉及价值创造、增值和分配环节，实现原材料采购、研发、设计、生产制造、品牌、营销、售后服务等环节重构。供应链重构涉及产品交付和物流配送等方面。

互联网技术对实体经济的影响大致可分为两个阶段：第一个阶段是渗透消费领域，形成了消费互联网；第二个阶段是融合产业领域，带来了产业互联网。

过去20多年，消费端+互联网技术引发消费变革，B2C（企业对消费者）模式主导消费市场竞争格局，流量成为聚合资源的"附身符"，"得流量者得天下"这句话并不为过。消费互联网深入购物、娱乐、出行、阅读等人们生活的方方面面，以淘宝、京东等为代表的电商平台在捕捉消费者需求的同时，也引导消费行为数字化，改变了消费习惯。然而，消费互联网已发展到成熟阶段，市场接近饱和，再增长的空间不大。消费互联网带来的红利几乎被瓜分殆尽，互联网技术对C端的挖掘陷入瓶颈。

此时，产业端又成为互联网盯住的下一个爆发点。产业互联网的出现非一日之功，它既以前期消费互联网的发展成果为基础，又是新技术极力在实体经济中扩大应用的结果。总而言之，有多股驱动力为产业互联网的生根、发芽和成长耕耘灌溉，B端迎来发展的清风雨露。虽然经济中出现多处产业互联网的踪迹，但总体上看，其发展刚刚开始。即便其重要组成部分——工业互联网，已向前走了不少的路程，但巨大的市场潜力仍掩于传统生产模式和思维方式之中，局面尚待打开。

有别于消费互联网以消费者为核心，产业互联网围绕生产者展开资源链接，将互联网技术应用于生产中，使产业上下游形成完整的生态系统，实现互联网与传统产业融合。这带来一个重大改变：过去企业思考问题时，可能更多地考虑内部链条及自身所在的行业形势，现在需要从产业角度看待自己所处的生态环境。表面上看，这是从微观视角到中观视角的转变，实则是企业思维方式的升维。

产业互联网以数字化的方式跨越地域限制，以平台作为集成产业上下游参与者的载体，将原本割裂的上下游关系打通。产业互联网绝大部分是垂直的，而且它需要产业上下游配合。诸如海尔等企业搭建的工业互联网平台，无不体现共享精神，将产业链上下游的参与者都吸引到平台上来，大家协同共生，一起制胜于商海。未来，很多企业可能都是产业互联网平台，都能围绕产业构建生态系统。

举个例子，十几年间，红领服饰（RED COLLAR）由一家传统服装企业升级为数字化企业，成为中国服饰领域数字化转型的样板。在传统生产中，服装的各项数据没办法沉淀下来，难以实现流动。红领服饰所搭建的酷特C2M（用户直连制造）产业互联网平台，采取由数据驱动的定制化智能制造模式。每位消费者的服装尺寸等数据都会反馈到这个平台上，由此使定制化变成了很容易的事情。有了数据沉淀和流动，再配合算法和算力，智能化就来了。

> **案例分享**

红领服饰——数字化企业

1995 年，红领服饰在青岛创立。起步之初，红领服饰就以量身定制（MTM）为核心，"定制化"为其最鲜明的品牌标签。早在 2003 年，红领服饰就开始以客户需求为驱动源，实施"定制化"制造转型升级。很快，红领服饰将互联网、物联网等信息技术融入批量化生产，凭借丰富的数据资源，逐渐由成衣制造品牌进化为新时代个性化智能定制品牌。

2007 年，酷特智能成立，标志着红领服饰数字化转型登上一个全新的阶段。自此，酷特智能以"互联网+工业"为实践初心，以"大规模个性化定制"为核心，形成了酷特 C2M 产业互联网生态体系。"服装智造企业"这个标签已不足以覆盖酷特智能的运营边界，它更是一家产业互联网科技企业。

其实，所有现存产业都有边界，比如制造业，囊括的企业太多，不可能一家企业生产所有实物产品。啤酒厂、水泥厂、化工厂等都存在原材料的限制，规模不可能无限大。而如果将制造业加以数字化，就有可能拓展它的外延。一些互联网企业也通过数字化的方式实现跨界融合，比如美团不仅提供点餐、买药服务，而且还有打车、预订酒店等选项。如果仅仅停留在点餐或打车的某一个功能上，美团可能很快会碰到发展的天花板，突破之策最多是在全球寻找新市场，但全球化实非易事。所以，数字化水平越高，企业能够链接的功能就越多，经营边界就越广。不管多么古老的传统产业，都值得借助数字技术重构一番。

在产业链改造过程中，价值链自然而然也被数字化重构。拿研发环节来说，以前以 B2C 为中枢，现在以 C2B（消费者对企业）、B2B（企业对企业）为核心，获得客户数据之后，再针对性地进行研发，价值创造的出发点发生逆转。共享研发平台也已变为现实，价值创造的形式更加多元化。不仅如此，价值链条中的采购、生产、营销等所有环节都被重新做一遍，如采购演变为数字化采购、生产变成智能制造、营销开始以大数据为指导等。

传统价值增值方式乏力，亟须新的技术力量推动价值获得新一轮增长。在数字经济时代，数字化就是经济价值增长的最大动能之一。如果将价值链上的所有环节都展开，将是一个庞大的数字化工程。值得一提的是，很多环节已经开始数字化转型，或者说接受了被数字化重构的事实。

在 2020 年新冠肺炎疫情中，供应链中断话题一度甚嚣尘上，因供应链中断而受重创的企业不在少数。一段时间内，全球范围内大面积供应链中断令多国生产制造停滞，曾享受中国供应链巨额红利的跨国企业甚至寻求在别国开辟"第二供应链"。产业链回迁和制造业回流也在这一时期急速升温。不过，另一种声音更加响亮：供应链数字化转型时不我待。世界上虽有各式各样的供应链，但缺少功能完备的供应链，部分国家主张回迁和回流可以说是一厢情愿。长期来看，全球供应链融合仍是大势所趋，而减少供应链矛盾、降低供应链风险的一个有效方法就是数字化。

事实上，一些数字化走在前面的大型企业，在疫情中不仅保证了供应链的稳定，而且用自身的数字化供应链生态平台调动各方资源投入应急物资的生产，为抗"疫"做出了贡献。数字化重塑供应链，让供应链上沉睡或隐藏的资源活跃起来，使大家聚集在数字化平台上做很多以前做不了的事。另外，有了数字化的支持，供应链的交付速度变得更快，供应链成本也会下降。

全球化1.0~4.0演变

今天我们谈论全球化的发展阶段及新全球化，必然避不开逆全球化这个"搞乱者"。逆全球化风声渐起，迫使我们重新思考全球化的未来。2017年之前，逆全球化蠢蠢欲动，但相对隐蔽、囿于局部，最显著的莫过于英国"脱欧"。2017年之后，英国"脱欧"叠加美国"退群""设障"等动作，逆全球化愈加明目张胆，不断挑动人们的神经。逆全球化不再满足于停留在概念上，而是在很多领域成了既定事实。例如，美国针对中国商品挑起贸易摩擦，影响中国不少行业产品出口；发达国家制造业回流呼声一浪高过一浪，尤其新冠肺炎疫情暴露了产业链和供应链在外的缺陷，更让支持工厂回迁的人找到了托词。

不过，在逆全球化虚张声势之时，新全球化悄然进场，阻止了全球化不断后退的脚步。新全球化以数字技术为驱动力，将终结老全球化的既有秩序及社会和国际分工体系，形成更高水平的全球化。全球化趋势不可逆转——数字化会告诉我们，这并不是一句空话。数字化加快了新全球化发展速度，也提升了国际贸易的自由度和效率。

按照大多数人对全球化发展阶段的理解，全球化经历了第一次世界大战前的1.0阶段、第二次世界大战之后的2.0阶段、20世纪90年代以来的3.0阶段及近些年开始起步的4.0阶段（新全球化）。总体上看，全球化前3个阶段分别以工业化、规则化、信息化为主要特征，最后一个阶段以数字化为主要特征。

全球化1.0~3.0发生了什么

全球化1.0阶段，可以沿着人类文明发展史往前追溯很远。如果从中国西汉"丝绸之路"算起，这一阶段有2 000多年历史，穿越农业文明。如果从15世纪欧洲"地理大发现"算起，这一阶段延续约500年之久，得见工业文明的曙光。从最初世界各地取得联系、开展商品贸易开始，全球化就迎日初生，只不过很长时期内人们对全球化并无具体概念。全球化1.0应该是从18世纪60年代英国工业革命开始进入加速通道，塑造了由英国等少数国家主导的国际贸易格局。

如果说古"丝绸之路"上的驼铃传递出的是和平与安宁之声，那么15—17世纪欧洲的远洋探险则夹杂着欲望与征服的野心。这一时期，欧洲各国对海上霸权的争夺异常激烈，先是西班牙和葡萄牙超群出众，然后是荷兰和英国后者居上。它们到底在争夺什么？看似是对海上霸权的觊觎，本质上是对更大的贸易市场和商业领域的蚕食。找到本土之外的领地—瓜分更多异地资源—建立更加强大的商业帝国，顺着这个逻辑，就能解释这些国家为何对海上航行如此狂热。

在这一时期的争夺中，最大的胜利者是英国，它以"强盗逻辑"四处掠夺资源，并用之填满自己的经济仓库，奠定了老牌资本主义国家的地位。我们现在再看第一次工业革命为何会发生在英国，就多了一层意味深长的理解。第一次工业革命之后，英国更是确定了全球工业强国的地位，当时普天之下无人能及。期间，大规模工业生产带来了产能过剩，英国不得不在海外寻找新的市场，将过剩商品倾销出去，攫取高额贸易收入。而随着电的发明将人类带入电气化时代（第二次工业革命），以美国为代表的新生力量参与角逐，逐渐改变了世界经济和贸易力量分布。

全球化 1.0 阶段伴随着工业化进程，因欧洲各国、美国等争夺世界霸权而终结于 20 世纪第二个 10 年。之后，美国在"二战"中崛起，确立了经济强国地位。20 世纪前几十年，世界几乎都处于混乱状态，强国博弈的结果是建立相互制衡的世界多边体制。美国主导了这一轮以规则化为特点的全球化，即全球化 2.0。联合国、国际货币基金组织、世界银行、关税与贸易总协定（世界贸易组织的前身）等均出现在这一时期。世界建立了新的平衡关系，各国回归经济发展。

在多边体制框架下，全球贸易条件明显改善，欧洲、美国、日本、韩国等国家和地区因"吃"贸易红利而实现经济规模突破，几十年间便站牢了全球经济力量第一梯队。更重要的是，这些国家和地区掌握了制造、能源、金融等各关键领域的话语权，主导标准和规则制定，其他很多发展中国家只能被动接受这些标准和规则。它们用资本和技术这两只无形的手，甚至可以遥控发展中市场和欠发达市场的资源分配，比如将资本和技术密集型产业留在内部，将劳动密集型产业转移到其他国家和地区，吸收其他国家和地区的廉价劳动力红利，占据"微笑曲线"的两端。中国便是在这一时期承接了大量制造业产能。随着计算机技术及信息通信技术的突飞猛进，世界进入信息时代，制造业自动化水平不断提高。而这些核心技术基本掌握在发达国家手中。

20 世纪 90 年代以来，互联网技术加速了全球化 3.0 阶段的到来，进一步将整个世界连成一体。这一阶段至少体现出 4 个特点：第一，数字经济在全球范围内兴起，互联网改造消费习惯和生产模式；第二，普惠、包容、分工与合作变成国际贸易的主旋律，各国贸易依赖度加重；第三，全球产业链、价值链和供应链日趋成熟，核心技术决定谁能在价值链上获得有利地位，因此围绕价值链的争夺加剧；第四，以"金砖国家"为代表的新兴国家，抓住互联网技术发展的浪潮开始崛起，改写了国际贸易博弈格局，尤其中国商品红遍全球，中国成为第一大货物贸易国，在国际贸易中的地位不断提高。

然而，全球化3.0后期似乎总能看到逆全球化的身影。2008年全球金融危机爆发，根源之一就是金融业等虚拟经济出现泡沫。脱离实体经济的虚拟经济犹如无源之水、无本之木，最终只会崩塌。全球范围内展开了关于虚拟经济和实体经济的热烈讨论，在肯定虚拟经济价值的同时，各国逐步理性回归实体经济。时至今日，世界经济和贸易仍未完全从2008年全球金融危机的阴霾中走出来，足见其破坏力之大、影响之深远。经济复苏缓慢、需求疲软、贸易壁垒高筑等负面因素始终与世界经贸如影随形，这些都对全球化造成了损伤。

此外，逆全球化典型事件还有前文提到的英国"脱欧"、美国四处"退群"、美国对中国商品加征关税，以及欧盟与美国之间互设贸易壁垒、以印度为代表的发展中国家提高商品进口门槛、新冠肺炎疫情引发新一轮产业回流等。在整个全球化3.0阶段，世界变得更加复杂多变，不确定性因素持续积累，同时新技术、新模式、新业态等喷涌而出，商业运行的脚步似乎也快了起来。一切事物看上去都匆忙而纷扰，企业在悲喜交织中化解生存压力。

全球化是不变的趋势，但是它的发展过程并非无往不利。其实，逆全球化并不是最近十几年才有的事，每一次世界经济深度调整之时，便是它现身"作乱"之日，比如1929—1933年经济大萧条就曾严重影响了全球化进程。但可以肯定的是，历史上每次全球化进程受阻都是暂时的，全球化很快会找到新的驱动力并实现升级。全球化3.0已经收尾，全球化4.0乘着数字化的高速车辇来到跟前。

全球化4.0：新全球化形成

说到全球化4.0，很多人总会提及2019年1月22—25日在瑞士举行的世界经济论坛。此次论坛主题为"全球化4.0：打造第四次工业革命时代的全球架构"，对全球化4.0进行了多方讨论。全球化4.0意味着新一轮全球化起航。

近年来，中国不断为构建人类命运共同体提出中国方案、贡献中国力量。人类命运共同体深度诠释了新全球化的内核，在全球化持续深入发展的今天，任何国家的经济发展都很难成为一座孤岛，而是彼此之间有着千丝万缕的联系。各国唯有全面深度合作，才能在全球化深入发展的趋势下互利共赢、共同前进，实现经济繁荣、民族振兴。

从近年来中国在国际舞台上的表现看，中国贸易力量越来越强大。中国的产业正在往产业链和价值链高端转型，往多元化方向发展。2020年新冠肺炎疫情更是让全世界见识了中国速度和中国力量。疫情阻隔了人员往来，但是未能阻断世界各国对中国产品的需求及世界各国与中国的联系。新全球化不仅涉及传统商品交易，而且涉及投资、服务、数据等更多新要素，各种贸易摩擦仅仅是新全球化过程中的插曲，深层次、高水平的全球化仍然是不可逆转的趋势。中国企业作为当前新全球化发展的重要亲历者和参与者，也会有更多机会参与更大范围的国际贸易合作。

2020年，在"一带一路"、区域全面经济伙伴关系协定（RCEP）等有利于促进全球经济稳步发展的国际合作中，活跃着中国政府和中国企业的身影。这些都是新全球化的具体体现，必将深刻影响世界经济贸易格局。

在由数字化推动的新全球化阶段，对于中国来说，对内要通过贸易数字化提升整个外贸行业的竞争力和外贸企业的竞争力，对外要突破很多新的贸易边界。以前中国靠劳动密集型优势抬起了制造业的大轿，现在资本、技术和创新能力也跟上来了，在全球价值链和供应链上的地位越来越高，这势必引起长期掌握话语权的那些发达国家和地区的忌惮。它们会怎么做？显而易见，近些年价值观贸易、绿色环保、标准和规则等成了新型限制手段。与加征关税这种直接的方式相比，新型手段隐蔽而软性。

以前做跨国生意，双方只要能赚钱、互利共赢就行。现在不行了，如果你的价值观跟对方不一样，即便生意有利可图，他可能也不与你合作。进一步说，一些发达国家将贸易跟政治、意识形态挂钩，使贸易关系变得复杂，想据此将中国等后来者排除在高端价值链之外。这就是所谓的价值观贸易。

与此同时，绿色环保也常常被发达国家用来设置贸易壁垒。比如某国说他国出口的商品未达到碳排放标准，而实际上，碳排放很难有统一的标准，甚至可能变成"对方说没达标就没达标"这么随意的地步。有些国家还会追溯进口产品的供应链，看供应商使用的原材料是否合规、生产过程是否环保、所雇用的劳动者是否合法等，要求每一个环节都合规。

现在国际贸易中智能化产品所占比重持续提升，如可穿戴设备、智能汽车等都会产生和沉淀数据。这些数据将何去何从？你到我这里卖东西，是不是应该要把数据中心建到我这里，把数据存储到我这里？例如，特斯拉汽车开行在很多国家的道路上，沉淀下来的数据是不是应该留在当地，而不是传回美国？这就涉及数据的跨境流动问题。很多国家和地区开始看重数据的本土化，对数据跨境流动比较谨慎。而未来数据的跨境流动又是一种趋势，如何更安全地实现数据在全球范围内流动是一个新议题。

可见，这种软性的贸易边界越来越宽广，贸易与软实力捆绑在一起，令新的贸易壁垒不再坚硬，而是绵里藏针，让人有苦难言。由数字化驱动的新全球化或许能为我们提供化解之道。

中国经过多年沉淀，具备了很强的硬实力，但是软实力仍有所欠缺。现在国际贸易面临的一个很大的问题是供应链问题。除了美国、欧盟等国家和地区不愿意将核心技术和零部件、原材料卖给我们，海外采购商在进口商品时也会对供应链追根溯源。事实证明，发达国家借助关税这种直接的贸易壁垒根本卡不住中国，因此转向标准、规则和价值观等软性约束条件。中国外贸企业面对的软性贸易壁垒呈现增多趋势。

所以，我们需要更懂标准和规则，或者说知道如何反身成为标准和规则的制定者，而不是一直跟在别人后面，受制于人。其实，这是一个老生常谈的话题。中国加入WTO之后，不少外贸企业就曾因对海外市场法律法规不熟悉，或者对当地风俗习惯和市场需求特点把握不准，交了很多"学费"。后来，企业通过不断摸索，对海外市场的一些运行规律做到了心中有数，慢慢打开了局面。当然，这些都是中国对外贸易初级阶段常常遇到的问题，现在已经不必为此过于担心，反倒是要抽出一部分精力，更多地关心国际标准、规则和环保等方面的软实力提升，寻求突破软性限制。

从国际贸易和投资的绝对比例来说，第三次全球化浪潮，即全球化3.0，基本上已经结束，但是期间国际贸易和投资规模并没有大幅度增加，甚至还出现了逆全球化倾向，市场区域化特征明显。国际贸易和投资的增速都有所下降，货物贸易总额不可能像以前那么大规模增长了，全球化进入4.0阶段。例如，数字化之后，一些产品可以通过3D打印实现。只要你提出自己的需求，就可以直接在当地打印出产品。所以，未来服务贸易仍会不断增长，但货物贸易规模难有大突破。

新全球化正在形成，它不一定表现在国际贸易和投资总量的大幅度增加上，而是全球通过数字化连接起来，带来更大的全球化。原来的全球化由跨国公司主导，贴着大工业时代的标签。新全球化则由中小企业甚至个人主导，体现为更加互惠互利、共生共赢，具有数字化时代的特征。众人参与摆出的"蚂蚁雄兵"阵仗将打破过去由少数跨国企业集团建造的铜墙铁壁，形成全球一张网络，大家同时在线。在数字化时代，很少有企业能制造垄断，国家层面设置贸易壁垒也变得困难，可能比较突出的就是数据跨境流动壁垒。那些数据大国，或者算法和算力比较强的国家，将重新获得比较优势。

传统国际贸易理论只考虑了贸易成本、资源禀赋等要素，并没有考虑数据要素。当数据成为国际贸易中的新变量时，整个贸易创造价值的过程会被重构，各国的比较优势亦有可能发生"洗牌"。往后，一个国家的竞争优势将更多地体现在数据、算法和算力上。

在全球化 4.0 阶段，我们需要兼具国际化的视野和数字化的思维，并刻意培养此类人才。当你还在着眼于关税时，人家可能已经在操控非关税措施了，用价值观贸易、意识形态等主观条件排挤你。你不能说自己蒙上眼睛，别人就看不到光明了。中国企业要适应新全球化，就要扩大自己的视野，不能光看国内，还要看欧盟、美国等发达国家和地区正在怎么操作。现在我们追赶上了硬的方面，比如制造业实力，但其实制造业也未完全走到高端，潜力还很大。我们不能故步自封，仍要继续对外开放。只要我们抓住数字化这一机会，就能挖掘出更大的潜力，因为游戏规则变了。

好比以前的燃油汽车，相关标准和规则都是德国、日本等汽车工业发达国家制定的，大量专利和发动机核心技术掌握在它们手中。除非你不发展汽车产业，否则就要遵守这些国家设定的游戏规则，汽车研发、设计、零部件型号和规格等都要符合它们的标准。现在不一样了，汽车产业出现了新的发展方向——新能源汽车。在此领域，中国与发达国家站在了同一起点上。原来燃油汽车积累起来的技术体系几近崩溃，工业时代发达国家牢牢控制的标准和规则对我们几乎已经没有约束力。

中国汽车产业换一个全新的游戏赛道，就有了引领世界的可能性。为什么说一流企业卖标准、二流企业卖服务、三流企业卖产品，就是这个道理。新全球化和数字化为中国汽车工业提供了将来"卖标准"的便利。现在国家层面已经在构建智能网联汽车标准体系。

如果说中国在全球化 1.0~2.0 阶段的存在感不强，在全球化 3.0 阶段开始进入状态，一路过关斩将成了全球第二大经济体，那么到了全球化 4.0 阶段，中国就有可能成为主导者之一。原因之一是中国为数据大国，数字化赋予中国外贸新的竞争优势。

数字化与新全球化叠加

数字化和新全球化这"两个大势"不是割裂的关系，而是相互叠加和影响，将对全球贸易产生持续的升级效应。数字化提升国际贸易自由度，提高分工协作及自由贸易的效率，正在加快新全球化的发展速度。与此同时，新全球化也为数字化渗入国际贸易领域提供了良好的环境。

当前及未来一段时间内，国际贸易深陷各种矛盾的局面不会明显改善，不确定性如影随形。一方面，新冠肺炎疫情带来的影响不会很快消失，可能在很长一段时间内继续阻隔商务和贸易往来；另一方面，逆全球化思潮也不会立刻退缩，大概率还会与新全球化展开较量。而数字化是对付疫情影响和逆全球化的最好方法之一。若企业的数字化转型做得好，不管市场环境如何变化都不用怕。过去由跨国公司主导全球贸易的时代已是末日黄花，现在这一轮新全球化由数字化驱动，主导对象变成了由成千上万家中小企业或个人组成的"蚂蚁雄兵"，个别跨国企业根本阻挡不了这股新潮流。越多地融入数字化和新全球化，中国将来在国际市场上就越有主动权，企业也是如此。

用数字化思维看长远

之所以建议中国企业在新全球化阶段往数字化转变，是因为中国能在数字化驱动的新全球化中获得很多机会。例如，原来的全球传统制药行业基本上由几家跨国公司垄断，中国企业不管多努力，都很难突破固有的产业链、价值链和供应链格局。而生物制药不一样，它具备数字化的特征，不少中国制药企业在此领域已经迎头赶上。生物制药之于传统制药，就好比新能源汽车之于传统燃油汽车，站在新医药的起点上，中国企业就获得了突破的可能性。

中国企业要有国际化的视野，用开阔的眼光看待国际贸易形势的变化，毕竟西方发达国家的文明形态和价值观与我们不甚相同，它们多年形成的软实力不可低估。中国企业要突破软性约束条件，在环保方面也要给自己加码。现在中国大力推动新能源汽车、清洁能源发电等领域发展，很多传统行业往绿色环保的方向走，在此过程中还诞生了很多新的业态，企业也在慢慢转型，这些都是积极的方面。

在当前复杂、多变的国际大环境中，数字化对中国来说是最大的机遇之一。虽然美国发明了数字技术，但是中国将是第一个实现数字化的主要经济体。就像电是欧洲发明的，但美国纽约是第一个实现电气化的城市一样。从某种程度上说，原有的东西越发达，人们就越离不开它。比如，美国信用卡行业很发达，其支付方式很难实现数字化。因为美国经济中很多利益关系已经与信用卡深度捆绑，一旦出现新的支付方式，大概率会设置种种措施限制其发展。再如，美国零售业很发达，所以其电子商务很难发展起来。相比美国，中国信用卡支付、传统零售业都没有那么发达，但是现在中国数字支付和电子商务数字化的水平比美国要高。

中国正在积极推进数字化改革，未来将无限接近数字化社会，逐渐形成数字化的文明和思维。不同于工业文明的"控制"，数字文明以去中心化为理念，主张开放共享、共生共赢，大家都是平等、透明的。这种更高级的文明形态将赋予中国更强的国际竞争力。如何抓住数字化和新全球化创造的机会？首先必须要看得更长远。

最近几十年，中国大量出口劳动密集型产品，换取国外的技术密集型产品，如德国的机床、装备、零部件等，美国的飞机、汽车、芯片等。刚开始，很多高科技产品我们无法生产，只能用大量的鞋、服装、袜子等劳动密集型产品换取。期间，纺织品、玩具、家具等劳动密集型产业形成了明显的比较优势。改革开放40多年来，中国资本密集型产业和技术密集型产业慢慢发展起来，中国企业参与水平分工的能力不断增强，逐步融入全球供应链，而且正往价值链的中高端昂首阔步。原来我们只在"微笑曲线"底部赚取微薄的加工费，现在已经往研发、营销两头延伸了。

实施数字化以后，我们就能利用互联网技术建立品牌，研发也可以实现新突破。从现在来看，中国在这些方面做得还是比较成功的。我们不断往价值链中高端走，对产业链上下游的控制力也越来越强，新型产业链顺势形成。很多人只看到过去，却看不到未来，中国外贸的未来还是比较乐观的。中国外贸过去依靠人口红利，现在变成了仰赖工程师红利、技术红利等。多年来，中国培养了大量人才，拥有的工程师数量可能比美国、日本、欧盟加起来还要多。

中国外贸现在有天然的数字化优势，但是弱在什么地方？在数字化时代，外贸领域需要更多懂规则、跨学科的复合型人才。而实际情况是，外贸企业缺少懂大数据的人，大数据企业又缺少懂外贸的人。在各国软实力角逐中，我们更需要培养多面型人才，比如对贸易、法律、数字技术、电子商务、管理等领域都熟悉的跨学科人才。企业数字化转型本质上属于管理学的范畴，但其中又涉及法律等专业知识，贸易数字化也需要更多的复合型人才。这实际上对外贸企业的要求更高了，身在其中的外贸人可能同时是产业专家、贸易专家和营销专家。随着时间的推移，越来越多的中国外贸企业会"进化"到数字化阶段，用软硬兼施、虚实结合的方式应对全球贸易市场的变化。

未来很长一段时间内，中国企业都会面临数字化、新全球化、贸易区域化等新形势。但办法总比问题多，不必杞人忧天。我们在提升标准、规则等方面的软实力的同时，更要防止被别人降维打击，办法之一就是尽快通过数字化转型实现升维。

连接：新全球化另一个视角

数字化的本质之一就是连接，它也是看待新全球化的另一个全新视角。连接不只体现在互联网上，还体现在经济发展布局和新全球化上。

总体上看，过去中国的资源分配极不均衡，比如水资源南方多、北方少；电力资源西部多、东部少；有些地方天然气产量多，但不是主要消费地区。然而，我们用几十年时间将手上一副普通的牌打成了好牌。"南水北调""西电东送""西气东输"等国家级工程通过资源大调度连通全国资源，解决了地区经济发展不平衡问题。基础设施建设也一样，高铁、公路、桥梁、隧道等星罗棋布，把中国连接起来。有了高铁线路，全国大小城市甚至县城都被连起来，形成了一张巨大的网络；有了特高压电线，电就能在不同地区间传输；有了管道，天然气就能从资源富足的地方输送到资源欠缺的地方；有了跨海大桥，粤港澳大湾区就联系起来。原来支离破碎的经济布局连接起来之后，很多名不见经传的城市获得了发展的新机会。

这些虽然是物理世界的连接，但是与数字世界的连接本质上是共通的。谁能成为网络上的枢纽和节点，谁就更胜一筹。互联网公司之所以厉害，就是因为它们是数字化时代的枢纽和节点，很多人需要通过互联网平台创造价值。就如中国的铁路网络，现在甚至已经连接东南亚、欧洲等地区，近些年频繁开行的中欧班列改变了贸易货运格局。

中部城市郑州现在越来越显示出比较优势，原因至少有二：第一，郑州的跨境电商走在了全国前面，并大力发展航空枢纽；第二，郑州是"中国铁路心脏"，也是"米"字形高铁枢纽城市。在传统国际贸易时代，集装箱运输离不开海港，所以"得港口者得天下"。现在，大量货物开始通过铁路运输，于是郑州这样的铁路枢纽城市就顺势火起来。成都、重庆也一样，如果将中国与欧亚大陆连接起来，那么这两个城市更接近地理中心，沿海城市反倒成了偏远所在。所以，近些年郑州、成都、重庆等枢纽城市的中欧班列发展得很快。可以看出，连接令过去在贸易中存在感没有那么强的城市变得火爆。

我们要以更大的视野去看待连接，比如始于2013年的"一带一路"。在逆全球化插旗布阵的氛围中，中国提出"一带一路"倡议，为沿线国家贸易开辟了新的通道，现实意义重大。与以前由美国主导的全球化或工业时代的全球化不同，"一带一路"以共商、共享、共建为原则，以开放、赋能、普惠、共赢等为内核，大家同属一个命运共同体。"一带一路"非常看重互联互通，"五通"（政策沟通、设施联通、贸易畅通、资金融通、民心相通）更是体现了连接的重要性。只有连接起来，我们才能分配资源，进而产生交易和分工，人流、物流、信息流、资金流也随之动起来。

实物基建和数字新基建分别对应物理世界和数字世界，当两个世界连接之后，中国外贸释放出的竞争力能量级将完全不一样。长远来看，只要把网络协同优势发挥出来，再加上智能化水平越来越高，中国外贸的前景非常乐观。现在我们至少需要弥补3个差距：一是软实力偏弱，二是从0到1的创新能力不强，三是法律、标准和规则等上层建筑运作水平不高。解决了这些问题，中国外贸毫无疑问会更上一层楼。

因具有人口众多、经济体量大、制造业发达等有利因素，中国沉淀的数据量庞大，保持数据大国地位几乎没有悬念。当数据大国遇到新全球化，所产生的化学反应令人期待。放眼全球，部分国家的数字化程度超出了我们的想象，其中典型的例子就是爱沙尼亚。

延伸阅读

爱沙尼亚——数字化国度

爱沙尼亚，一个面积只有约4.5万平方千米、人口只有130多万的东欧小国，却因数字化成果名声大噪。在很多发展中国家还在聚焦工业的20世纪90年代，爱沙尼亚就开始实施信息技术发展战略，推动互联网在各领域的应用。近30年来，该国推出了网上电子银行、在线报税系统、智能停车系统、公民电子身份证、电子医疗系统等数字化服务，甚至还成了世界上第一个采用在线投票的国家，并建立了世界上第一个数据大使馆。根据e-Estonia网站公布的数据，99%的爱沙尼亚公民拥有电子身份证，99%的爱沙尼亚政务实现在线化，约47%的爱沙尼亚人通过互联网投票。

数字化已渗透爱沙尼亚社会生活的每一个角落，颠覆了这个国家的社会运行模式。该国被誉为全球数字化水平最高的国家。曾经贫困羸弱的小国，因为拥抱数字化而实现逆袭,其做法值得我们思考。虽说爱沙尼亚仅是小国数字化的典范,对大国数字化有无借鉴意义尚不好说,但它至少向我们传递一个关键信息:数字化国家是可实现且具有巨大发展红利的。

什么是贸易数字化

解构了数字化和新全球化两个大势,理解了数字化的本质——在线化、数据化、智能化,弄明白了数字产业化与产业数字化,贸易数字化就真正来到我们面前。相较传统外贸,贸易数字化是一个崭新的世界,同时它又肩负着改造和重构传统贸易的使命。中国外贸将通过贸易数字化形成新动能、新业态和新模式。

贸易数字化概念和内涵

贸易数字化,是以贸易为龙头、以产业为基础、以服务为支撑,贸、产、服协同发展,通过数字技术赋能贸易全流程和贸易主体的数字化转型,实现对外贸易全产业链、供应链、价值链的数字化升级和重构。

随着互联网、大数据、云计算、区块链、物联网、人工智能等数字技术的更新迭代,我国数字产业得到快速发展。同时,数字技术和传统产业加速融合,传统产业数字化转型步伐加快,产业数字化在我国数字经济中的比例逐渐上升。贸易数字化和产业数字化融合发展,将数字技术和传统外贸有机融合,推动外贸行业和外贸企业实现在线化、数据化和智能化发展。

相比属于服务贸易范畴的数字贸易,贸易数字化重点表现在货物

"贸易数字化"全家福

贸易的数字化：将现代数字技术与传统货物贸易有机融合，实现货物贸易各环节、全链条、全流程的数字化。中国不仅是全球货物贸易第一大国，而且拥有全世界最齐全的工业门类，全产业链的优势无可替代。同时，中国出口产品结构正在优化，技术密集型和资本密集型产品出口占比逐渐增加，外贸附加值不断提高，持续向产业链和价值链的中高端进发，中国货物贸易的国际竞争力和话语权日益增强。这些条件加上中国外贸数字化尚处于起步阶段，数字化渗透率还比较低，造就数字化水平提升空间非常大，推进贸易数字化势在必行。

传统外贸行业存在已久，贸易数字化就是用数字化的方式把外贸行业重新做一遍，赋予老行业新动能。贸易数字化可以大大增加贸易机会，大幅度减少贸易中间环节，降低贸易成本，提升贸易便利化水平，增强贸易创新能力，促进更多贸易新业态新模式发展，加快外贸企业数字化转型，培育外贸竞争新优势。

贸易数字化有两个内涵：一个是贸易全流程数字化，另一个是外贸企业数字化转型。

贸易全流程数字化就是通过数字化赋能贸易的全流程。国际贸易流程比较长，涉及谈判、接单、备货、支付、检测、通关、物流、保险等诸多环节，而且专业性比较强。数字化之后，这些环节的效率将大大提高，比如数字化检测、数字化跨境支付、智能报关、大数据营销等，都将发挥效用。

从营销端来说，贸易数字化主要趋势是数字营销、外贸大数据和跨境电商。数字营销，主要包括外贸 B2B 平台营销、搜索引擎营销、社媒和社群营销三种营销手段。数字营销一方面可以沉淀数据，另一方面也需要基于更庞大的数据量进行精准触达。外贸大数据则包含公开数据、海关数据、商业数据三种类型。数据是一切数字化手段的重要基础资源。数字营销能够广泛识别客户，给客户"画像"，精准触达客户需求。跨境电商当前比较成熟的是 B2C（企业对消费者）模式，B2B（企业对企业）模式暂时还无法满足更高层次的贸易需求。未来，随着个性化定制、柔性生产的发展，以及产业数字化的深入推进和贸易全链条数字化的配合，跨境电商尤其是 B2B 模式的跨境电商将迎来新发展阶段。

现在外贸营销端的数字化已经比较成熟，不仅有外贸大数据、外贸 B2B 模式，而且可以通过 Facebook、谷歌搜索引擎等进行数字化营销。换句话说，外贸企业的营销手段越来越多，可以更多地在数字世界推广自己的产品。从某个角度说，这也是形势所迫，因为很多买家都在线了，企业如果不出现在线上，就会与他们失之交臂。外贸企业仅靠线下见面的传统方式，不足以覆盖更多潜在买家。

贸易服务端也在做数字化转型。在互联网出现之前，参加线下展会是中国企业开发海外客户的主要方式，另外还有国外经销商、海外营销网络等渠道。广交会是中国规模最大的国际性贸易盛会，每届几乎都会吸引大量国际采购商到会。曾有很长一段时间，外贸企业只要能在广交会拿到展位，就意味着不必为订单发愁。所以，外贸企业争相在广交会占据一席之地。这只是企业通过展会方式获取订单的一个例子。国际上还有很多大型成熟展会,每年出国参加 2~3 场展会的中国企业比比皆是。

随着数字技术的进步,电子商务平台异军突起,使用该渠道的中国企业占比显著提升。如今,电子商务平台有超越线下展会之势。而线下展会也逐渐延伸到了线上。休展期间,企业也可将产品宣传物料上传到展会网站上,供采购商查阅,但这并不是真正的纯数字化展会。2020 年,新冠肺炎疫情深刻改变了展会的发展轨道,线下展会受限,"云上"展会崭露头角。广交会也采取线上形式举办,"永不落幕的广交会"启程,更多企业能够通过线上形式参展。数字化正在全面重塑外贸企业开拓海外市场的方式,颠覆展会这一服务形式。

除了贸易全流程的数字化,贸易数字化的另一个内涵——外贸企业数字化转型,也分量十足。如果企业端不进行数字化转型,那么整个外贸行业的数字化转型就是空谈。而外贸企业到底该如何进行数字化转型是重点问题。

现实情况是,很多企业对数字化环境变化的感知比较敏锐,对数字化转型也略知一二。同时,正在进行数字化转型的企业并不在少数,数量甚至远远超出我们的想象。很多企业已经意识到数据的价值,并着手梳理自己所沉淀的数据,唤醒沉睡的数据资源。但是,不管是已经付诸实践的企业,还是那些对数字化持观望态度的企业,都有许多迷惑之处,比如还未领会到数字化转型的好处、不清楚该如何转型,或者觉得自己当下活得很好,不需要转型。

有些企业认为要做好充足的准备再转型,对于新零售平台、跨境电商平台的打造尚处于踌躇状态;有些企业更具敏感性,即便没有行动起来,在战略上也已有所布局;更多的是不问结果、先行动起来的企业。企业数字化转型并不是要发起"总攻",一下子就一步到位,而是小步快跑、快速迭代。企业数字化转型并不存在成功与失败的问题，只有谁走得快一点、谁走得慢一点的区分。

数据是未来的竞争力所在，是企业发展的最重要的资源，能意识到这一点的企业是清醒的。外贸企业数字化转型并不是一个加分项，而是一个必选项，通过它才能获得未来生存的"入场券"。企业只有抓住"风口"，迎难而上，对管理体制、组织模式、营销模式等进行变革，用数字化的方式重构内在机制，才能获得持久的生命力。

贸易数字化与数字贸易、跨境电商的关系

贸易数字化是一个既老又新的概念，最早以无纸化贸易的形式出现，也就是国际贸易电子数据交换（Electronic Data Interchange，EDI），可实现采购订单、装箱单和提单等数据的交换。但互联网、大数据、人工智能等数字技术发展后，EDI 逐渐退出，代之以国际贸易单一窗口等贸易数字化的形式。贸易数字化实际上就是通过这些数字技术赋能贸易全流程，通过数字化穿透贸易全链条，同时实现贸易主体的数字化转型，最终实现对外贸易全产业链、供应链、价值链的数字化升级和重构。贸易数字化是深入到产业端的一场革命，必须和产业数字化协同发展，它是对外贸易创新发展的主要抓手，在对外贸易创新发展中起到基础性、枢纽性和引领性作用。抓住了贸易数字化，就抓住了对外贸易创新发展的"牛鼻子"，可以达到纲举目张的效果。大家对数字贸易和跨境电商都比较熟悉，那贸易数字化与数字贸易和跨境电商到底又有哪些区别和联系呢？

解释数字贸易之前，先要说一说服务贸易。服务贸易是在全球化 3.0 阶段蓬勃发展起来的，通俗地讲，就是无形产品的贸易，包括跨境交付、自然人流动、商业存在和境外消费四种形式。其中，跨境交付基本上实现了数字化。总体上看，大约有一半的服务贸易已经实现数字化交付，也就是我们通常所说的数字贸易。服务贸易中有一些是没办法通过数字化方式实现交付的产品和服务，必须要亲力亲为。例如，建筑施工必须要去现场，运输、旅游等也没办法数字化。而音乐、视频、咨询、知识产权、云计算、售后、广告等都可以数字化。商务部发布的《中国数字贸易发展报告（2020）》显示，"十三五"时期，我国数字贸易规模快速扩大，由 2015 年的 2 000 亿美元增加到 2020 年的 2 947.6 亿美元，增长 47.4%，占服务贸易额的比重从 30.6% 增加至 44.5%。

数字贸易指的就是数字化的服务贸易，贸易交付对象是可数字化的无形产品。换句话说，服务贸易中分离出来的能够数字化的那一部分就是数字贸易。所以，数字贸易是服务贸易的一部分。关于数字贸易，多年来学界一直存在争议，焦点围绕数字贸易的窄口径和宽口径，两者主要区别在于是否囊括跨境电商。窄口径的数字贸易就是能够数字化的产品和服务的贸易，不包括跨境电商。宽口径的数字贸易包含数字订购，所以也包含跨境电商。从统计和部门归属看，我国数字贸易与国际基本接轨，都是采用窄口径，特指数字服务贸易，不包含跨境电商。虽然跨境电商通过互联网平台进行交易也需要很多服务支撑，但是其本质仍属于货物贸易，交付的是实体货物，并不是无形的产品，所以不应该算到数字贸易里。与数字贸易属于服务贸易相比，贸易数字化虽然也包含服务贸易数字化，但是因为服务贸易链条很短，而且很多服务产品都是以数字化形式交付的，所以贸易数字化重点是推进货物贸易的数字化。我国货物贸易竞争力较强，同时货物贸易的链条比较长，数字化水平还比较低，所以贸易数字化空间和潜力非常大。和数字贸易相比，贸易数字化是一个过程，是数字化和外贸结合的应用场景，是实践导向；而数字贸易更关注理论、政策协调、规则和法律。

跨境电商是当前我国最重要的外贸新业态新模式。2021 年 7 月发布的《国务院办公厅关于加快发展外贸新业态新模式的意见》，对跨境电商、海外仓、市场采购贸易、外贸综合服务企业、保税维修、离岸贸易六种新业态新模式提出多重支持举措。这六种新业态新模式蓬勃发展，成为推动我国外贸高质量发展的强劲新动能，而跨境电商是其中发展速度最快、增长潜力最大和带动作用最强的一种外贸新业态。根据海关总署公布的数据，2020年，我国跨境电商进出口额达1.69万亿元，同比增长31.1%；2021年上半年，我国跨境电商进出口额达8 867亿元，同比增长28.6%。截至2020年4月，我国已经设立105个跨境电子商务综合试验区，各项配套政策和服务支撑正在逐步完善，为跨境电商持续快速增长奠定了很好的基础。

贸易数字化和跨境电商又是什么关系，两者的侧重点又是什么呢？首先，贸易数字化是包含跨境电商在内的所有贸易对象和贸易主体的数字化。根据海关总署公布的数据进行测算，2020年，跨境电商交易额按宽口径统计也只占我国对外贸易总额的5.25%。跨境电商交易的产品仍以面向个人的日用消费品为主，而我国绝大部分原材料、中间品、零部件、装备制造等技术和资本密集型产品还没有通过跨境电商实现交易，这部分产品亟须通过贸易数字化提升国际竞争力。其次，跨境电商主要还是PC互联网和移动互联网在国际贸易中的应用。无论是通过电商平台还是通过自建独立站开展跨境贸易，都是互联网在国际贸易中的应用。而贸易数字化包含互联网、大数据、云计算、区块链、人工智能、物联网等所有数字技术，通过数字技术和国际贸易的融合提升贸易竞争力。最后，跨境电商主要体现在贸易端，通过贸易端的互联网化带动整个外贸行业的数字化。贸易数字化则不仅包含互联网营销、大数据营销和跨境电商营销，而且从贸易端的数字化延伸到产业端的数字化，涵盖数字化采购、数字化研发设计、数字化智能制造、数字化营销、数字化售后服务等整个链条，是贸易全流程的数字化，以及全产业链、供应链和价值链的数字化。

当然，跨境电商和贸易数字化关系密切，彼此互相依存。首先，跨境电商发展到今天，本身需要数字化和智能化升级，运用更多的数字技术提升效率。贸易数字化为跨境电商的发展奠定了更坚实的基础。贸易数字化就如科学技术里的基础学科，跨境电商相当于应用学科，应用学科想更上一层楼，有赖于基础学科的夯实和不断发展。贸易数字化的发展不仅能孕育出像跨境电商这样带动作用强的新业态新模式，也能让现有的新业态新模式形成新动能，走得更加扎实稳健。其次，跨境电商在贸易数字化中起到"火车头"的作用。通过跨境电商能够直接触达消费者，沉淀的消费者数据反过来引领研发设计、生产制造、营销销售、售后服务的数字化，让大规模定制和个性化生产以及精准化营销有了更大的可能性。最后，跨境电商作为贸易数字化在营销端的一个重要应用场景，是贸易数字化的一个成熟分支。跨境电商对提升整体贸易数字化水平起到引领作用，但它不是贸易数字化的全部。贸易数字化囊括的技术更多、产品更全、贸易主体覆盖面更广，更具基础性和长期性。贸易数字化的发展让跨境电商走得更稳健和持久，跨境电商的发展也推动贸易数字化向纵深发展，两者互相促进、相得益彰，共同推动我国对外贸易高质量发展。

跨境电商作为贸易数字化的一部分，最终也会与数字贸易融合。跨境电商交付的是实物，属于货物贸易，但平台上衍生出的产品推广等服务归于数字贸易。所以慢慢地，所有贸易形式都因数字化而融合，线上和线下融合，内贸和外贸融合，贸易和产业融合。

长期来看，无论是数字贸易，还是跨境电商，或者通过贸易数字化实现的贸易，都会相互融合、殊途同归，你中有我、我中有你。不管是产品数字化，还是流程数字化，抑或交付方式数字化，或者身处其中的任何一种贸易形式——服务贸易和货物贸易，都将由数字化驱动,并最终发展成数字化贸易。国际贸易的最终归属是数字化贸易。

总结一下:数字贸易指的是可数字化的服务贸易,是服务贸易中可数字化的部分;贸易数字化包含货物贸易数字化和服务贸易数字化,但重点是货物贸易的数字化,涉及贸易流程的数字化和贸易主体的数字化转型;数字贸易和贸易数字化互相促进、互相依赖、融合发展。

跨境电商也属于货物贸易,是最重要的外贸新业态新模式,而贸易数字化是外贸新业态新模式的基础。跨境电商是贸易数字化在营销端的一个重要应用场景,也是贸易数字化的一个成熟分支和组成部分。贸易数字化为跨境电商的发展奠定了坚实的基础,跨境电商也将推动贸易数字化向纵深发展。

无论是贸易数字化,还是数字贸易,抑或跨境电商,国际贸易最终的形态都是数字化贸易。在实现数字化贸易过程中,贸易数字化是必不可少的阶段。

从产业角度看贸易数字化

现在一些企业已经开始从产业端推进数字化,如产业互联网(或工业互联网)。企业建立了垂直B2B平台之后,实现了智能制造,接着就可能希望把贸易端嫁接过去。即便是产业端引起的数字化,也在向贸易端数字化进发。产业端数字化和贸易端数字化是两条相向而行的线。所以,不管是产业端引起的数字化,还是贸易端引起的数字化,最后都会交汇,使产业和贸易实现融合,见图2-2。所以,切不可离开产业谈贸易。产业数字化和贸易数字化相向而行,不断融合发展,共同推动我国对外贸易高质量发展。

为什么越来越多的企业热衷于搭建工业互联网平台?其实就是从产业的角度看待贸易。过去,很多企业只看贸易,关心自身经营,现

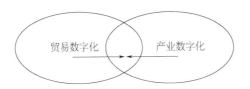

图 2-2　贸易数字化与产业数字化融合发展

在站在了更高的维度上——产业角度,如何将产业链上的资源聚合到自己建立的平台上,成为它们更关心的事。不管是中国还是美国,其实纯贸易公司并不多,很多企业希望跳出自身经营边界,掌控产业链上下游。

贸易背后是产业,产业背后是技术和资本,技术和资本又决定了产业发展;技术和资本背后是创新;创新背后是人才。这些要素形成了环环相扣的链条。中国很多城市打造了产业集群,本质上就是把产业链上下游整合起来,形成网络协同效应,进而把整个产业链留在当地。就如多年来美国一直呼吁制造业回流,但效果并不明显,原因之一就是产业链上下游有成千上万家配套服务商,一部分企业搬走了,并不会影响产业链大局。换句话说,网络协同效应搬不走。

从产业角度看贸易,再结合数字化和新全球化两个角度,或可对中国传统外贸有新的颠覆性认知,加深对贸易数字化的理解。

从数字化和新全球化角度看贸易数字化

在数字化和新全球化时代背景下,中国外贸已经走到全新的阶段。数字化和新全球化给中国外贸带来挑战和机遇,而贸易数字化是迎接挑战、把握机遇、实现突围的新动能,是外贸企业培育新的国际竞争力的方法。

近些年,不少人唱衰中国外贸,认为外贸在拉动中国经济中的作用有所减弱。梳理一下 2008 年全球金融危机之后的走势就会发现,中国外贸虽然有所震荡，但表现出很强的韧性。中国外贸于2009年陷入历史低点，2010年强势反弹，之后进入震荡通道。2017年，出口额和进口额从"双降"转为"双升"；2018年，进出口总额突破30万亿元，出口额和进口额均实现较快增长；2019年，外贸延续了"稳中提质"的主基调，实现稳定增长，同时民营企业成为第一大外贸主体。2020年是一个特殊的年份，因国际贸易受到新冠肺炎疫情冲击，很多人并不看好中国外贸，结果却出人意料：进出口总额实现正增长，明显好于预期，外贸规模再创历史新高。这一年，中国成为全球唯一实现经济正增长的主要经济体，外贸这驾马车在其中的牵引力最大。2021年前8个月，我国货物贸易进出口总值达24.78万亿元，同比增长23.7%，比2019年同期增长22.8%。这也是我国外贸连续15个月实现正增长，进一步呈现稳中加固的态势。

我们有时候会片面地看问题，没有看到中国外贸的整体；或者静止地看问题，只看到中国外贸的过去，没有看到当下和未来。实际上，中国外贸行业和外贸企业一直在改变，从传统贸易走到贸易数字化，就是最好的例证。当你全面、动态地看待中国外贸时，就会发现一切都是另一番积极向上的景象。外贸行业中个别企业出于种种原因难以为继，就代表整个行业不好了吗？部分产业链转移到国外，或者个别跨国企业撤离了，就能说中国制造业失去竞争力了吗？答案当然是否定的。

每个国家都有短板和长板，以前我们扬长避短，现在要扬长补短。以前我们充分发挥比较优势参与国际市场分工，现在到了较量综合竞争优势的时候。传统的低成本比较优势正在逐渐消失，同时因为实施"碳达峰""碳中和"，企业受环境和资源的约束越来越大。但我们也看到，在数字化时代，我国又涌现出新的更大的竞争优势。我国是全球唯一拥有联合国产业分类中全部工业门类的国家，涵盖41

个工业大类、207个工业中类和666个工业小类，产品覆盖低端、中端、高端。我国制造业连续11年位居世界第一，制造业产值占全球的30%，相当于美国、日本、德国的总和。在500种主要工业产品中，200种以上产品产量位居世界第一。同时，我国产业结构不断优化，光伏、新能源汽车、家电、智能手机、消费级无人机、生物医药、通信设备、工程机械、高铁等一大批产业走在世界前列，拥有一批处于全球产业链中高端的跨国企业和4万多家"专精特新"企业、4 700多家"小巨人"企业、近600家制造业单项冠军企业。特别是在数字化时代，我国不仅是制造大国，也是数据大国，我国制造业通过数字化升级沉淀大量数据，形成全球范围内最广泛的应用场景，这些数据和应用场景又反过来促进我国制造业升级。制造业规模优势叠加数字化优势，再加上我国完善的基础设施、产业链配套设备、工程师红利和政府的有效组织，推动我国对外贸易竞争新优势和新动能加速形成。当然，我国也要尽快补上软实力这个最大的短板，特别是在国际贸易标准、规则、知识产权、国际化人才等软实力方面进一步加强，以便在数字化和新全球化这两个趋势中找准商机。

关起门来自我发展只会带来衰落和内卷，只有开放大门，融入全球化，让企业和商品"走出去"，也"走进来"，才能遇见更好的技术、产品和管理经验，碰到更高的标准和更完善的规则。在不断的学习中，我们自身的水平无形中就提高了。竞争对手就跟磨刀石一样，让你越磨越快。短时间内他可能给你带来痛苦，但最终你会变得强大。中国外贸企业就是在一路坎坷中变得愈发顽强的。

从数字化思维看，主动融入全球化，能链接更多国际资源。建立数字化平台本质上就是为了链接资源，光有平台，不链接资源，就是白费功夫。其实，资源并不一定为你所有，只要能为你所用就够了。中国提出构建以国内大循环为主体、国内国际双循环相互促进的新发展格局，就是要充分利用两个市场、两种资源。事实已经证明，没有外循环，光靠内循环，行不通。

谈贸易数字化离不开数字化和新全球化，因为它们是中国外贸未来升级发展最大的两个变量。解锁数字化和新全球化，贸易数字化这条路会越走越宽。

贸易数字化发展评价体系和指数

随着数字化渗透社会经济体系的各个方面，关于数字化评价体系和指标的建设也逐步推进。例如，宏观经济有数字化率，各行各业有数字化率，单个企业也有相应的数字化率。数字化率短时间内成为一个重要的衡量指标，从侧面反映了数字化的紧迫性，以及全社会形成了数字化转型的浓厚氛围。

拿宏观经济来说，数字化率基本从数字经济的规模、所占比重、渗透率等角度考核。根据中国信通院发布的《中国数字经济发展白皮书（2021）》，2020年我国数字经济规模达到39.2万亿元，占国内生产总值（GDP）的比重为38.6%；数字经济增速是同期GDP增速的3.2倍多。2020年，产业数字经济渗透水平再次提升，农业、工业、服务业数字经济渗透率分别为8.9%、21%、40.7%。有关数字经济，中国信通院建立了一套测算体系。

数字经济包括数字产业化和产业数字化，贸易数字化又与产业数字化不断融合发展。由于国内电商领域发展较为成熟，内贸的数字化率已经达到30%左右，而国际贸易流程比较长，涉及跨境交易，外贸数字化率远远没有内贸高。如何测度贸易数字化发展成熟度？如何衡量贸易的数字化渗透率？实际上，业内已就贸易数字化相关的产业数字化、企业数字化、政务数字化、产业链数字化、供应链数字化的测度开展诸多有效的研究工作，但是针对贸易数字化的指标体系和评估模型尚少见。

2020年年底，由上海对外经贸大学承担、上海对外经贸大学环球慧思贸易数字化研究院协作的"我国对外贸易数字化发展评价指标体系及发展指数研究"项目启动。该项目旨在建立贸易数字化指标评价体系，对贸易数字化的主要形式、规模及其对贸易的影响进行测度，反映我国贸易数字化整体发展水平。

根据项目初步研究结果，对外贸易数字化发展评价指标拟由规模、结构、技术、效益、竞争力等组成，共包含3个级别的指标。其中，一级指标包括贸易数字化规模指数、贸易数字化结构指数、贸易数字化技术指数、贸易数字化效益指数、贸易数字化竞争力指数5项；二级指标包括数字化投入、数字化人才、贸易数字化率、数字化生产、数字化营销等13项；三级指标包括数字化投入占比、数字化设备投入占比、跨境税务数字化程度、物流进程数字化程度、数字化技术水平等37项。指标体系还将测度贸易数字化的两个维度：贸易链条的数字化和外贸企业的数字化。

贸易数字化刚刚起步，一切都是朝气蓬勃的面貌。整个行业有很多事情等着我们去做，政、产、学、研需要联动起来，发挥各自的资源优势，共同为这一项新的贸易事业添柴加薪。上述项目对贸易数字化发展成熟度测度指标进行探索，具有一定的超前意识和现实意义，具体研究结论仍需进一步细化。相信，随着贸易数字化的深化，未来相关测度指标体系会逐步完善，真正为我国贸易数字化发展提供建议，为企业数字化转型提供专业咨询。

贸易数字化创造了一个新鲜的世界。这个世界刚一诞生，就面对数字化和新全球化两个大势，承担着通过数字化解构和重塑传统外贸行业的历史重任，推动着贸易全流程数字化和外贸企业数字化转型的滚滚车轮。贸易数字化必将成为中国外贸发展史上的一道分水岭，岭的背面硕果累累、几度金秋，岭的前面万事待兴、春意盎然。在这一股新的历史潮流中，每一家外贸企业，每一位外贸人，不管在传统贸易中经历多少次沉浮，似乎又都能获得新的前行的动力。

中国外贸企业用几十年的优秀实践告诉我们：顺势而为的智者和逆流而上的勇者，都是真正的英雄。有时候，我们做一个识时务者，乘势而上；有时候，我们逆水行舟，奋勇拼搏。永远不要低估中国外贸行业和外贸企业的自我"进化"能力，对于贸易数字化，它们并无畏惧之色，有的只是即刻行动，参与其中。只要找准了方向，我们就"不畏浮云遮望眼"。贸易数字化的世界已敞开大门。

第 3 章

破局升维：透见贸易数字化的真实价值

无论是从哲学意义的思维角度还是从物理世界的角度理解所处的多元世界，企业唯有不断突破自我认知和能力边界，才能进行多维度的思考，跳脱出物理世界的自我。这当中，数字化应是企业战胜"乌卡时代"（VUCA）的最佳选择之一。

插上一双飞翔的翅膀，再增添一双善睐的明眸，企业可以更高、更纵深的视角看待世界的宏观发展，洞悉外界的微观变化，在千变万化中升维、发展。

让我们透见未来、专注创新，在新全球化的背景下感受贸易数字化带来的真实价值。

"市场难测，市场难做！"这句话常被许多企业掌门人挂在嘴边。"口头禅"听多了难免会产生困惑，久而久之演变成难解的局。

困局总得设法去破，何况商场如战场，企业在竞争中的生死存亡时常就发生在转瞬间。除去外界的不可抗力，企业自身的"功夫"如何，成了破局的关键。

与金庸先生笔下武侠小说中描述的"功夫"不同，现实中企业掌门人绝非经历一系列"开挂"后，就能摇身一变，成为张无忌、郭靖之类的武林高手，更多的是既没那么身怀绝技、武艺高强，也没那么幸运的结局。

站在月球看地球

放眼数字化时代高科技浪潮的风起云涌，面对变幻莫测的市场、走马灯般的产品更新，以及不断处于"进化"和转型中的求生企业，有人说这是一个崭新的纪元，也有人说这是一个最坏的时代。

"风雨惠明之间，俯仰百变。"看似平静的商海，却无时无刻不在上演着"大戏"：当一些企业掌门人还沉浸在拥有一腔豪情和一身"疙瘩肉"就可肆意畅游的惯性思维时，海潮的暗涌已在不知不觉中集聚起能量。在毫无征兆的情况下，有的企业瞬间被拍入海底，从此销声匿迹；有的企业则被海浪击打得体无完肤，仅剩残喘苟活；能够驾轻就熟、自由穿梭戏浪的幸运儿甚是寥寥。

这一切并不奇怪，尤其是那些从工业时代的"旧物种"进化为数字化时代"新物种"的企业，一旦失去预见和驾驭市场发展趋势的能力，灾难就会接踵而至。

越来越多失败的"新物种"开始反思和探研那些能笑傲商海、完胜于股掌的"葵花宝典"，发现先天没有、后天不足的是一种能提升前瞻力的功夫——升维。

知事而豁达，透事而开阔

站在未来看现在，透过现象看本质，更能看透商业的底层逻辑。这就需要企业不断提升自我认知和理念，使更多企业家和管理者对"升维"概念有新的、更深的认识。站在更高的维度去看待和思考商业社会发展的宏观趋势，不断打破原有认知，从而实现思维与心灵的自我突破，帮助企业文化、经营模式、组织结构、数据智能等多方面实现升级，这就是升维。物理世界映射出数字世界，数字世界又反过来指导物理世界，这样能充分发挥数字协同和数据智能的威力，既有数字化时代战略方向的高瞻远瞩，又有站在未来时间维度对商业模式的深思熟虑，从小步快跑到快速迭代，使企业顺理成章地成为数字化时代"新物种"中的佼佼者。

世界之大，既有蚂蚁这种一维生物，也有人类这种介于三维和四维空间之间的生物。要知道，仅仅看到过去、现在和将来的自己是远远不够的，多维宇宙真实存在，需要人类不断站在更高、更纵深的维度展望未来，打破原有认知，在不断延展的物理世界上叠加一个虚拟世界。

在没有登上月球之前，人类对地球的认知停留在"站在地球看地球"。1969年7月21日，美国"阿波罗11号"宇宙飞船载着3名宇航员成功登上月球，宇航员阿姆斯特朗在踏上月球表面时，道出了"这是个人的一小步，却是人类的一大步"的经典之语。其意义不仅是人类征服了月球，而且可以站在更高的维度探究和认知地球，使人类对地球的了解从此迈上了一个新的台阶。

时至今日，能够站在月球看地球的人不过十几个。然而，伴随着数字世界的开放，数字技术带给人类无限的想象和拓展空间，使越来越多的企业有机会"登上月球"，并通过"升维"领略到从月球看地球的壮美景象。在成功的"登月者"中，不乏横跨电子商务、金融服务、云计算、新零售等多领域和行业的"独角兽"企业，如阿里巴巴、腾讯、百度、京东等。它们有一个相似之处，即都通过升维，对数字化或数字技术进行深刻解读，并不断地付诸实践，在创新中得到升华。

越来越多的"独角兽"企业站在月球领略地球的壮美

延伸阅读

"黑天鹅""灰犀牛"与"独角兽"

无论是"牛"还是"熊"，一旦走进金融圈便摇身变成了股市风向的代名词，"黑天鹅""灰犀牛""独角兽"也不例外。在17世纪之前的欧洲，人们一直都认为天鹅是白色的。但第一只黑天鹅出现之后，人们心中不可动摇的观念瞬间崩塌。从此，"黑天鹅"被赋予了"极其罕见、出乎人们预料的风险"的深意。作为相互补足的难兄难弟，"灰犀牛"也与"太过于常见，以至于都习以为常的风险"画上了等号。

2013年，最早将神话传说中稀有且高贵的"独角兽"一词冠在具有优质和市场潜力的绩优股且商业模式很难被复制的创业公司身上的，是美国Cowboy Venture（风险投资公司）投资人Aileen Lee。"独角兽"公司代表新经济业态，引领社会的创新。部分"独角兽"公司不仅成为行业巨头，而且使某个行业的实力及发展潜力大大增强，甚至会引领一个国家的科技进步与产业升级。

伴随着"互联网+"、新技术、新业态、新模式的风起，越来越多的"独角兽"公司得以云涌，如在金融服务行业，有中国的上海陆家嘴国际金融资产交易市场股份有限公司（陆金所）、美国的Stripe（在线支付公司）；在消费互联网行业，有中国的字节跳动、滴滴出行、美国的Airbnb（旅行房屋租赁服务商）；在软件及电子产品行业，有美国的Infor（应用软件服务提供商）等。

当所有行业从传统的工业时代走向欣欣向荣的大数据与智能时代时，作为推动数字化进程的数字技术已不单单是一种技术，也不单单涉及某一类产业或行业，而是在新的思想和价值观驱动下，从认知、全局思考到战略、文化等的融合与创新。这是思维、战略、文化等各方面升维的聚合表现。

如今，数字技术的广泛应用已赋能传统产业全产业链、全价值链，需要我们站在更高的维度俯瞰传统产业世界，并将高维度的认知、理念进行分享和赋能，让越来越多的传统企业插上数字化的翅膀，凭借先进的价值体系、管理体系、产业技术、专业人才、先进文化引领传统产业数字化转型和升级，最终通过打破传统垂直价值链条，站在高维度上，纵深地去思考供应链全链条，探索具有全局观的完整路径。

找到"虫洞"，实现跨越式发展

升维是对自我认知和能力边界的突破，在数字化时代，其对企业的影响将表现为对跨越式发展的促进。可以预见，企业将借助数字技术构建庞大而系统的数字平台。一方面未来商业世界将经历新的解构与重组；另一方面企业内部组织将面临新的分解、聚合与裂变。这一切变化的背后依旧是"升维思考、降维执行"理念。不同于传统的工业时代，数字技术发展与变革非常迅猛，实现跨越式发展的前提是必须找到一条通往高维的通道，有人称之为"虫洞"，也有人称之为"破局点"。

1916年奥地利物理学家路德维希·弗莱姆首次提出"虫洞"概念，1935年物理学家爱因斯坦及纳森·罗森在研究引力场方程时对这一概念加以完善，"虫洞"后被称作"爱因斯坦-罗森桥"。作为"时空虫洞"的简称，"虫洞"一直以来被人们认为是宇宙中可能存在的"捷径"，物体可以通过这条捷径瞬间进行时空转移。然而时至今日，科学家们也没有观察到"虫洞"存在的证据。但这并不妨碍企业用升维的理念和手段打通通往数字世界、商业世界、企业内部等跃迁的"虫洞"。

如果说天体物理学中的"虫洞"还是一种假设，那么数字世界中商业社会的进步就离不开大胆的实践了。特别是当数字化赋能传统产业时，可以利用数字技术对传统产业进行重塑，而其释放的能量将使人们的假设变为现实。有了贸易数字化，企业能够在洞悉未来发展时"做一年、看十年"；而针对市场竞争对手，也可以不断地在"升维打击"和"降维打击"之间来回切换，做到游刃有余。

作为商业上的一对"孪生"名词，"升维打击"和"降维打击"意为在同一个领域中，利用不在同一竞争层面、优于同行业竞争者的技术或模式创新对其进行不对称打击，从而更快地占领市场。这里貌似有些"出奇制胜"的意味，实则得益于比竞争对手的站位更高、视界更纵深。站得高自然看得远，眼界高则前瞻力强，焉有不胜之理？

记得歌曲《雾里看花》中有这样的歌词："借我借我一双慧眼吧，让我把这纷扰看个清清楚楚、明明白白、真真切切……"这里的那双"慧眼"即可视为"升维"后的产物。有了"慧眼"，便可洞悉纷繁复杂的市场变化，继而做出研判。"慧眼"可以看得远、看得透，能识事物发展的前因后果、内外联系，能晓事物相悖的辩证关系、转换规律，将竞争对手的一招一式看得清清楚楚、真真切切，使胜券在握成为确定的事情。

然而，现实世界具有"慧眼"的企业并不多，"慧眼"也不是随随便便就能"借到"。许多企业连"虫洞"和"破局点"在哪儿都不知道，谈何升维、破局、解困？

直到 2019 年 11 月《中共中央 国务院关于推进贸易高质量发展的指导意见》中指出要"提升贸易数字化水平"，"贸易数字化"一词才首次出现在人们的视野中。应该说，这是国家审时度势，针对推进外贸高质量发展做出的英明决策。经过一段时间的实践与探索可以得出结论：贸易数字化对于企业降本增效、实现可持续发展，对于服务外贸提质增量、建设外贸强国，毋庸置疑都是必选项。

贸易数字化正悄悄走到我们身边，它穿越时空，突破了"虫洞"，成为未来企业和贸易发展纾困的"破局点"。

企业物种的超级进化

在透见穿越时空而来的贸易数字化之前，不妨先按一下返回键，看一下数字化时代企业的"前世"，这样有助于衡量贸易数字化是否有发挥价值的可能。

与地球上所有生物一样，企业物种同样有着生生不息的生命力。如果说在"鲇鱼效应"中企业物种的进化只是为了活下来，那么商场就如同一片汪洋大海，进化过程中既有"红海"的浴火重生，也有"蓝海"的桃源惬意。毕竟商场才是真正的试金石，企业物种的点滴进化都会通过"蝴蝶效应"不断影响市场，时而是泛在海面上一丝涟漪的微风，时而又化作激起千层波涛的狂风。

毋庸置疑，企业物种进化需要遵循自然发展规律。企业的生存一样要靠竞争力优势——无论是相对于外部竞争对手，还是相比内部自身的基因（DNA）进化。生存的根本已不仅仅是靠源源不断地生产产品、售卖产品、在市场上获利、实现利益最大化，而是要实实在在地为客户创造价值。

那么，为客户创造价值的原动力又来自何处？

1859 年，达尔文在《物种起源》一书中提出生物进化论，将天择的进化作为基本假设，即"物竞天择"。然而，我们今天在挖掘企业物种进化基因时，才发现它已然变成了一种全新的思维，那就是要以创新促进企业物种进化，使之成为优秀基因之一，最终体现在为客户创造价值的产品和服务当中。

有了创新的原动力，企业物种进化的速度会不断加快，进而从量变走到质变。工业经济的退潮和数字经济的崛起就印证了这一点：早期依靠传统能源和机械化的生产工具，一度创造了令人刮目相看的

"富资产"，然而随着能源的消耗以及市场、技术等不确定因素的急剧变化，生产和市场规模出现萎缩之势。虽然其也对旧的生产力和生产资料、成本控制和标准化流程等进行了改革和升级，但是依然无法改变日趋"负资产"的发展趋势。昔日的机器设备被数字化的工具取代，劳动密集型传统产业生产场景逐步被由算法、算力和数据与业务结合的应用场景所替代。越来越多的实体企业遭遇发展瓶颈，有些企业甚至走到了崩溃的边缘。

工业经济物种向数字经济时代物种进化已成为不可逆转的趋势。在企业物种超级进化过程中，创新愈加彰显出它在数字化时代标志性抓手的重要角色。随着"乌卡时代"的到来，越来越多不确定因素在深刻改变着企业生存的环境，影响着企业物种自身的进化。"物竞天择，适者生存"，在尊崇丛林法则的世界里，企业的危机意识变得愈加强烈。近年来，出口企业面临的外部环境复杂多变，新冠肺炎疫情反复、原材料上涨、海运费暴涨，真是一波未平一波又起。未来如果海外疫情明显趋于缓和，海外产能逐渐恢复，对国内的出口企业来说可能又是另一个挑战，企业已真正进入"乌卡时代"。

延伸阅读

"乌卡时代"来了

企业物种的进化无法一蹴而就，要想从传统经济环境中的"丑小鸭"进化到新全球化、数字化时代环境中的"白天鹅"，还需要经历一个艰辛过程，其中适应外部环境与修炼内在功力极为重要。我们所能预见的瓶颈，首先就是纷繁复杂的世界所带来的不确定性，于是许多人把移动互联网时代称为新"乌卡时代"也就不足为怪了。

"乌卡时代"，即 VUCA，由 Volatile（易变性）、Uncertain（不确定性）、Complex（复杂性）、Ambiguous（模糊性）4个英文单词的首字母组合而成，与当今社会环境相结合，构成一个完整的概念词汇，意为我们处于一个易变性、不确定性、复杂性、模糊性的世界里。它的出现是科技革命、经济危机、全球化带来的社会变化等因素共同作用的结果。

"乌卡时代"的"盲人"：大夫，我都看不清……

"'乌卡时代'来了"跟"大灰狼来了"大相径庭，因为数字化时代没有哪家企业会忽视它的存在，毕竟恐龙的灭亡就是活生生的例子。2020年席卷全球的新冠肺炎疫情至今还在挑战每一家企业的生存能力，再加上逆全球化事件频频出现，各行各业的企业纷纷走上了求变的道路。求变的主要措施就是数字化转型，以创新引领企业重塑商业模式，使企业物种进化到数据有效流动的数字化时代，从根本上转变资源配置模式。

美国"现代管理学之父"彼得·德鲁克曾经说过："动荡时代最大的危险不是动荡本身，而是仍然用过去的逻辑做事。"那些缺少创新思维和数字化转型理念的企业或将在"乌卡时代"的滚滚尘弥中幡然倒下。

透见贸易数字化的曙光

相对于"乌卡时代"的不确定性，传统外贸正在通过数字化向新型外贸转型，贸易数字化成为世界贸易发展不可逆转的大趋势。透见数字化，当是外贸行业最大的确定因素。

清华大学全球产业研究院发布的《2020年中国企业数字化转型研究报告》指出："国内众多行业头部企业的数字化转型，已经从最初的探索尝试阶段发展到数字化驱动运营阶段，转型效果显著。它们充分利用数字技术强化核心业务，发现新的业务价值点，助力产品和服务创新，衍生出全新的数字化业务和商业模式，使数字化持续为企业业绩做出贡献，实现良性循环。"

而投资机构IDG同期给出的研究报告数据也提供了佐证，在全球1 000家大企业中，67%已将数字化转型变成企业级战略。随着新技术的持续演进，未来很多企业都要成为科技公司。预计到2023年，由数字化产品和服务驱动的数字经济的占比将达到51.3%，成为市场主流。

贸易数字化成为企业赢得未来生存的"入场券"，数字化转型也将企业带入数字化新外贸的新航道。

当"老外贸"遇到"新外贸"

这里的"老外贸"通常是指采用传统手段和方式做外贸，如果非要掰扯清其与"新外贸"的区别，那还是要看谁以数字技术作为核心驱动力。因为只有以飞速发展的数字技术做支撑，才能创造出比规模化更多的新增量。这一点"老外贸"显然是不具备的。"老外贸"和"新外贸"身上的标签也不同："老外贸"的标签是参加展会、交换名片、邀请客户验厂等；"新外贸"的标签是数字营销、外贸大数据、跨境电商等。具体见图3-1。

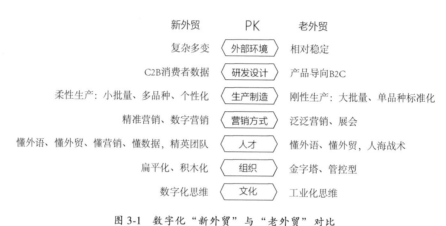

图3-1 数字化"新外贸"与"老外贸"对比

在数字化新外贸时代，"老外贸"与"新外贸"相比，不同点具体表现如下：

首先，订单撮合平台不同。"老外贸"主要采用的是黄页模式与传统展会的线下交易，信息不对称，交易成本高，交易机会少且不稳定，依赖熟人关系和有限的市场触及；"新外贸"主要是买卖双方通过基于互联网的线上平台，依靠互联网、大数据、云计算、区块链等技术获取交易机会，精准触达客户，在大大增加订单量的同时，打破信息的不对称性，提高营销效率，提升营销效果。

其次，"老外贸"业务通常是"一对一"的两点一线，业务来源过于单一，特别是新冠肺炎疫情在一段时间内导致线下展会基本停办，人员来往被阻断，物流、支付、汇兑、退税等服务被割裂，海、陆、空运输几乎停摆，再加上某些国家趋于保护主义的政策抬头，线下外贸变为"望洋兴叹"。反观"新外贸"，数字技术使地球上任意两地之间都有可能做买卖，而且不受时空、地域、人为等因素的影响，真正实现足不出户"全球买、全球卖"。

再次，在订单交付上，中小企业可以借助一站式外贸综合服务平台，享受快速、便捷和低成本的通关、结汇、退税、物流等综合交付服务。同时，企业可以利用外贸综合服务平台上沉淀的数据积累公司的数字信用资产，享受数字化供应链金融服务并降低融资成本。随着分工和服务的进一步发展，外贸综合服务平台也向一站式跨境供应链服务商转变，通过数字技术打造的跨境供应链服务支持端到端交付，将通关、物流、财税、支付连成高效衔接的整体系统。这样才能让中小企业专注自己的核心产品，降低进入国际市场的门槛。

最后，未来撮合服务平台和交付服务平台将协同发展。撮合服务平台利用交付服务平台的大数据，降低撮合交易成本；交付服务平台借助撮合服务平台的流量引入新客户，并为客户提供更多增值服务。未来的趋势是，基于数字技术形成的"从贸易订单生成到订单交付及其他配套服务"的全闭环贸易平台，提供从外贸订单在线生成及完成交易的闭环服务，把企业真正带入数字化新外贸时代。

无论是"老外贸"还是"新外贸"，在未来很长一段时间内，外贸企业都将面临4个全新的环境。

一是新全球化环境。新全球化表现在区域贸易一体化步伐加快，同时通过数字化将全球市场重新连接起来。近几年，全球贸易摩擦加剧，区域贸易和新兴市场贸易迅速崛起，市场多元化日趋明显。例如，中国加强与"一带一路"沿线国家贸易往来，加入区域全面经济伙伴关系协定（RCEP）并申请加入全面与进步跨太平洋伙伴关系协定（CPTPP）、数字经济伙伴关系协定（DEPA），2020年东盟超越欧盟成为中国第一大贸易伙伴,这些都表明中国加快融入更高标准的区域贸易一体化市场。未来企业应充分抓住"一带一路"、RCEP等催生的机遇,同时利用好数字化带来的全球市场一体化时机,借助跨境电商等外贸新业态新模式把市场拓展到世界的每一个角落。

二是数字化环境。当前,大数据、云计算、区块链、物联网、人工智能等数字技术迅猛发展,数据成为新的生产要素,同时数字技术重构了当前企业所处的产业链和价值链,给外贸企业带来前所未有的挑战和机遇。在数字化时代,没有一家企业能置身事外,数字化不再是外贸企业的可选项,而是所有外贸企业的必选项。数字化也是未来贸易领域所有不确定事情中最确定的事情,企业唯有进行数字化升级,才能拿到数字化时代的"入场券"。

三是疫情环境。国外新冠肺炎疫情反复无常,出口受阻仍在持续。与此同时,疫情导致的全球供应链断裂未完全修复,运费高昂、产品交付困难一时难以有效缓解,人工短缺和原材料上涨也很难在短时间内逆转。新冠肺炎疫情在加剧整个外贸行业"大洗牌"的同时,也为企业按下了数字化转型的加速键。外贸企业要做好在疫情长期存在的情况下开展国际贸易业务的准备。

四是低碳环境。当前,我国正在推进实现"碳达峰""碳中和""能源双控"等目标,能源结构进一步朝绿色化、清洁化和低碳化发展。这倒逼我国经济结构和产业结构进一步转型,转变经济增长方式,淘汰污染密集型和能耗密集型产能。受制于节能减排的要求,我国燃煤电厂建设放慢了速度,未来也不可能再大力投资燃煤电厂,现在电力投资90%以上用于非化石燃料发电。清洁能源发电量仍偏小,而电力需求却在快速增长:2021年上半年,我国全社会用电量同比增长16.2%,供需进一步失衡。在这样的大背景下,短期内电力供需矛盾难以得到解决。对此,出口企业要做好充分的准备,加快转型成低碳型企业，提升技术含量，采用清洁技术，生产的产品也要符合绿色化和低碳化的趋势。

看清趋势：站在未来看现在

2020年，是充满不确定性又跌宕起伏的一年。这一年，新冠肺炎疫情席卷全球，给全球经济和国际贸易发展带来巨大冲击，世界经济格局悄然发生变化；也正是这一年，中国抗击新冠肺炎疫情取得重大胜利，有效控制住了疫情在国内的蔓延趋势，为经济实现逆势增长创造了有利的内部环境。

2020年年初，许多个人和组织经历了前所未有的焦虑、迷茫甚至绝望，生产停滞、国际贸易延缓、失业、倒闭、亏损等阴云盘桓在许多人心头。但是，这些风浪不足以让具有百折不挠精神的中华民族畏惧和屈服，阴霾终被驱散。一系列疫情防控措施和复工复产政策有效落实，多项稳定和保障经济发展的举措有序推进，短时间内使工厂迅速恢复了往日热闹，街道亦重现昔日繁华。得益于国内疫情的有效控制和生产生活的快速恢复，国内企业的产业链和供应链稳定运转，中国经济旺盛的生命力和强劲的韧性得到充分展现，中国企业在参与国际分工和开展对外贸易时发挥了更明显的优势。在世界经济恢复、发展和国际经济格局重构的过程中，中国政府和中国企业都担任了重要角色，发挥了重要作用。在充满变数的今天，企业需要理性清晰地认识到，危险常在，机遇必然相伴而生；感到绝望时，坚定信念、坚守信心，一定能从绝望中找到希望；面对危机时，保持乐观、积极求变，一定能从危机中找到转机。

2020年新冠肺炎疫情不仅使人们对绝望和希望、危险和机遇有了更加深刻的认识，而且在无意识间加剧了各种分化，行业在分化、企业在分化、人也在分化，差距和差异在分化的时代变得更加明显。于那些步入数字化转型的企业而言，应该庆幸走上了一个非常好的赛道，处于非常有利的位置。近些年来，许多企业不断更新迭代、转型升级和创新突破，积累了有利的资源，也积淀了力量。企业这些年尤其是 2020 年经历的痛苦、磨难、震荡、危机，都可视为顺势而为过程中经受的洗礼，企业也会将这样的经历转化成乘势而上的力量。

在世界"百年未有之大变局"中，企业需要在偶然中找到必然，在不确定性中找到确定性，看清趋势、找准优势、驾驭时势，顺势而为、乘势而上，以更好的姿势迎接全新的未来。

趋势的开始如涓涓细流，因微小而不被注意，但当人们能够明确察觉到的时候，它已经成了不可阻挡的洪流。当趋势发生时，我们再回想过去每一天、每一个月的微小变化，才恍然发觉自己早已身处趋势之中。看清趋势、把握趋势、顺势而为极具难度和挑战性，但并不是完全无法实现。当人们具备站在未来看现在的能力，穿越时间、以始为终，回溯事物发展的轨迹和规律，站在更高的维度上审视当下所面临的机遇和挑战时，趋势发展壮大的痕迹也会更加清晰地展现在眼前。趋势前进的力量不可阻挡，唯有顺势而为才有机会乘势而上、扬帆远航。当前，企业面临两个明显的大趋势：数字化和新全球化。这两大趋势不断融合，塑造着全球新的贸易格局。

贸易数字化意义何在

实现贸易高质量发展最终要靠对外贸易创新发展，而创新发展的关键是数字化对我国传统贸易进行重构和不断发展新业态新模式。在新时代推动"数字强贸"战略，最重要的支撑也是贸易数字化。通过贸易数字化，可以重塑我国对外贸易竞争新优势。尽管我国货物贸易的国际竞争力日益增强，在国际货物贸易中的话语权也在逐渐加强，但是外贸数字化仍处于起步阶段，数字化在传统对外贸易中的渗透率也不是很高，数字化水平尚有很大的提升空间，所以推进贸易数字化势在必行。

党的十九届五中全会对我国"十四五"时期国民经济和社会发展做了全面规划，开启全面建设社会主义现代化国家新征程。对外贸易是我国经济发展的重要推动力量，加快贸易数字化发展不仅关系到我国外贸的高质量发展，而且关系到贸易强国目标能否早日实现，因而具有极其重要的现实意义和战略意义。

一是短期内应对疫情的迫切需要。短期内，海外疫情难以彻底消除，人员往来、海外参展和物流运输受阻局面仍将持续，外贸企业面临接单难、履约难、贸易壁垒多等多重困难，而通过贸易数字化可以将以往的线下贸易转移到线上，利用线上展示、线上洽谈、线上支付等方式突破各种阻碍和壁垒。直播、VR、3D等数字技术在疫情期间的大规模应用，打破了疫情造成的人流和物流阻隔，实现了海外营销全时空覆盖。数字营销和外贸大数据的应用可以使企业足不出户精准开发客户，利用跨境电商平台还可以无接触地把产品销往世界各地。疫情期间我国外贸的超预期表现足以证明，贸易数字化是应对疫情最有效的方式之一。

二是提升贸易便利化和改善外贸企业营商环境的需要。数字技术在贸易各环节的应用可以提升贸易便利化水平，比如国际贸易单一窗口、智能关务、智慧物流、数字仓储、外贸数字综合服务平台等，都能大大降低贸易成本、缩短贸易流程和提高贸易效率。随着区块链技术的日益成熟，其在贸易流程中的应用将会给贸易带来颠覆性的变革。同时，与外贸新业态新模式相适应的全新监管模式和监管体系的建立，也将提升贸易便利化水平，从而改善外贸企业的营商环境。而营商环境的改善又能帮助企业降本增效和增强开拓国际市场的竞争力。

三是实现贸易高质量发展的需要。贸易的竞争优势最终取决于产业和企业的竞争优势。贸易数字化将促使产业和企业的数字化转型升级，推动外贸由以货物出口为主向货物、服务、技术、资本输出相结合转变，推动竞争优势由以价格优势为主向以技术、品牌、质量和服务为核心的综合竞争优势转变。实现贸易高质量发展，需要创新贸易发展模式，培育贸易新动能，而贸易数字化在发展贸易新业态、形成贸易新动能方面起着非常重要的作用。提升贸易数字化水平也是推动贸易高质量发展的必由之路。

四是顺应世界经济和科技发展大趋势的需要。当今世界正经历一场深刻的科技革命和产业革命，人类也迎来了第四次工业革命，以互联网、大数据、云计算、物联网和人工智能为核心的数字技术深刻影响和改变传统国际贸易。由数字化推动的新一轮全球化拉开序幕，世界经济和国际贸易格局发生深刻变化。各国在角逐数字贸易的同时，也都在加快传统贸易的数字化转型，以抢占数字化贸易的制高点。贸易数字化正顺应了世界经济和科技发展的潮流趋势，可借助贸易数字化契机，加速推动我国从贸易大国向贸易强国转变。

五是推动形成以国内大循环为主体、国内国际双循环相互促进的新发展格局的需要。外贸不仅是连接国内国际双循环的枢纽，也是形成更高水平开放和为国内大循环引入更多资源的关键。贸易数字化可以有效地打破贸易摩擦，解决疫情带来的供应链受阻问题。贸易数字化的重要组成部分——跨境电商和海外仓的建设，可以让外贸市场更加多元化，更有效地突破各种贸易壁垒，发挥贸易数字化在打通内外循环中的巨大作用。

贸易数字化从 1.0 到 3.0

从发展历史来看，贸易数字化大致经历了 3 个发展阶段，目前已经到了3.0阶段。

1.0阶段的贸易数字化主要指的是数字化的营销,像外贸B2B、搜索引擎、社交媒体推广及外贸大数据的应用,主要是利用数字化工具进行信息发布和交流。

2.0阶段的贸易数字化指的是数字化的交易,主要是跨境电商B2C,包括基于平台的跨境电商和基于独立站的跨境电商。总体看,消费品的跨境电商发展迅速。由于消费品跨境电商在线上沉淀了大量消费者行为数据,使企业可以利用这些数据对研发设计、生产制造、营销销售、物流供应链及售后服务进行数字化改造,更好更快地响应市场变化和满足客户需求,实现研发设计柔性化、生产制造智能化、营销销售精准化、物流供应链敏捷化和售后服务个性化,最终实现全价值链的数字化转型。

当价值链上各环节都进行数字化改造以及贸易全流程进行数字化改造时,意味着贸易数字化进入3.0阶段。贸易数字化3.0阶段除了包含1.0阶段营销环节数字化和2.0阶段交易环节数字化,还包含数字化研发设计、智能制造、数字化物流、数字化售后服务的贸易全流程数字化。

贸易数字化从营销环节的数字化到交易环节的数字化,再到贸易全流程的数字化,以及全产业链、供应链和价值链的数字化,不断向纵深发展。最终,贸易数字化将实现所有产品的数字化营销、数字化交易、数字化交付,实现从跨境B2C贸易数字化到跨境B2B贸易数字化的飞跃,真正做到无论是个人还是中小企业,抑或大型跨国公司,都可以通过数字平台和数字技术轻松进行跨境贸易。到那时候,贸易数字化也许就走到了4.0阶段。

延伸阅读

"贸易数字化"的首次提出

2019年11月发布的《中共中央 国务院关于推进贸易高质量发展的指导意见》（以下简称《指导意见》）第十五条提出，"提升贸易数字化水平，形成以数据驱动为核心、以平台为支撑、以商产融合为主线的数字化、网络化、智能化发展模式，推动企业提升贸易数字化和智能化管理能力"。这是国家从最高层面首次提出"提升贸易数字化水平"。"贸易数字化"一词从此映入人们的眼帘，引起众多专家、学者以及贸易相关部门管理者、广大外贸企业管理者的广泛关注。

2020年11月，《国务院办公厅关于推进对外贸易创新发展的实施意见》（以下简称《实施意见》）印发。《实施意见》提出，围绕构建以国内大循环为主体、国内国际双循环相互促进的新发展格局，加快推进国际市场布局、国内区域布局、经营主体、商品结构、贸易方式"五个优化"和外贸转型升级基地、贸易促进平台和国际营销体系"三项建设"，培育新形势下参与国际合作和竞争新优势，实现外贸创新发展。

《实施意见》中再次明确指出，"加快贸易数字化发展。大力发展数字贸易，推进国家数字服务出口基地建设，鼓励企业向数字服务和综合服务提供商转型。支持企业不断提升贸易数字化和智能化管理能力。建设贸易数字化公共服务平台，服务企业数字化转型"。这与《指导意见》形成强有力的呼应。《实施意见》的出台正式吹响了践行"贸易数字化发展"的冲锋号角。

加快贸易数字化发展与党的十九届五中全会提出的"坚定不移建设制造强国、质量强国、网络强国、数字中国,推进产业基础高级化、产业链现代化,提高经济质量效益和核心竞争力""全面提高对外开放水平,推动贸易和投资自由化便利化,推进贸易创新发展"有着紧密的联系。

自2019年11月《中共中央 国务院关于推进贸易高质量发展的指导意见》提出要"提升贸易数字化水平"以来,数字化的创新之路为中国外贸注入了新动能,也指明了新的发展方向。特别是在2020年新冠肺炎疫情等因素对世界贸易产生不利影响的情况下,外贸企业更加坚定了进行贸易数字化转型的决心和信心。随着2020年11月《国务院办公厅关于推进对外贸易创新发展的实施意见》和2021年3月《中华人民共和国国民经济和社会发展第十四个五年规划和2035年远景目标纲要》的相继出台,"贸易数字化"成为培育外贸新动能的重要抓手,"加快贸易数字化发展""提升贸易数字化水平"上升到国家战略高度。后者所提出的"加快数字化发展,建设数字中国"的远景目标更是明确要"充分发挥海量数据和丰富应用场景优势,促进数字技术与实体经济深度融合,赋能传统产业转型升级,催生新产业新业态新模式,壮大经济发展新引擎"。

2021年3月,《政府工作报告》指出,加快数字化发展,打造数字经济新优势,协同推进数字产业化和产业数字化转型,加快数字社会建设步伐,提高数字政府建设水平,营造良好数字生态,建设数字中国。

2021年6月,商务部发布《"十四五"商务发展规划》,在"培育贸易发展新动能"一节中,强调了要"加快数字技术与贸易发展深度融合,提升发展贸易新业态,拓展贸易发展新空间。提升贸易数字化水平,加快贸易全链条数字化赋能,推进服务贸易数字化进程,推动贸易主体数字化转型,营造贸易数字化良好政策环境,推动数字强贸"。

贸易数字化相关政策文件见表3-1。

表3-1 贸易数字化相关政策文件

文件名称	发布时间	主要内容
《中共中央国务院关于推进贸易高质量发展的指导意见》	2019年11月	五、培育新业态,增添贸易发展新动能 (十五)提升贸易数字化水平。形成以数据驱动为核心、以平台为支撑、以商产融合为主线的数字化、网络化、智能化发展模式。推动企业提升贸易数字化和智能化管理能力。大力提升外贸综合服务数字化水平。积极参与全球数字经济和数字贸易规则制定,推动建立各方普遍接受的国际规则
《国务院办公厅关于推进对外贸易创新发展的实施意见》	2020年11月	十、创新业态模式,培育外贸新动能 加快贸易数字化发展。大力发展数字贸易,推进国家数字服务出口基地建设,鼓励企业向数字服务和综合服务提供商转型。支持企业不断提升贸易数字化和智能化管理能力。建设贸易数字化公共服务平台,服务企业数字化转型
《中华人民共和国国民经济和社会发展第十四个五年规划和2035年远景目标纲要》	2021年3月	第五篇 加快数字化发展 建设数字中国 第十五章 打造数字经济新优势 充分发挥海量数据和丰富应用场景优势,促进数字技术与实体经济深度融合,赋能传统产业转型升级,催生新产业新业态新模式,壮大经济发展新引擎 第二节 加快推动数字产业化 培育壮大人工智能、大数据、区块链、云计算、网络安全等新兴数字产业,提升通信设备、核心电子元器件、关

(续)

文件名称	发布时间	主要内容
《中华人民共和国国民经济和社会发展第十四个五年规划和2035年远景目标纲要》	2021年3月	键软件等产业水平。构建基于5G的应用场景和产业生态，在智能交通、智慧物流、智慧能源、智慧医疗等重点领域开展试点示范。鼓励企业开放搜索、电商、社交等数据，发展第三方大数据服务产业。促进共享经济、平台经济健康发展 第三节 推进产业数字化转型 实施"上云用数赋智"行动，推动数据赋能全产业链协同转型。在重点行业和区域建设若干国际水准的工业互联网平台和数字化转型促进中心，深化研发设计、生产制造、经营管理、市场服务等环节的数字化应用，培育发展个性定制、柔性制造等新模式，加快产业园区数字化改造。深入推进服务业数字化转型，培育众包设计、智慧物流、新零售等新增长点。加快发展智慧农业，推进农业生产经营和管理服务数字化改造
《"十四五"商务发展规划》	2021年6月	第三节 培育贸易发展新动能 加快数字技术与贸易发展深度融合，提升发展贸易新业态，拓展贸易发展新空间。提升贸易数字化水平，加快贸易全链条数字化赋能，推进服务贸易数字化进程，推动贸易主体数字化转型，营造贸易数字化良好政策环境，推动数字强贸
《国务院办公厅关于加快发展外贸新业态新模式的意见》	2021年7月	二、积极支持运用新技术新工具赋能外贸发展 （四）推广数字智能技术应用。运用数字技术和数字工具，推动外贸全流程各环节优化提升。发挥"长尾效应"，整合碎片化订单，拓宽获取订单渠道。大力发展数字展会、社交电商、产品众筹、大数据营销等，建立线上线下融合、境内境外联动的营销体系。集成外贸供应链各环节数据，加强资源对接和信息共享。到2025年，外贸企业数字化、智能化水平明显提升

（续）

文件名称	发布时间	主要内容
《国务院办公厅关于加快发展外贸新业态新模式的意见》	2021年7月	三、持续推动传统外贸转型升级 （九）提升传统外贸数字化水平。支持传统外贸企业运用云计算、人工智能、虚拟现实等先进技术，加强研发设计，开展智能化、个性化、定制化生产。鼓励企业探索建设外贸新业态大数据实验室。引导利用数字化手段提升传统品牌价值。鼓励建设孵化机构和创新中心，支持中小微企业创业创新。到2025年，形成新业态驱动、大数据支撑、网络化共享、智能化协作的外贸产业链供应链体系
《"十四五"对外贸易高质量发展规划》	2021年11月	（四）提升贸易数字化水平 加快贸易全链条数字化赋能。推动外向型产业依托产业互联网平台提升智能制造水平。搭建云展会等线上平台，促进数字化营销。拓展国际贸易"单一窗口"功能，推动通关智能化。持续推进出口许可证件无纸化。加快智慧港口建设，打造融合高效的跨境智慧仓储物流体系。鼓励运用数字化工具提升售后服务质量，推广智能诊断、远程运维等数字化售后服务模式。推行贸易融资、跨境支付等金融服务线上化场景应用。加快在贸易领域运用区块链技术，提升服务和监管效能 推进服务贸易数字化进程。推动数字技术与服务贸易深度融合，促进传统服务贸易转型升级。运用数字化手段，创新服务供给方式，提升交易效率。大力发展远程医疗、在线教育等，积极支持旅游、运输、建筑等行业开展数字化改造，推动跨境服务供需精准匹配 推动贸易主体数字化转型。支持生产型外贸企业开展产品研发等全价值链数字化转型。鼓励贸易型企业提升数字化服务水平，提供智能、便捷、高效的服务。引导外贸企业提升信息化、智能化水平。支持贸易数字化服务商为外

(续)

文件名称	发布时间	主要内容
《"十四五"对外贸易高质量发展规划》	2021年11月	贸企业 提供优质数字化转型服务，协同推进外贸企业数字化转型，提升企业综合竞争力 　　营造贸易数字化良好政策环境。研究出台促进贸易数字化发展的政策措施。健全完善规则标准，推动贸易数字化国际合作。鼓励地方开展贸易数字化实践探索，总结推广发展经验。完善贸易数字化公共服务。推动外贸大数据应用。搭建贸易数字化公共服务平台。鼓励行业组织提供精准化数字展示和撮合服务。搭建贸易数字化企业交流合作平台，构建开放包容、健康有序、协同发展的贸易数字化生态体系

有"融"乃大

从长远来说，无论是数字贸易、跨境电商还是贸易数字化，都将走向融合和一体化，你中有我、我中有你，实现共生共赢、协调和可持续发展，最终所有贸易都将是被数字化改变的贸易，所以贸易数字化一定要走上融合和创新的道路。贸易数字化将促进"四大融合"：内贸和外贸的融合、货物贸易和服务贸易的融合、贸易和产业的融合、线上和线下的融合。

融合一：内贸和外贸

过去，由于存在跨境问题，国内国际两个市场、两种资源被关税和各种贸易壁垒分割了，但是数字化能够打通内外贸市场，实现内外贸一体化发展。以后不再有内贸企业和外贸企业之分，也不存在国际市场和国内市场的区隔。就如最早的时候，即使在国内市场，省际贸易也存在贸易壁垒。贸易数字化是打通国内国际双循环的一个关键节点，在其中起到关键性的枢纽作用，能够充分利用两个市场、两种资源来满足国内外消费者的需求。通过跨境电商零售进口，国内消费者能够买到来自全世界的产品，国内的普通人也能将东西卖到全球每一个角落，真正实现"全球买、全球卖"和"买全球、卖全球"。中国企业也可以利用我们强大的制造能力真正融入全球供应链，对接全球市场，同时利用中国庞大的市场优势吸引国外优质产品、技术和管理经验进入，充分发挥两个市场、两种资源的优势，进行融合发展、一体化发展。

融合二：货物贸易和服务贸易

货物贸易会产生更多的服务需求，同时服务贸易的发展，特别是生产性服务、知识性服务等，会大大降低货物贸易的成本，产生更多的货物贸易机会。未来商品贸易中服务所占的比例也会越来越高，研发设计、工程服务、营销销售服务、金融服务和人力资源服务等都将对商品贸易起到关键作用。随着制造商逐渐推出新型租赁、订阅及其他"即服务"（As a Service），如 SaaS（软件即服务）、DaaS（数据即服务）等，未来商品和服务之间的差别将进一步消弭。如苹果手机，除手机体本身是实物产品外，手机里还有操作系统、应用软件和数据服务，它实际上已经不是简单的一个商品，而是商品、服务和数据三者的结合体。从长远来讲，商品、服务和数据将完全融合在一起，变成一个终端系统、一种解决方案。

延伸阅读

SaaS 与 DaaS

SaaS，即 Software-as-a-Service（软件即服务），作为一种完全创新的软件应用模式，兴起于 21 世纪初。伴随着互联网技术的发展和应用软件的成熟，它定义了一种新的交付方式，从而打破了传统模式下厂商通过许可证（License）将软件产品部署到企业内部多个客户终端来实现交付的模式。这样一来大大减少了本地软件部署所需的前期投入，进一步突出了信息化软件的服务属性。SaaS 或成为未来信息化软件市场的主流交付模式。

DaaS，即 Data-as-a-Service（数据即服务），通过传递有用的数据信息来帮助他人。大数据时代的到来促进了 DaaS 的出现，其所应用的行业也从早期的金融服务、电信、公共部门发展至医疗、汽车、零售、制造、电子商务、媒体、娱乐等领域。数据量已经从 TB（1 024GB=1TB）级别跃升到 PB（1 024TB=1PB）、EB（1 024PB=1EB）乃至 ZB（1 024EB=1ZB）级别。数据在为各种经济活动提供决策依据的同时，也可创造并转化大量财富。

将来企业卖的是包含商品、服务和数据在内的解决方案，这里面很难分清楚实物商品、服务和数据的价值分别是多少。产品中还将有很多附加值，比如文化内涵、品牌内涵、精神内涵。企业除了注重实物产品，还要着重做有内涵、有附加值的东西，重视软件、品牌、设计和运营流程以及各类知识产权，真正做到商品和服务融合发展，软硬一体、虚实结合。

融合三：贸易和产业

贸易是产业的先导和引领，产业是贸易的基础和支撑，所以将来贸易和产业融合的程度会越来越深。2021 年，商务部重点实施优进优出、贸易产业融合和贸易畅通"三大计划"，其中贸易和产业的融合是非常重要的内容。

贸易数字化在加快贸易和产业融合上起到关键推动作用。例如，跨境电商在贸易数字化中具有先导和引领作用，其在营销端的发展将拉动产业端的数字化，数字化供应链、智能制造等顺势发展起来。从这个角度讲，贸易数字化正好是一种能够让贸易和产业融合的催化剂。

在跨境电商的营销端，我们收集了大量的一线消费者行为数据。这些数据沉淀下来之后，传导到研发设计端和生产制造端，指导研发设计和生产制造按照消费者的个性化需求去定制。所以，贸易端的数字化会驱动产业端的数字化，产业端的数字化也要求必须加快贸易端的数字化，两者相向而行，共同推动贸易数字化的发展，从而加快贸易和产业的融合。

另外，全球贸易中产业内贸易的比重越来越大，特别是汽车和汽车零部件、生物医药和医疗器械、机械和机器设备、化工、计算机和电子等行业。这些行业处在价值最大、贸易强度最高和知识最密集的商品贸易价值链上，对于提高我国产业链的现代化水平和产业往价值链中高端走意义重大。通过贸易数字化的发展，特别是柔性化研发设计、智能制造、精准营销、数字化供应链、智慧物流和个性化服务的发展，能够提高产业链的数字化水平。同时，我们可以从贸易端开始加强对产业端的掌控力，实现全产业链经营，从而更好地促进贸易发展以及贸易和产业融合。

融合四：线上和线下

在数字化时代，线上贸易和推广固然重要，但线下渠道和触达也同样重要，特别是在售后服务和客户关系维护上，线下具有线上不可取代的优势。在线下渠道受阻的情况下，线上渠道发挥了不可替代的作用，比如新冠肺炎疫情期间线上 B2B 直播、短视频、3D 逛展看厂等创新模式在线上展会和线上推广中的大规模使用起到了关键作用。拿广交会来说，2020 年选择在线上举行，即便以后线下广交会恢复了，线上广交会依然会存在，因为它具有线下广交会不可替代的作用。线上展会和线下展会相互补充、各司其职、融合发展。

案例分享

线上广交会

中国进出口商品交易会，又称"广交会"，创办于 1957 年春，每年春秋两季在广州举办，是中国历史最长、规模最大、商品种类最全、到会采购商最多且分布国别地区最广、成交效果最好的综合性国际贸易盛会。截至 2019 年第 126 届，广交会累计出口成交额约 14 126 亿美元，累计到会境外采购商约 899 万人。

2020 年，在全球新冠肺炎疫情持续蔓延、国际贸易受到严重冲击的形势下，第 127 届、第 128 届广交会相继在网上举办。这是国家积极应对疫情影响、统筹推进疫情防控和经济社会发展的重要决策，意义重大。在第 128 届广交会上，2.6 万家境内外参展企业通过线上平台展示产品、直播营销、在线洽谈，吸引了来自 226 个国家和地区的采购商注册观展，采购商来源地分布创历史纪录。

广交会在网上成功举办，探索了国际贸易发展的新路，奠定了线上线下融合发展的坚实基础，更好地发挥了全方位对外开放平台作用，为稳住外贸外资基本盘做出了积极贡献，也向国际社会传递了中国扩大开放、努力维护国际产业链供应链安全的坚定决心。

除了线上渠道，外贸企业也在"走出去"建设全球实体营销和服务网络，提供展示、仓储、营销和售后服务，布密线上线下立体化、全时空、全渠道的国际营销体系。线下渠道和线上渠道相互结合，就会如虎添翼。两者不是谁取代谁的关系，而是互相融合、互相促进的关系，所以要同步发展。就像物理世界和数字世界，两者是相互融合的。我们在物理世界沉淀了大量数据，形成了数字世界，而数字世界反过来又能更好地赋能和服务物理世界。现在有很多做得好的企业，都是得益于线上线下"两条腿走路"。所以，数字化不是把所有东西都取代或颠覆了，而是走上一条融合创新发展的路。

数字化新外贸一定是虚拟和现实结合、数字世界和物理世界结合、线上渠道和线下渠道结合。未来贸易数字化还将推动国际营销线上和线下网络建设，贯通线上推广、数字营销、外贸大数据、线上看展、线下海外仓和实体营销网络等环节，让数据流动起来，促进线上线下一体化发展。

不"新"不立

商务部将 2021 年定为"外贸创新发展年"。创新发展是贸易高质量发展的一个最重要的抓手，贸易发展要靠创新驱动，而贸易数字化又是对外贸易创新发展的抓手和实施路径。经过多年发展，中国企业从原来的规模驱动和成本驱动转向效率驱动和创新驱动，其中效率驱动也主要来自于创新，所以最根本的还是创新驱动。贸易数字化主要在两个层面推动对外贸易创新发展：一个是宏观层面的创新，另一个是微观层面的创新。

宏观层面的创新

我们要在理论、政策、规则、制度和模式上进行创新，重构对外贸易理论、政策和制度体系，建立适合数字化时代的国际贸易新理论、新规则、新制度和新模式。

在数字化时代，数据成为最重要的生产要素之一，原来基于传统生产要素的国际分工和国际贸易理论需要进行重构和新的发展；数据的跨境流动带来的数据确权、数据定价、数据交易和数据隐私等规则需要创建；贸易数字化带来的数字税、数字化贸易合作机制和争端解决机制、数字证书互认、数字原产地、数字知识产权等诸多规则也需要重构。现在越来越多的贸易是通过平台进行的，绕过了很多国家的边境措施，监管也从以前的物理监管变成了电子监管。这些都对传统国际贸易理论、政策及监管提出了新的挑战。所以，我们要从理论和政策上进行创新，从制度安排上进行创新，培育新业态新模式，通过这些创新为贸易数字化创造好的发展环境。

通过贸易数字化，我们除了能够发挥制造大国的传统优势，还能不断沉淀数据，成为数据大国。制造大国和数据大国这两个优势叠加，将使中国外贸获得新的竞争优势。近年来，我国的劳动力成本越来越高，而外贸竞争优势非但没有削弱，在全球贸易市场中的份额还在不断提高。同时，我国的产业也没有出现想象中的大规模外迁。所有这些都与贸易数字化不无关系。

未来,需要通过数字化提升我国传统贸易的竞争力,在数字化时代获取新的竞争优势,从而推动我国对外贸易创新发展和高质量发展。

微观层面的创新

微观层面的创新主要是对外贸易主体——外贸企业的创新,通过贸易数字化,企业创新空间也非常大。数字化是未来10年贸易领域最确定的事情,未来10年也是传统企业数字化转型的最后一个窗口期。所以,我们要通过数字化引导企业去创新。未来任何一家企业都要实现在线化、数据化和智能化。企业首先要实现产品在线、员工在线、客户在线、设备在线和管理在线,通过在线化沉淀大量的实时行为数据。根据这些数据,企业就能知道怎么去创新、怎么去满足客户需求、怎么去引领市场需求、怎么去更好地服务客户。贸易数字化在微观层面上的创新表现在以下8个方面。

第一,决策模式创新。由于缺少数据,传统的决策多靠经验和直觉。有了数据之后,企业就可以增强洞察力,使决策更加科学化,对市场变化能够快速做出反应。基于数据,通过强大的算法和算力,能够实现智能化目标,建立企业"大脑",帮助企业精准、高效地做决策。

第二,运营模式创新。实施数字化管理以后,企业可以真正提高管理效率和运营效率,做到阳光化治理;让数据在企业里流动,帮助企业在各个环节和各个流程实现高效运转,从而达到降本增效的目标。

第三,组织架构创新。在数字化时代,建立一个强大的中台系统,以及积木化组织、敏捷性组织、扁平化组织等,能让企业变得更加敏捷、高效。大中台、小前端的组织结构能让企业适应复杂多变的环境，对外部环境变化迅速做出反应。所以，贸易数字化在企业组织架构创新方面也有很大的价值。

第四，新技术和新工具创新。5G、虚拟现实、增强现实、3D打印、大数据、物联网、云计算和人工智能等数字技术迅猛发展，为贸易数字化发展提供了强大的支撑。加大数字技术在传统贸易中的创新应用，成为企业提升国际市场竞争力的关键所在。

第五，制造模式创新。生产设备数字化以后，将产生海量的数据，加上算法和算力的大幅提高，使得大规模个性化定制成为可能。以前是千人一面，现在是千人千面，甚至一人千面。这样才能满足海外订单小批量、多品种、个性化、定制化的需求，使企业生产线也转型成柔性生产线，同时构建设备数字化、生产线数字化、车间数字化、工厂数字化、企业数字化、产业链数字化的数字化生态系统。

第六，营销模式创新。利用海外贸易的交易数据、商业数据和互联网公开数据，可进行客户开发、客户维护、市场分析、价格定位等；利用智能外贸数据终端系统，可实施基于大数据的国际贸易精准营销和分析决策；运用海外搜索引擎、社交媒体和社群营销等数字技术和平台推广企业产品，可直接精准触达海外买家，吸引海外买家达成交易。随着海外买家在线化比例的逐渐提升，"出海"企业需要找准定位、塑造形象，在海外数字媒体上进行精准的内容创建、广告投放和在线传播，从而建立自主品牌。通过营销端的贸易数字化，能够创新传统贸易营销模式，精准建立客户"画像"和预测客户行为，大幅提高营销效率、提升营销效果。

第七，数字化物流供应链创新。充分运用大数据、云计算、区块链、人工智能技术驱动和改造现有物流体系，建立和数字化贸易相匹配的高效智能物流体系，创新电子货单、云物流，进行供应链数据精准分析和匹配，打造高效敏捷的数字化供应链。

第八，售后服务模式创新。通过贸易数字化，增加数字化工具在售后服务环节的应用场景，增强远程服务能力，优化远程数字化售后服务的质量和体验感，提高售后服务的数字化交付比例，促进数字产业和服务产业深度融合。

贸易数字化在对外贸易中的作用不仅体现在赋能和转型上，而且体现在利用数字技术赋能贸易全流程上。贸易数字化能够提高贸易全链条的效率，以及利用数字技术和思维加快传统外贸企业数字化转型，通过赋能和转型增强外贸企业的竞争新优势，助力外贸企业降本增效。同时，贸易数字化在对外贸易中的作用还体现在融合和创新上，通过内贸和外贸融合、货物贸易和服务贸易融合、贸易和产业融合、线上和线下融合，加大宏观层面和微观层面的创新能力，促进更多贸易新业态新模式发展，实现对外贸易的质量变革、效率变革、动力变革。

贸易数字化是对外贸易在新发展阶段和新发展格局下的重要抓手，也是落实新发展理念、实现贸易高质量发展和全面建设贸易强国的必然选择。

价值的力量

前面说过"乌卡时代"充满了易变性、不确定性、复杂性和模糊性，在这样的时代背景下，数字化反而是贸易领域未来最确定的趋势，而贸易数字化就是要通过打造自身的确定性来对抗大环境的不确定性。

绝大多数人想不到 2020 年的大环境会变化这么快，更想不到中国经济会出现历史级别的"V形"反转。

贸易数字化元年

在如此魔幻的2020年，很多外贸企业抓住机会，坚决进行数字化转型，释放出了巨大的能量，在提升能力的同时，也实现了超预期增长。所以，对于外贸企业来说，2020年可称为"贸易数字化元年"。

这一年，对于传统产业来说，贸易数字化刚刚开始。在外贸领域，利用外贸B2B网站收询盘、做展示，采用外贸管理软件做企业流程管理，使用公开数据查询和分析信息，都是早就存在的。这些更多地停留在对某个工作环节或工作领域的改造上，都不能称为企业真正意义上的贸易数字化。贸易数字化应该着眼于对整个贸易流程的赋能，实现全价值链、全产业链转型。

从赋能贸易流程角度讲，数字化的价值体现在要对贸易开发、贸易撮合、贸易交付、贸易服务等环节进行改造，以进一步缩短贸易流程、降低贸易成本、增加贸易机会、提高贸易效率。

近些年来，跨境电商借助这一理念和模式发展非常迅速，已经成为一个比较成熟的领域，但跨境电商仍以B2C模式为主，即面对个人消费者，而针对B2B的国际贸易领域，相对而言数字化的水平还比较低。大多数传统外贸企业还停留在或参加行业展会，或利用阿里巴巴国际站等平台建站营销，或利用谷歌等搜索引擎推广的阶段。做得稍微出色的企业开始有意识地利用Facebook、LinkedIn、Twitter、YouTube和Instagram等海外社交媒体平台进行营销。

现在很多上市公司、行业龙头企业其实已经开始利用外贸大数据进行精准营销和触达客户，并且逐渐从单一的营销模式演变为立体化的营销模式。这些先行企业普遍采用一整套的贸易数字化解决方案进行物流、资金流、信息流的管理和监控。

2020年以来，很多企业的业绩实现了大幅逆势增长，也是受益于数字化新外贸的蓬勃发展。随着不同行业、不同企业在贸易数字化方面成功案例的涌现，我们通过不断分析、聚焦企业数字化转型过程中的痛点、堵点和难点，厘清和初步总结出许多成功的贸易数字化解决方案。

从引领企业全价值链、全产业链转型角度讲，贸易数字化的价值体现在新冠肺炎疫情产生的深远影响才刚刚开始，国际市场环境也随之发生深刻变化，原先的贸易手段、方式，甚至整个贸易的逻辑都发生了巨大的变化，且这个趋势是不可逆的。

企业先要从供应链、研发设计、生产制造、营销品牌、售后服务等方面入手进行全价值链的转型。如果完成了这些环节的转型，就很可能赢得未来国际贸易竞争的先手，成为"新物种"，制胜新时代。

随着企业外部数字化转型的进行，必然会涉及对内的数字化转型。这就需要企业从思维、组织、运营、文化、人才等方面进行深度变革，以客户（员工也应视为内部的客户）为中心，以创造客户价值为导向，建立敏捷型组织，做到更加扁平化、去中心化，同时建立强大的中台系统。前端是具备复合型技能的"特种部队"，后端是可做到模块化、积木化的"支持部队"，给前端的业务人员更多、更快的支持，形成组织的有机联动。通过这种全方位的数字化转型，外贸企业会发现效率更高了，触达的客户更多了，订单也就更多了，从而能够更迅速地占领市场。这也就是贸易数字化很重要的一个作用——降本增效。

在2020年疫情期间，出现了一大批数字化转型做得比较好的企业，如生产口罩、呼吸机、检测试剂、"宅经济"产品的企业。对这一现象抽丝剥茧后发现，主动营销和精准营销起到了关键作用，而其背后应归功于企业对贸易数字化的高度重视。疫情蔓延下，医疗用品出口刻不容缓，外贸企业需要在有限的时间内主动挖掘需求、快速找准市场，从而提升营销效率和效果。显然，主动营销和精准营销的一个关键前提是外贸大数据。通过外贸大数据，外贸企业可以了解产品市场分布和精准定位目标客户，从而有针对性地制定价格和营销策略；还可以分析同行的市场布局及买家变动情况，为制定差异化的市场竞争策略提供参考。

"数字强贸"战略的提出

为贯彻落实《中共中央 国务院关于推进贸易高质量发展的指导意见》提出的"提升贸易数字化水平"的要求，2020 年 6 月 28 日，由中国对外经济贸易统计学会理事单位环球慧思（北京）信息技术有限公司发起成立"中国对外经济贸易统计学会贸易数字化专业委员会"（以下简称"贸易数字化专委会"）的申请获批。同年 8 月 29 日，贸易数字化专委会在北京正式成立。来自商务部、国家相关部委所属研究机构、中央党校、高等院校的有关领导、专家学者，以及首批委员代表参会，共同见证了国内该领域首个政、产、学、研交流合作平台揭牌成立。贸易数字化专委会成立后，克服新冠肺炎疫情带来的不利影响，在商务部有关部门的大力支持下，从宣传普及贸易数字化入手，通过多种形式开展一系列的工作，取得了可喜的成绩。成立一年间，贸易数字化专委会委员达 108 人，其中企业委员占总人数的 82.4%。

2021 年 5 月 26 日，浙江省国际数字贸易协会贸易数字化专业委员会正式落户滨江互联网小镇，对服务浙江省政府搭建"1+5+2"工作体系，积极践行国家数字化战略，以贸、产、服有机融合促进制造业全面、深度数字化转型升级具有积极的推动作用。

2020 年 7 月 7 日，商务部配额许可证事务局召开贸易数字化专家委员会第一次会议，来自高等院校、研究机构、重点企业的贸易数字化领域专家学者等出席会议。与会首批聘请的 10 名贸易数字化专家聚焦贸易数字化发展，指出通过先进信息技术赋能生产贸易全流程，持续实现降本增效，提高贸易便利化水平，促进价值链升级，推动贸易高质量发展。

2020 年 9 月 26 日，"2020 年中国贸易数字化创新大会"在上海召开。这是国内首届贸易数字化领域政、产、学、研界交流盛会，也是中国对外经济贸易统计学会贸易数字化专委会成立后策划并承办的第一次重大活动。来自商务部、上海市有关领导、国内相关领域专家学者、企业代表、高校师生等 300 余人参会。新华网、《解放日报》、《经济日报》等媒体纷纷报道，相关新闻浏览量突破 1 000 万人次，"贸易数字化"影响力进一步提升。

2020 年 11 月 18 日，"2020 年中国进出口经理人年会暨中国外贸服务市场调查发布会"在北京召开。这是中国对外经济贸易统计学会贸易数字化专委会指导并参与组织的第一次大规模线上直播会议，4 000 余家外贸企业代表参加直播会议。新华社客户端等媒体进行报道，113 万人次参与在线浏览和分享。

2020 年 12 月 10 日，南京市商务局邀请贸易数字化专家主讲"商务大讲堂"。专场讲座以"数字强贸：打造外贸发展战略升级版"为主题，吸引来自南京市各区商务局、处（室）相关部门的领导，以及部分外贸企业负责人共 200 余人参与。

2021 年 5 月 12 日，商务部对外贸易司、商务部配额许可证事务局邀请相关领域专家研讨有关贸易数字化的理论研究与实践情况，就贸易数字化概念、评价指标体系、企业贸易数字化成熟度和有关的理论研究、宣传推广等问题进行深入沟通交流，共同推进相关工作。

2021 年 5 月 18 日，"2021 年中国贸易数字化创新沙龙"以线上直播方式在北京举行，商务部配额许可证事务局贸易数字化处、中国对外经济贸易统计学会贸易数字化专委会、中国社会科学院等领导和专家就贸易数字化进行了分享。

为更好地宣传贸易数字化、加强外贸企业数字化服务，中国对外经济贸易统计学会贸易数字化专委会从 2021 年 1 月 1 日起，先后在《进出口经理人》《对外经贸统计》等专业刊物上开辟了"贸易数字化""外贸大数据"等专栏，通过定期撰写文章积极宣传贸易数字化，累计发表贸易数字化领域理论和实践文章 20 余篇；2021 年 5 月，又先后开通了"贸易数字化专委会"微信公众号、创立了《贸易数字化之窗》电子刊，累计刊登贸易数字化领域研究与实践活动等相关文章近 100 篇。

2021 年 7 月，中国对外经济贸易统计学会贸易数字化专委会主编完成《贸易数字化案例选编》一书。在上海对外经贸大学环球慧思贸易数字化研究院的大力支持下，就我国贸易数字化发展评价指标体系和指数进行了初步研究，同时对近年来贸易数字化产业链条中涉及数字化转型升级、具有示范作用的生产制造企业及外贸服务供应商案例进行了整理和总结，将近 20 家企业的贸易数字化实践案例编入，供商务部等有关部门进行分析及研究。

经过一年多的宣传和推广，在商务部配额许可证事务局、商务部对外贸易司等有关部门和中国对外经济贸易统计学会、中国对外经济贸易会计学会的大力支持下，依靠广大专家、企业积累的丰富理论与实践经验、资源，使贸易数字化根植人心，成为外贸企业数字化转型的重要抓手。

延伸阅读

首提"数字强贸"战略

2020年11月29日,"2020年中国对外经济贸易会计学会、中国对外经济贸易统计学会学术年会暨理事会"在广西举行。会上,贸易数字化专委会顾问王亚平、主任邵宏华首次一致提出"数字强贸"战略。"数字强贸"于2021年6月被正式写入《"十四五"商务发展规划》。2021年11月,国务院批复《"十四五"对外贸易高质量发展规划》,将"数字强贸"工程列为提升贸易数字化水平的重要举措。

"数字强贸"战略包含两个方面:一是推动数字贸易的发展,积极参与数字贸易规则的制定;二是推进贸易数字化,也就是用数字技术改造和赋能贸易全流程,同时推动外贸企业的数字化转型。通过"数字强贸"战略,不仅可以稳定货物贸易增长趋势,继续优化贸易结构,提升传统货物贸易的竞争力,而且能够大力发展服务贸易并抢占数字贸易先机,为我国经济高质量发展做出贡献。

第 4 章
赋能予力：让外贸插上数字化的翅膀

达尔文的进化论为我们揭示了一个"物竞天择，适者生存"的深刻逻辑。随着环境的不断演化，在某种环境中拥有优势的那些特征，如果故步自封，在另一种环境中就可能成为致命的缺陷。要避免被淘汰，就只能不断适应新环境，这个过程就是进化。

这是最好的时代，也是最坏的时代——英国作家狄更斯在其名著《双城记》中描写法国大革命时代背景的经典话语放在今天依然适用。对一个产业、组织和个体而言，若能完成进化，这就是最好的时代；若完不成进化，这就是最坏的时代。

《荀子·劝学》中说："假舆马者，非利足也，而致千里；假舟楫者，非能水也，而绝江河。君子生非异也，善假于物也。"对于外贸企业来说，如何在数字化时代完成组织进化，成为新物种？答案就在问题中，那就是让外贸插上数字化的翅膀。

数字化赋能贸易全流程改造

贸易数字化主要是利用数字技术，通过赋能和改造贸易全流程、加快外贸企业数字化转型两个层面来推动贸易高质量发展。首先是贸易全流程的数字化赋能。贸易全流程包含贸易开发、贸易撮合、贸易执行和贸易服务等各个环节，见图 4-1。因为国际贸易具有流程多、强监管、周期长、跨地域、跨文化等特点，数字化实现起来难度比较大。目前数字化应用水平相对较低，接下来如果物联网、区块链等技术发展起来，并在国际贸易中得到大规模应用，那么未来国际贸易流程一定能够实现质的突破。

贸易全流程一旦实现了实质性的突破，贸易机会将大大增加，贸易效率将显著提高，贸易流程将整体缩短，贸易成本也能明显降低，并且还能创造出新的贸易业态和模式。我国正在推行的国际贸易单一窗口等贸易便利化措施，实际上都是数字技术的应用。数字技术就像

图 4-1 数字技术赋能贸易全流程

当年我们发明了集装箱、信用证一样,也将大大促进和推动国际贸易发展。我们期待这些技术能够取得突破性的进展,通过这些数字新技术丰富和改造贸易应用场景,赋能贸易全流程。数字技术在外贸领域主要有以下八大应用场景:

一是数字营销。数字营销主要是依托 PC 互联网和移动互联网平台,运用海外搜索引擎、社媒和社群等数字化手段进行全方位信息推广,以达到获取客户和宣传品牌的效果。由于互联网具有实时互动和不受时空限制等特点,能够对产品和品牌进行全时空、全流程和全覆盖的推广,并且可以量化和监测营销效果。因此,"出海"企业需要找准定位、塑造形象,在海外数字媒体上进行精准的内容创建、广告投放和在线传播,从而建立自主品牌,提高营销效率,提升营销效果。

二是外贸大数据。外贸大数据由各个国家的海关数据、贸易统计数据、展会数据、互联网平台公开的买家与卖家数据等组成,通过数据清洗、数据搜索、数据挖掘和数据可视化技术形成数据终端。外贸企业利用智能外贸数据终端系统,在客户开发、客户维护、市场分析、价格定位等贸易环节实施基于大数据的国际贸易精准营销和精准分析决策。

三是跨境电商。该应用场景是利用国内外第三方跨境电商平台和自建独立站实现全渠道、全时空、全场景的跨境销售，借助大数据和人工智能算法实现营销过程和营销决策的智能化，同时加强跨境电商产品设计能力和品牌运营能力，提升出口附加值。

四是数字化物流和供应链。该应用场景体现在充分运用大数据、云计算、区块链和人工智能技术驱动和改造现有的物流体系，建立和数字化贸易相匹配的高效智能物流体系，创新电子货单、云物流，进行供应链数据精准分析和匹配，打造高效敏捷的数字化供应链。

五是数字化售后服务。该应用场景通过提升售后服务的数字化交付比例，扩展数字化工具在售后服务的应用，增强远程端服务能力、服务质量、服务体验，优化线下服务效率，促进数字产业和服务产业的深度融合。

六是数字化通关和数字化监管。该应用场景是利用数字化思维和技术进行海关通关平台和监管模式的创新，疏通传统方式繁、杂、多、乱、慢诸多痛点，推动国际贸易全链条单一窗口建设和智能通关系统建设，实现一键通关，提高通关效率与监管效率，降低通关成本，提升贸易便利化水平。

七是数字支付和数字供应链金融。该应用场景是通过探索数字货币在跨境支付中的应用，构建数字人民币支付结算中心，发展第三方跨境支付平台，利用企业沉淀的供应链数据拓宽贸易融资渠道，缓解外贸中小企业融资难、融资渠道匮乏的困境。

八是数字认证和外贸区块链。该应用场景表现为利用数字认证技术打造简单方便的身份认证系统和产品溯源系统，进行人员和产品信息的跟踪、查询、验证、防伪、溯源，降低沟通成本，创新区块链技术在传统贸易链条中的应用，将船公司、仓库、货代、港口、海关、出口商、进口商和银行等业务整合到贸易生态系统中，进而提升全球供应链效率。

数字营销:"出海"新利器

营销无处不在。传统的营销手段聚焦在推广上,它利用各种林立户外的广告牌,极具冲击力和美感的橱窗海报,楼宇外、电梯间炫目的显示屏,公共交通工具宽大的车身、高频次的广播电视广告,各式各样精美的印刷品等手段完成商品展示,建立与潜在消费者的联系。其特点是在特定范围内实现信息的无差别单向触达,更多地起到广而告之的作用,具有限定性、无差异性、单向性。比如高速公路上的广告牌,它的作用范围是经过该路段的旅客;楼宇电梯间的显示屏,它的作用范围是乘坐该电梯的乘客;车载广播,它的作用范围是收听该频道的听众。所有受众接收到的信息都是同一内容、格式、频次、特点,无任何差异性,也就是千人一面。传统营销手段信息传播范围的限定性、无差异性、单向性,导致无法有效分辨受众中有多少真实的潜在买家,更无法把握买家的分布规律、喜好动态、关注重点,所以商家只能不断投入更多的资金,在更广的范围内进行营销,以期用更高的投入影响更多人,提高命中率。

传统模式下的营销核心逻辑是强调信息的更多触达。为触达更多人,商家就必须在人流量更多的地方、在受众面更广的大型媒体机构上投放更多广告,而受众面越广,营销费用就越高。由于信息是单向传播,缺少与消费者产生直接互动的通道,因此传统营销手段根本无法全面有效地获取消费者评价、用户实际转化率等关键数据,营销效果的评估就变得异常困难。这种情况下,高昂的营销费用支出可能就变成了巨大的财务风险。广告大师约翰·沃纳梅克曾说过:"我知道我的广告费有一半是浪费的,但我不知道浪费的是哪一半。"这便是广告营销界的"哥德巴赫猜想"。

数字营销成为破解广告营销界"哥德巴赫猜想"的钥匙。基于大数据技术的搜索引擎营销、社媒营销、社群营销、外贸大数据营销，使企业在市场分析、产品推广、客户开发、客户维护、竞品监控、商务谈判、价格锚定、售后服务等营销全流程实现精准触达，让营销不再猜想。

搜索引擎营销

搜索引擎营销的出现是互联网及互联网营销发展过程中的一个重要里程碑。门户网站和搜索引擎都是互联网发展变革的有力证明，从门户网站广告营销到搜索引擎营销的转变是互联网用户需求及习惯变化的生动写照。

搜索引擎的信息明显打破了时间、行业等各种限制，由以门户网站的运营者为主导转变为以搜索引擎用户为主导，这一转变意味着基于互联网的营销方式迎来重大变化。从门户网站到搜索引擎，都离不开互联网技术的快速发展和变革，技术层面支持宽领域、多需求、不同习惯的搜索方式，同样也离不开用户需求不断变化的促进作用，大量网民上网是从搜索引擎开始的。这一变化为搜索引擎营销的发展创造了极其有利的条件，使搜索引擎可以充分利用自身特点及优势达到广泛营销、灵活营销的目的。

初期的搜索引擎营销主要聚焦于网站或黄页推广，生动性、多样性不足，内容信息较为单一，无法进行有效互动。如果企业没有强辨识度和优质的公司网站，很难达到理想的吸引潜在客户的效果。随着互联网技术的进一步发展，图片广告、视频广告的运用更加频繁，搜索引擎营销的内容开始向更加生动、更加多样、更具辨识度迈进，各个公司的网站建设也进入新的发展阶段。于用户而言，搜索引擎营销也开始具备更好的营销体验。

随着企业精准营销、主动营销意识的崛起，以及大数据技术广泛运用于各个领域，搜索引擎营销同样受到新事物的冲刷并不断吸收养分，向更高水平发展。搜索引擎营销与大数据技术的结合可持续调整及优化营销动作，动态科学地评估营销效果，从而提高广告投放精准率，降低企业营销成本。

延伸阅读

搜索引擎营销

搜索引擎营销是指基于搜索引擎平台的网络营销，在人们使用搜索引擎检索信息时，根据人们不同的检索需求及习惯，将不同的营销信息呈现给不同的目标人群，从而实现推广品牌、获取客户、建立联系、达成交易的营销目标。

搜索引擎营销主要依托于 Google、Bing、Yandex、百度等大型搜索引擎平台。其中，Google 覆盖全球 60% 以上的搜索引擎市场、支持 150 余种语言；Bing 作为微软旗下新一代搜索引擎更具创新性及成长空间；Yandex 在俄罗斯及周边俄语系国家市场独占鳌头；百度享有数量庞大的中文用户。这些主流搜索引擎平台发挥着各自的独特优势，基本覆盖了全球绝大多数国家和地区，用户基数大、使用频率高、应用情景广泛，为搜索引擎营销的开展提供了重要基础。

搜索引擎营销一般涉及建站、SEO（搜索引擎优化）、竞价排名、专业广告投放 4 个主要环节，企业可根据自身需求选择营销投入重点。建站是搜索引擎营销的开端及基础，建立有效的企业网站才能确保后续的一系列营销动作有明确具体的落脚点，同时也能为目标群体打开一扇充分展示企业及产品信息的窗口。搜索引擎优化及推广，可基于营销经验或初步营销效果数据对关键词及内容等进行优化调整，提高网站排名，提升网站被目标群体发现的概率。竞价排名一般根据不同行业、不同关键词热度设定不同的价格标准，基本遵循价高者排名靠前的原则，企业可通过付费的方式增加关键词曝光度，达到理想推广及营销的效果。专业广告投放是指企业通过图片、视频等更直观的方式在搜索引擎中进行自身宣传及产品展示，同时支付给运营商相应的费用，以及通过额外付费的方式提高排名。以上4个主要环节在企业进行搜索引擎营销的过程中不是必选项和固定配置。企业需要综合自身行业及产品特征、资金实力、人员投入等多方面因素全面考虑、科学选择，但最终的目的都是推广、引流和成交。

搜索引擎营销历经十几年的发展，仍可以在新时代焕发出新生机，一方面取决于其无可替代的广泛性应用场景和极其庞大的用户基数，另一方面取决于其对新技术的强适应性，技术的升级迭代虽然会给原有模式带来冲击，但同时也给搜索引擎营销带来更大的发展机遇。基于以上两点，相信搜索引擎营销在未来主流营销方式中仍会占据一席之地，与更多新技术、新渠道融合，为自身发展提供源源不断的前进动力。

搜索引擎营销是互联网大数据时代企业通过互联网开展数字营销的重要手段之一，和传统的线下营销方式相比，搜索引擎营销具有受众广、灵活性强、适应性强等特点。

一是受众广，目标群体来源多。搜索引擎检索是人们日常使用互联网时的高频场景，并且随着移动互联网的发展，搜索引擎应用场景被进一步拓展，任何人都可以随时随地使用搜索引擎检索信息，由此奠定了搜索引擎营销庞大的客源基础，提高了营销信息的覆盖面，提升了营销信息与目标群体的接触概率，进而拓展了信息的传播范围，加快了信息的传播速度，为营销信息的扩散和建立初步沟通创造了非常有利的条件。

二是灵活性强，有效提升营销效率。搜索引擎营销的灵活性主要体现在两个方面。其一，打破时空限制，时间、空间灵活。传统营销方式一般囿于固定场所和限定时间，有效营销时间短，获取有效客户效率低，外贸领域传统营销方式的空间更为受限。外贸领域的传统营销方式常见于实地拜访和展会营销，但无论实地拜访还是展会营销，都面临客观存在的各国之间空间距离远的问题。外贸企业在开展实地拜访或参加展会时，一般会安排固定时间在固定场所与有限的客户建立联系。由于空间、时间、财务等诸多限制，企业营销效率较低。而搜索引擎营销可以借助互联网这一通道在短时间内迅速将信息传递出去，面向更多潜在客户和目标客户群体，无论何时、何地都有机会展开营销动作。所以，相同单位时间内搜索引擎营销的效率远高于传统营销方式。其二，策略调整灵活。传统营销方式对市场反应、市场信息的传递较为滞后，无法为企业营销策略的调整提供及时有效的信息。同样，企业策略调整后的市场反应情况，也无法在短时间内迅速反馈至企业形成信息闭环，企业持续进行策略调整和及时优化营销动作的难度较大。搜索引擎营销则可以通过运营过程中沉淀的数据分析用户行为习惯、定位需求偏好，帮助企业用数字化思维运筹帷幄，迅速、科学地调整营销策略，加快企业市场分析、精准营销的步伐。

三是适应大时代营销环境和新时代成交习惯。在互联网这一大时代背景下，客户寻求合作和成交的习惯也在被时代改变，他们面对更多信息、选择和机会。搜索引擎营销比较符合人们在消费过程中先了解、再对比、后成交的习惯，且能够在每一个环节都将信息有效地传达给潜在客户群体，创造合作机会。在产品、服务、体验同等重要的新时代消费环境中，搜索引擎营销的强适应性能够不断焕发出新生机。智能手机的普及、移动互联网的发展、数据分析和使用意识的觉醒，让搜索引擎营销不断向快捷化、便利化、精准化的方向迭代。随着大数据营销、社媒营销、社群营销等营销方式的崛起，各种营销方式间的界限逐渐模糊，搜索引擎营销开始和其他新营销方式建立新组合，共同帮助企业实现更好的营销效果。

案例分享

搜索引擎营销搭建外贸交流的桥梁

搜索引擎营销在诸多外向型企业的市场开拓过程中一直担任着重要角色。上海市一家从事住人集装箱出口的龙头企业，国外市场覆盖广。2019年是该公司实施数字化转型的重要起点。2019年以前，该公司主要通过电商平台和线下展会方式进行市场开拓和客户开发。从2019年开始，该公司与搜索引擎营销服务提供商合作，在Google上进行精准广告投放。在使用搜索引擎营销服务期间，该公司短短两个月内获得204条询盘，运营两年时间共收到1 800余条询盘信息，占该公司所有渠道来源新客户量的2/3，新客户量明显增加。该公司在客户量增加的同时，运营成本也不断降低，从3年平均询盘成本116.96元下降至2021年的85元，创造了更大的利润空间。该公司通过搜索引擎营销的获益在销售额方面的直接体现更为明显，在运营期间收获了非洲南部地区国家

10万美元的订单额，累计销售订单金额达上亿美元，实现销售额的重大突破。

搜索引擎营销是企业数字化转型的可选项，尤其新冠肺炎疫情暴发后，国际贸易格局再次发生变化，线下交流受阻，作为线上"走出去"重要通道的搜索引擎，利用自身优势搭建起一座座内外贸易交流的桥梁。数字化转型是一个动态过程，数字化营销思维和工具随着技术、需求等因素的变化不断升级迭代。企业作为社会经济发展的重要单元，需要时刻保持开放的心态，解放思维、提升认知、积极创新，不断探索自身营销和发展的最优解；用数字化思维武装头脑，用数字化工具开辟道路，学习经验、总结规律、创新方法，选择营销最优组合，走最符合自身实际的特色发展之路。

社媒营销

我们处在一个信息爆炸、技术涌流、知识创富的新时代。随着数字营销的出现，市场营销经历了一场翻天覆地的变革，品牌塑造的各类基础环境和各个传播链条都在迅速发生迭变，传统的市场营销模式已经无法适应如今的时代环境。企业亟须开发一种新型营销模式，为移动互联网时代的自身发展保驾护航。

在互联网时代，企业市场营销的关键是增强品牌的用户黏性。企业要打造优秀品牌，就应从消费者角度重新认识社媒营销。越来越多的企业开始注重社交网络并把它看作一种重要的营销工具。

> **延伸阅读**

社媒营销

　　社媒营销也称社会化媒体营销,即利用社会化网络、在线社区、博客、百科或者其他互联网平台、媒体传播和发布资讯,进而推动企业营销、销售、公共关系处理和客户关系维护的一种方式。

　　社交媒体的应用改变了以往过于依赖搜索引擎的网络营销模式,呈现出一种开放、共享的发展趋势。通过社交媒体营销,不仅可以直接将社交媒体上的用户流量转化为企业官方网站的流量,而且可以通过企业在社交媒体上的信息吸引与发展新用户,使企业能够通过社交媒体实现与潜在用户之间更为广泛的沟通,大幅提升所释放出的商业价值。社交媒体具有两个特点:一是人数众多、性价比高,且传播范围远而持久,能形成自发的"病毒式"传播,有效降低营销门槛;二是具有多样的渠道,可让粉丝以多种方式推广产品,促进精准营销。

　　在世界 70 多亿人口中,活跃在社交平台上的就有 30 亿人左右,其中约 17 亿人通过移动端刷社交网络。庞大且持续增长的社交平台用户规模,蕴藏着巨大的商业机会。相关统计显示,大约 61% 以上的企业都在使用社交媒体推广,而外贸企业运用社媒营销的比例更是高达 90% 以上。企业使用的主要社交媒体有 Facebook、Twitter、YouTube、LinkedIn 等,聚焦的用户群体各有区别。那么,如何更好地通过社交媒体进行数字化营销呢?

　　首先是给用户"画像",熟知自己的用户。社交网络掌握了大量用户信息，仅仅在用户公开的数据中，就蕴藏着很大的价值。除了年龄、工作等一些基础信息，通过对用户发布和分享的内容进行分析，就可以有效地判断出他们的喜好、消费习惯及购买能力等信息。随着移动互联网的发展，社交用户使用移动终端的比例越来越高，移动互联网基于地理位置的特性也将给营销带来变革。

在争夺市场的时候，由于资源有限，为了提高成功的概率，企业就需要有效地评估自己，寻找最适合自己的策略。目标群体会影响到具体的营销策略，只有确定了自己的营销目标，才能分辨目标用户主要活跃在哪些社交媒体平台上。社交媒体可以快速锁定参与品牌、产品、营销事件讨论的用户，进而获取这部分最活跃且最具价值用户的"画像"信息。例如，企业利用社交媒体吸引用户登录其官网，使访问者在其中选择接收一些有价值的东西，从而获得他们的联系方式等信息。这样，通过对目标用户的精准"画像"以及地理位置定向，在社交网络上投放广告自然能收到比在传统网络媒体上更好的效果。

其次是通过数据再分析，对社交媒体平台广告投放预算做到精准再分配。例如，分析谁是我的目标受众、我的同品类有哪些优势和趋势、什么时候布局内容最合适、以什么样的频率发布内容、什么时候发布内容最理想，继而对平台预算分配有所计划，对主流内容传播形式进行调整，做好各个渠道的内容运营策略，并循环使用。

综合评价外贸企业常用的几大主流社媒平台。LinkedIn 是一个全球领先的职场社交平台，在全球 200 多个国家和地区有 7.2 亿名会员，并且其高质量用户得到了业界的普遍认可。Twitter 拥有超过 2 亿用户。YouTube 是视频搜索和创作平台，为全球 100 多个国家和地区提供服务，拥有 5 000 万名创作者，用户分享的视频数量高达 50 亿条以上。Facebook 是一个比较受国外年轻人欢迎的社交平台。因此，企业用户使用社媒营销首先要识别不同平台的特点，关键是确定自己的目标群体主要活跃在哪些社交媒体平台上，在预算分配环节就要结合获取的数据做到精准投放。一个平台可重复发表相同的内容，结合数据分析和测试，不断改变目标内容策略，继而实现最佳效果，利用内容达到品牌曝光和效果转化的目的。

最后是学会评估营销效果，为用户创造价值。只有学会评估营销效果，才能发现问题所在，为下一次制订计划提供优化方向，从而更快地实现目标。所以，针对每一场社交媒体活动设定一个衡量标准非常重要，这与营销目标息息相关。为了达到既定的社媒营销目标，必须在一个时间段内将其量化为具体的数字。

案例分享

医疗器械企业借助社媒营销矩阵逆风翻盘

近些年来，中国医疗器械研发制造领域涌现出不少优秀企业。这些企业在不断开发国内市场的同时，积极开拓海外市场。通过近年来的市场分析发现，医疗器械企业的竞争对手大多来自海外。与这些竞争对手相比，虽然国内医疗器械企业的产品在成本、质量、交期等方面具有优势，并且研发及投入能力强大，供应链优势也更显著，但是缺少品牌优势，这也成为其参与国际市场竞争时的短板。

2020 年，新冠肺炎疫情席卷全球，国际贸易格局变得阴晴不定。也正是在这种局面下，国内一些医疗器械企业在社媒营销方面逆势投入，在 LinkedIn、Facebook 等全球性的社交媒体上以及重点市场的主流媒体上加大品牌建设力度，讲述责任与担当，突出自身强劲的产品研发实力、充满生机的未来发展态势等。许多医疗器械企业借助广泛的社交媒体平台精准地进行品牌推广，在开拓海外市场时变得有的放矢。完备的社媒营销触达数据又使这些企业能够充分明晰各大市场的产品需求与受众喜好，为持续改善品牌推广计划和产品投放节奏提供决策依据。例如，2020年11月，某医疗器械企业通过大数据分析，发现英国对中国血氧仪的需求量激增，于是迅速在英国各大社交媒体上投放广告，加大宣传力度。这种做法使激增的市场需求与该企业完成了挂钩，助其迅速打开了海外市场。由此可见，中国医疗器械企业之所以能在全球市场高歌猛进，一个重要的利器就是利用社交媒体矩阵和大数据技术主动、精准地进行市场营销。

社群营销

工业时代的商业模式是典型的"人找货"，当用户有需求时，就在搜索引擎平台或者电商平台上搜索想要的东西。数字化时代的商业模式是典型的"货找人"，基于口碑和社交关系，在直播平台上被"种草"，或身边的朋友用了不错推荐给用户。这种模式下建立的社群营销关系更为长久，黏性也更强，它的本质是链接资源。企业将人与人基于相同的兴趣爱好联系在一起，并借助某种载体聚集人气，然后通过产品或服务满足群体需求，注重用户的终身价值，强调用户的身份认同感。比如，小米的成功就是构建在"米粉"之上，通过形成的社群，采集大量客户心得及"米粉"的产品建议。这些都成为产品开发的基础信息，能够确保新产品满足消费者的需求，以此增加企业与消费者的互动黏性，培养消费者重复消费的习惯。因此，企业不只要找到社群，更重要的是构建自己的社群，抓住用户，实现更大的价值。相比动辄上千万元投入的传统营销方式，社群营销以其低成本、高回报的优势获得众多企业的青睐。

如今，社群营销已成为主要品牌制造商甚至个人品牌推广和营销的重要手段之一。社群营销的平台很广，社交媒体平台、线上论坛、微博、微信、QQ 群、贴吧，乃至线下的社区等，都可以成为社群营销的平台。而社群营销的精准性和客户黏性也为许多企业找到了更多可行的营销方案，使其从"茫茫人海"转向了"特定社群"，将"硬广"变为"软广"，不仅节省了成本，还带来了众多忠诚客户。

那么，社媒营销与社群营销到底有什么区别和联系呢？

在中文里，"社媒"与"社群"两个词语都姓"社"，听起来很像，容易混为一谈。"社媒"对应的英文是 Social Media，而"社群"对应的英文是 Community，也就是一群享有某个或某些共同特征并在特定领域内存在广泛社交关系的群体。社媒运营侧重于吸引流量，增强宣传效果，它的逻辑是通过广告传播让 1 万人看到，其中 1 000 人关注，最终 10 个人购买，属于商品的流量思维。而社群营销侧重于转化和留存，它的逻辑是通过超值的产品和服务体验赢得用户口碑。用户除了复购，还可能带 10 个朋友来购买，这 10 位朋友又可能影响 100 位目标用户，100 位目标用户最终影响 1 万个潜在用户。社群营销属于用户主导思维，看中的不是一次性交易，而是持续复购，企业与用户之间一旦建立起信任和口碑，就会形成稳固的产品销售渠道。

企业之间的竞争越来越激烈，目标人群的消费需求也在不断升级，社群营销有着不可替代的优势，如成本低、收益高、营销用户精准、口碑传播快、沉淀粉丝量多等。因此，企业需要高度重视社群营销，着力打造多层次的用户社群，积极收集客户评论和意见反馈，通过会员制与客户建立长期稳定的关系，从而实现用户与社群的相互赋能，增加用户黏性，提高客户忠诚度，并使之产生裂变，不断带来利润效应，形成良性循环。

案例分享

领聚数字打造数字营销服务平台

领聚数字技术有限公司（以下简称"领聚数字"）作为一家为出口企业提供数字营销服务的专业公司，为制造企业提供了一套漏斗式的营销服务体系：SaaS 工具"领聚云"是基础设施，服务中小客户，帮助其实现自主投放；"筋斗云"计划通过"营销独立站"+"营销培训"+"营销工具"，简单、高效地帮助企业借助谷歌营销闭环获取海外客户；"轻品牌"运营是进阶服务，帮助 10% 的客户完成从 0 到 1 的品牌塑造；针对 1% 的深度客户，提供全网营销代运营服务。领聚数字所打造的以数字技术和品牌内容为核心服务的数字营销服务平台，可为出口及跨境企业建立自主品牌，进行数字营销推广，提供数字营销工具，加强数字营销人才培训，帮助出口企业更简单、高效地获取海外客户，实现传统平台 2.0 到独立站自主营销 3.0 的转型升级，全面助力"出海"企业获得成功。

"领聚云"是全国首款直连 Google 的广告投放 App，也被称为"5 分钟外贸接单神器"，已为数以万计的零基础、零经验的出口企业提供自主投放服务。"领聚云"接入 Google Ads（谷歌旗下广告投放系统），对原本复杂的、需要交由代理商完成的广告操作系统进行简化，使中小企业可以快速上手做广告直投与数据监测。上线至今，"领聚云"维持两周更新一次的迭代频率，不断简化产品逻辑，将"关键词组""进店率""转化率"等专业术语"翻译"成更加通俗易懂的语句。两年多来，7 000 余家企业通过"领聚云"

App 开发海外客户，获得了询盘。

领聚数字于 2021 年推出"筋斗云"计划，通过"营销独立站"+"营销培训"+"营销工具"帮助客户获取海外客户，开启 B2B 独立站自主营销。该计划零基础、低门槛、低成本帮助企业开展数字营销，培养数字营销人才，受到企业好评。

"轻品牌"计划是通过帮助企业策划差异化营销内容、搭建品牌体系、提高产品转化率，打造企业的下一代竞争力。该计划已帮助 600 余家中小企业品牌"出海"：独特的头脑风暴品牌战略研讨会为企业提供品牌定位；专业的海外专家服务团队通过品牌调研分析为企业提供品牌视觉、产品图片、产品视频等全方位服务；资深广告优化师结合海外本土内容为企业搭建具有创意的社媒账户。

此外，领聚数字拥有资深的广告优化师团队，能为客户提供精准跨境数字营销一站式海外代运营服务，促进深度合作，从广告投放到询盘转化，定制专属于企业的精准海外营销方案。

外贸大数据："凡尔赛式"契合需求

把外贸大数据与外贸企业营销之间的关系说成"凡尔赛式"契合需求一点儿也不为过，因为二者之间的契合度的确称得上"很高级"。精准地沟通、传递、把握真实的信息数据需求，然后完成低调的"情定签约"，这种感觉犹如"凡尔赛式的文学"，间接、低调、先抑后扬、明贬暗褒地就把自己"秀"完了。

2020年新冠肺炎疫情发生后，医疗用品需求激增。该领域的出口型企业在全球市场获得重大的重新布局机会，它们需要在有限的时间内主动挖掘需求、快速找准市场，从而提高营销效率、提升营销效果。而外贸大数据以无可比拟的精准性和全面性成为这些企业的首选。例如，一家深圳医疗行业的龙头企业，在疫情期间就利用数据创造了一个经典的竞品投放商业案例。疫情暴发初期，该企业就实时关注全球与疫情相关产品的采购数据动态，通过科学分析得出血氧监护产品将出现巨大而长期的增量需求，并且新冠抗体抗原产品也将成为新的业务增长点。更关键的是，该企业掌握了全球主要市场的供需数据及竞争对手的竞品动态。在外贸大数据的有力支撑下，该企业内部迅速调整系列产品线，扩大血氧监护产品产能，加快研发新冠抗体抗原产品，做差异化营销，以此满足不同市场、不同消费群体的需求，迅速赢得了竞争机遇。

这绝不是个例，而是许许多多新外贸企业群体的缩影。在疫情中，一些外贸企业逆势爆发，比较典型的有口罩、呼吸机、检测试剂、"宅经济"等相关企业和一些数字化转型做得比较好的企业。它们无一例外把主动营销和精准营销做到了极致，而主动营销和精准营销的一个关键前提是外贸大数据。通过外贸大数据，外贸企业不仅能够全面了解产品市场分布，精准定位目标客户，从而有针对性地制定价格和营销策略，而且可以分析同行的市场及买家变动情况，为制定差异化的市场竞争策略提供参考。

外贸企业可通过外贸大数据终端系统的一键搜索、全球联网和无限追踪等功能，挖掘数据价值和锁定目标。对外贸企业来说，最有价值的是真实的交易数据。外贸企业在开拓国际市场时，从市场调研、产品预测、客户开发到同行监测、价格定位的贸易全流程，都要以数据为支撑。我们可以从环球慧思所建立的"三位一体"的外贸大数据体系中窥得一二，见图 4-2。

图 4-2　环球慧思"三位一体"的外贸大数据体系

市场分析数据化

市场有一双看不见的手，永远处于变化之中，同样一家企业在不同的市场会产生不同的效益，并且在同一个市场的不同时期投入也会产生不同的效益。所以，市场分析至关重要，它如同企业的导航系统，决定着企业的市场开发方向、策略和节奏。而外贸大数据在市场分析中的应用，使企业真正意义上对全球市场拥有了全景式的认知。它可以让企业精准了解其产品在全球不同市场、不同时期的贸易总量、贸易总额和贸易增速，有效识别出采购量大、机会多、利润高的市场，通过对数据不同维度的分析，全面掌握国际市场完整清晰的交易动态，进而指导企业调整生产计划、品牌计划、采购计划、销售计划和市场开发计划。

客户"画像"数据化

市场有大小之分，客户有重要与非重要之别，一个市场内有着形形色色的客户群体，企业要做的是在其中筛选出与自己的供应能力相匹配的目标客户。所以，对客户"画像"的精准度决定着企业的客户开发效率。在数字化时代，随着外贸大数据在国际贸易开发中的广泛应用，企业对客户"画像"的勾勒愈发清晰。企业可以通过外贸大数据掌握每一个潜在客户的采购时间、采购对象、采购数量、采购价格、采购频率和风格偏好，从而为开发和跟进客户提供决策依据。

天啊，我怎么就找不到客户呢？

行业监测数据化

当下国际贸易领域的竞争越来越激烈，外贸企业面临越来越多的考验。行业内的竞争态势瞬息万变，市场不相信眼泪，同质化的产品和可替代性强的产品将渐失生存空间。因此，越来越多的企业通过行业监测来制定差异化的营销策略。行业监测的清晰度直接决定了企业营销的辨识度，而外贸大数据在行业监测领域的应用，为外贸企业全方位了解同行提供了绝佳的视角。通过外贸大数据，企业可以清楚地看到竞品公司的市场表现、交易对象、交易周期、交易频率、交易价格、客户异动状态等信息，并可据此判断行业体量、产品动态和市场前景，制定差异化的营销策略。

商业洞察数据化

通过外贸大数据，我们可以轻易知晓企业背景、信用度、财务状况、成立时间、经营规模、采购量价、采购周期、采购对象等相关数据。这些数据都能为商务工作的推进提供助力。

一是价格锚定。基于对外贸大数据精准成交价格的分析，可系统地感知过去一段时期内全球主要市场的价格波动区间，快速掌握目标市场采购商及竞争对手的最新成交价格，深刻感知市场未来的价格走势，从而识别出具有价格优势及空间的市场。另外，企业还可针对特定客户实施更加准确的报价，以确保在良好合作基础上获得合理的利润空间。

二是客情维护。客情维护是一家企业必须要面对的课题。良好的客情关系对成交、续约的达成作用不言而喻，而良好客情关系维护的基础条件就是掌握足够多的客户信息。不过，客户信息不会自动显示，它的密码蕴藏在丰富的数据中。比如，通过外贸大数据，企业可以掌握所有客户全链路的采购体系，包括客户有多少家供应商、现有供应商有哪些特点、这些供应商还面向哪些潜在客户等。这些丰富立体的数据能使外贸企业的客情维护变得精准而可预测。

外贸管理数据化

进入21世纪，数字化时代的浪潮奔涌而至，企业最大的财富不再只是人才，还包括所拥有的数据。对外贸企业而言，当外贸大数据成为各个企业的标配时，对数据的管理水平就构成了其核心竞争力。很多优秀的企业率先行动起来，利用外贸大数据建立客户数据库，详细记录每一个已合作客户、待合作客户，甚至已流失客户全生命周期的采购数据，真正从客户角度出发，改进工作效率，提升工作技能。

案例分享

环球慧思创新外贸大数据的价值

环球慧思是全球专业的国际贸易数据及分析工具提供商，2001年在北京成立。20年来，环球慧思秉承"货真价实、公平公正、共享共赢、永续经营"的经营原则，在全国已设立11个分支机构，为国内外超过1万家进出口企业提供了专业级的外贸数据终端产品和服务。

除提供具有自主知识产权的外贸数据服务，环球慧思还致力于为客户提供与众不同的外贸数据服务产品，其自主研发的环球通、全球联网、无线追踪、自由运算、复合查询、智能排序、数据溯源等数据处理技术在世界范围处于先进水平，运营全球共计61个国家和地区的155个国际贸易动态数据库，涵盖全球50%以上的贸易总量。作为行业内成立最早、从业最久、中高端客户所占市场份额最大的外贸大数据服务公司，环球慧思近年来在贸易数字化实践方面积累了大量成功经验，特别是在利用外贸大数据赋能国际贸易精准营销、数字化转型等方面的探索，硕果累累。

产品精品化、客户高端化、价格标准化、服务专业化的"四化战略"，使环球慧思数据的价值愈加彰显。在市场分析上，可以把握产品在目标市场的需求、交易实况、预警，发现潜在投资机会；了解企业在某一区域的价格范围，协助企业有的放矢地制定价格策略；对目标市场进口商进行统计排名，划分开发区间和利润区间，实现重点开发。在新客户开发上，可以快速找到适合自己的买家；发现买家采购规律和采购结构，选择最佳时机进行开发；甄别从展会网络等其他渠道获取的客户，了解其详细情况，帮助回复询盘。在老客户维护上，可以监测现有买家，防止客户流失或转单，提升忠诚度并实现升级或交叉销售；追回流失的老客户或转单，进行潜在客户关系管理。在客户分析上，可以甄别和选择客户，分辨出可长期跟踪且能保证利润的优质客户；防止国际贸易骗局，降低风险。在同行监测上，可以监控竞争对手及其合作客户，制定市场策略；实时监控行业趋势，及时调整开发策略。在价格锚定上，可以准确分析市场价格，锁定合理利润空间；了解产品在某一地区的价格范围，以及各国进口该产品的价格差异，对产品进行定位和市场评估，科学报价，实现产品利润最大化。

环球慧思品牌深度链接客户，外贸数据终端 GTIS 系统已从 1.0 阶段发展到 4.0 阶段，逐步形成了"交易数据+商业数据+公开数据"的"三位一体"的外贸大数据体系。环球慧思着眼于外贸数据领域，以数据驱动贸易发展，为国际贸易精准营销提供大数据支持。环球慧思积极参与外贸领域的高端论坛，发起或承办相关活动，以"慧思力量"助推外贸企业高品质发展，赋能企业数字化转型。

跨境电商：贸易数字化的成熟分支

2020年，面对严峻复杂的国际形势和新冠肺炎疫情的严重冲击，我国成为全球唯一实现经济正增长的主要经济体，外贸进出口明显好于预期，外贸规模再创历史新高。其中，跨境电商交易额增长迅猛。据海关总署统计，2020年我国跨境电商进出口额达1.69万亿元，同比增长31.1%。其中，出口额为1.12万亿元，同比增长40.1%；进口额为0.57万亿元，同比增长16.5%。通过海关跨境电子商务管理平台验放进出口清单达24.5亿票，同比增长63.3%。2020年"双十一"期间，全国通过海关跨境电商进出口统一版系统共处理进出口清单5 227万票，较2019年增长25.5%；处理清单峰值达3 407票/秒，同比增长113.2%，各项指标均创新高。跨境电子商务已经成长为贸易数字化的一个较为成熟的分支。

跨境电商是跨境电子商务的简称，是指分属不同关境的交易主体通过电子商务平台达成交易、进行支付结算，并通过跨境物流送达商品、完成交易过程的商业活动。简单来说，就是跨境电商企业将国外商品运送到国内并将其卖给国内消费者的商业活动。以交易载体来划分，跨境电商的运营模式可以分为平台交易模式和独立站交易模式。

当前，跨境电商迎来多重利好，其发展已渐成燎原之势。在技术演进层面，随着云计算、大数据、人工智能等新兴数字技术广泛运用于跨境贸易服务、生产、物流和支付环节，跨境电商的行业效率得到大幅提升。在国内政策层面，国家密集出台了一系列扶持和规范跨境电商行业发展的利好政策，并大规模增设跨境电子商务综合试验区，在监管、交易、支付结算和税收等方面持续进行"放、管、服"改革，国内跨境电商行业迎来新的发展契机。在国际贸易层面，随着我国加入 RCEP 以及中国—新西兰自贸协定升级议定书的签署，截至 2021 年，我国已与 26 个国家和地区签署了 19 个自贸协定。这些高水平自贸协定的签订与实施，能够有力地促进中国与有关国家和地区间的经贸合作，有效减少企业对外贸易的不确定性。跨境电商的蓬勃发展也促使更多中小企业加快向该领域转型。

跨境电商平台：实现全球覆盖

跨境电商平台因高度整合了信息流、商流、物流、资金流等，并且拥有先进的数字支付技术、完备的信用保障机制，对消费者有着较高的渗透率，使企业提供的产品和服务实现全球覆盖的速度要远快于传统"出海"方式，所支付的成本也远低于传统贸易方式。对企业而言，跨境电商平台构建的开放、多维、立体的多边经贸合作模式拓宽了进入国际市场的路径，促进了企业与企业之间的互利共赢；对消费者而言，跨境电商平台可以使他们更加便利地买到其他国家物美价廉的商品。所以，越来越多的传统企业选择入驻跨境电商平台，搭船"出海"。

企业选择跨境电商平台时，需要充分了解不同跨境电商平台的商业模式、主要特点和运营规则，结合所处的市场、当前的行业、客户群体进行精准定位。例如，Amazon 主要面向经济发达国家和地区，对入驻商家的商品质量、服务、价格要求非常高，因而对行业领域内具有品牌、资源等溢价能力的企业而言较为合适。eBay 的市场布局侧重于欧盟、美国等国家和地区，对卖家的要求较严格，不仅产品的质量要好，价格也要有优势，因而它对主打欧美中端市场的企业而言是一个不错的选择。AliExpress（速卖通）主打俄罗斯、东南亚等国家和地区的市场，主张"价格为王"，卖家一定要价格低才能有优势，因而对可大规模走量的企业而言较为适宜。可见，同样的产品、同一品牌选择不同的跨境电商平台，会获得不同的效果。只有对跨境电商平台进行深入了解，才能更好地开展国际贸易。

延伸阅读

全球主要跨境电商平台

Amazon：美国最大的网络零售商，也是世界级电商平台，最初以销售书籍起家，以自营模式为主，现在扩展为全品类经营。目前，Amazon已成为全球商品品种最多的网上零售商，并和其他销售商一起为客户提供数百万种独特的全新、翻新及二手商品，如图书、影视、鞋类、食品、玩具等。Amazon主要市场在美国和加拿大，同时在英国、法国、德国、意大利、西班牙、巴西、日本、中国、印度和墨西哥等很多国家和地区设有独立站，客户覆盖面广。

eBay：1995年9月成立于美国加利福尼亚州圣荷西市。作为诞生最早的在线拍卖和购物网站，eBay以B2C垂直销售模式为主，主要针对个人客户或小型企业，类似淘宝C店。目前，全球共有超过2 500万个卖家入驻该平台，其中约80%来自美国、英国、德国和中国。eBay在全球共拥有1.82亿用户，分布在190多个不同的国家和地区，但超过70%的用户分布在美国，因此美国是其最主要的市场，主要热销数码产品类、时尚品类、家具及园艺品类、汽配品类、商业品类和工业品类。

AliExpress：中国最大的跨境出口B2C平台之一，全球第三大英文在线购物网站，也是俄罗斯、西班牙排名第一的电商网站，在消费电子、服装、汽车配件、家居、珠宝、饰品等品类上具有较大优势。该平台的业务覆盖全球 230 个国家和地区，主要交易市场集中在俄罗斯、巴西、美国、西班牙和土耳其。

Wish：聚焦于移动端的交易平台，堪称"手机上的亚马逊"。该平台主要面向欧美地区的客户，并且以女性为主。Wish 力求给消费者带来便捷的购物体验，利用自己的独特预算规则将商户的商品精准推送到客户面前，而不是被动地依赖消费者搜索。从某种意义上说，Wish 赋予产品主动积极性，而不再被动等待，卖家也可以进行精准营销。Wish 用户数已经突破 4 700 万，成为除 Amazon、eBay 和 AliExpress 以外最大的跨境电商平台。对于中小零售商来说，Wish 未来潜力巨大，很有可能坐上跨境移动电商第一的宝座。

Lazada：东南亚地区最大的电商平台，由中国阿里巴巴集团投资控股。该平台只允许企业卖家入驻，其销售的产品包括电子设备、衣服、器械、书籍、化妆品等，市场范围涵盖印度尼西亚、马来西亚、菲律宾、泰国、越南等东南亚国家和地区。该平台拥有自建物流网络，在东南亚 17 个城市拥有超过 30 个仓储中心，在各国建立自营仓库、分拣中心和电子科技设施，为商家解决"第一公里"和"最后一公里"的复杂货运流程问题，大幅度降低了东南亚部分地区因基础设施落后而产生的昂贵运费。小米登陆菲律宾时，就是通过 Lazada 进行产品销售的。

Shopee（虾皮）：一家来自新加坡的移动电商平台，中国腾讯公司持有其 39.8% 的股权，是腾讯布局跨境电商平台一个最重要的环节。该平台推出于 2015 年，主要销售电子消费品、家居、美容护理、母婴、服装和健身器材等多种品类的产品，在社交媒体上拥有超过 3 000 万名粉丝、700 万家活跃卖家。Shopee 在东南亚和中国拥有超过 8 000 名员工，是东南亚地区发展最快的电商平台，业务服务市场范围涵盖马来西亚、泰国、印度尼西亚、越南、菲律宾等国家和地区。

Rakuten（乐天）：日本最大的电子商务集团，最初专门从事计算机及电子产品的网络销售，后来拓展为全品类商品销售。值得一提的是，入驻该平台的商家高达 25% 以上开通了直邮中国的服务。中国消费者为其业务带来了倍数级的增长动力。Rakuten 于 2000 年 4 月上市，随后开始扩张布局，如今已经发展成一家综合性集团公司，核心业务包括电子商务、旅游、信用及支付、金融证券、新闻门户等。

Mercado Livre：巴西本土最大的 C2C 平台，也是目前为止南美洲最大的全品类电子交易平台，除电子交易平台外，旗下还有南美洲最大的支付平台 Mercado Pago。业务范围覆盖巴西、阿根廷、智利、哥伦比亚、哥斯达黎加、厄瓜多尔、墨西哥、巴拿马、秘鲁、多米尼加、巴拉圭、委内瑞拉、葡萄牙 13 个国家。

Flipkart：印度最大的电商平台和全球十大电商巨头之一，在成立之初，与亚马逊一样只是一个卖书的网站，但现在它已经是一家拥有 9 000 多名员工、3 万多家商户、7 000 多万用户、日均访问量达 1 亿多次、年销售额突破 10 亿美元、市值高达上百亿美元的电商巨头。

Allegro：波兰最大的电商平台，成立于 1999 年，经过 20 多年的本地化耕耘，几乎垄断了该国 90% 的电子商务市场，号称通过 Allegro 才能接触到波兰消费者。自 2006 年起，Allegro

把业务陆续扩展到了其他中东欧国家,分别在捷克推出了Aukro.cz网站,在匈牙利推出了TeszVesh.hu网站,在俄罗斯推出了Molotok.ru网站,在乌克兰推出了Aukro.ua网站。

Bol.com:荷兰最大的在线销售平台,产品类别包含电子、书籍、娱乐、家居用品和玩具等,约有560万活跃用户,向荷兰和比利时顾客提供超过1 000万种商品。绝大部分荷兰人和比利时人会在这个平台上购物。近年来,入驻Bol.com的商家数量以20%以上的速度增长。

Cdiscount:法国最大的电子商务平台,产品涵盖食品、消费电子、家用电器、婴幼儿用品、箱包、玩具等。其经营模式类似于批发商城,因此价格非常有优势。很多批发商在此注册开店。此外,Cdiscount在哥伦比亚、科特迪瓦、厄瓜多尔、泰国、越南、塞内加尔、巴西、喀麦隆、巴拿马等国家和地区均设有分站。

Souq:成立于2005年,总部位于迪拜,是中东地区最大的电商平台,号称"中东的亚马逊",现已被亚马逊以6.5亿美元纳入麾下。值得注意的是,若你想注册Souq账号,就需要有中东当地的公司,用当地的电话卡作为联络信息,还要提供当地的仓储发货地址。当交易完成,还需要使用当地的银行卡来进行收款。

在打造跨境电商平台的同时,还必须创新数字化跨境贸易综合服务体系。只有通过构建跨境贸易服务领域的新型基础设施,才能更好地带动出口、创收和就业。举个例子,在跨境贸易综合服务探索方面,北京小笨鸟信息技术有限公司独树一帜,融合数字化经济、数字化贸易、服务贸易的创新模式,充分利用北京在服务资源、金融资源、人才资源、科技资源、国际交往资源方面的优势，探索出一条开展跨境贸易服务的新途径，吸引众多全国优秀商业服务、金融服务、贸易服务、供应链服务、物流服务等在北京进行服务交易，创造价值。由此可见，新型服务基础设施可将跨境贸易各环节的数字化系统打通并整合成一个完整的数字化跨境贸易体系，最终构建与实体经济相融合的跨境贸易数字孪生体系。

案例分享

创新数字化跨境贸易综合服务

小笨鸟信息技术有限公司（以下简称"小笨鸟"）成立于2014年，总部位于北京，是北京领先的数字化跨境贸易综合服务企业。作为商务部全国电子商务示范企业和北京市首批外贸综合服务示范企业，小笨鸟凭借独特的创新模式及强大的科研能力，获得中关村高新技术企业、国家高新技术企业认定。

通过整合跨境贸易产业链上的服务资源，小笨鸟以技术加服务的方式解决中国企业在跨境贸易过程中涉及的采购、物流、通关、海外仓、渠道销售、海外推广营销、收结汇、退税、金融、数字技术服务等环节的经营和效率难题。小笨鸟自建的全功能跨境贸易服务综合平台拥有涵盖电商运营、供应链服务、智能营销云、外贸综合服务的业务矩阵和平台服务体系，能够对接全球的主流电商，并利用大数据、AI技术为卖家提供快速智能的跨境销售辅助决策支持方案。小笨鸟还拥有多项软件著作权和技术发明专利，平台积累了10万级以上跨境卖家、逾百万级商品数据、亿级跨境贸易搜索关键词库等资源。其跨境贸易风控系统可利用自建大数据风控平台，把好产品溯源、贸易真实性等重要合规关口。

如今，小笨鸟在美国、巴林等地设有分支机构，拥有众多全球合作伙伴，涵盖供应、物流、通关、海外营销、金融等跨境贸易各环节，与美国、英国、澳大利亚、巴林、德国、俄罗斯、希腊等国家和地区的重要清关公司长期合作，与国外领先的电商平台、大型集采机构、物流企业等均保持良好的战略合作关系。小笨鸟通过整合国内外优质物流服务商资源，为外贸企业提供优质高效的全程物流供应链服务，从国内运输、仓储、订舱、报关、国际物流运输到目的地清关及派送，各环节全程实现可视化追踪；用户可享受向全球各大船公司进行在线订舱、获取提单、货物跟踪等端到端的订舱服务。小笨鸟已在北美、欧洲、中东等地区设立了海外仓，帮助客户降低物流成本、提高物流时效，解决通关、商检、用户退换货、本土化等问题。

为满足跨境贸易企业资金需求，小笨鸟基于数字化跨境贸易综合服务平台的风控体系，与银行、保险机构进行合作，为跨境贸易业务提供供应链金融服务。此外，小笨鸟还将外贸创新的业务模式和服务体系服务于全国不同的产业带地区，以及家具、医药、智能电子产品等垂直领域，赋能更多地区和行业中的企业开拓全球市场。

小笨鸟数字化跨境贸易综合服务平台，不仅解决了一般贸易企业和跨境电商企业出口业务所需要的基础服务问题，简化了跨境贸易流程，降低了跨境贸易难度，而且大大提高了跨境贸易效率，提升了跨境贸易专业能力，最终实现了跨境贸易业务的"五个一体化"目标，即服务一体化、数据一体化、账户一体化、监管一体化、信用一体化。

独立站：更自主、更灵活

独立站，顾名思义就是企业自己建立电商平台（PC 网站、App 等）进行交易。相比企业入驻电商平台，独立站的优势在于可以避免第三方平台运营规则的制约，不必担心平台规则的变动影响运营，具有较高的自主权和灵活性。同时，因减少了向第三方平台缴纳交易佣金或年费，在支付端的服务费用也相对低廉，使其交易佣金成本相对较低。此外，独立站能将运营数据 100% 留存在自己手里，实现数据安全和增值，避免无法从第三方平台获取核心用户数据的风险（事实上，第三方平台只会开放部分数据，很多核心用户数据也不对卖家开放）。企业掌控所有数据后，除了获得安全保障，还可以实现数据的二次开发，深度挖掘和利用大数据价值。更为重要的是，通过独立站域名或者 App，可以不断累积企业品牌，优化产品设计，提高商品的溢价空间，提升产品的消费者信赖度。

由此可见，独立站的种种特性可为跨境企业的崛起和发展提供更多可能性。例如，中国服装品牌 SHEIN 的运营模式就是自建独立站、数据运营系统和购物 App。在引流方面，SHEIN 独辟蹊径，采用联盟营销的手法，先是利用有影响力的大学生群体、做垂直内容的网红博主、有粉丝基础的宝妈们等在社交网站上做营销推广和带货，使其能够获得源源不断的流量支持；然后利用运营大数据，充分挖掘用户新需求并深度整合供应链，实现从前端流量到后端商品的快速转换。大数据的深度挖掘使 SHEIN 的上新品类层出不穷，每年上新量甚至可达到十几万款。供应链的快速反应使 SHEIN 的产品运转周期缩短至 11 天甚至 7 天，远低于国际服装巨头 ZARA 的 20 天。品类多、运转快、成本低、质控强又为其营销联盟的成员提供推广带货的新动力，形成良性循环，持续迭代进化。SHEIN已取代亚马逊，成为美国iOS和安卓平台下载量最多的购物应用程序，并且在54个国家iOS购物应用程序中排名第一，在13个国家安卓设备中排名第一，已成长为全球知名度最高的中国跨境快时尚品牌，估值超3 000亿元人民币。

独立站具有很多跨境电商平台所不具备的独特优势，但是也同样面临很多挑战，最大的难点就是运营优化和流量获取。企业选择入驻平台便相当于拥有了强大的运营体系和非常大的具有强烈购物意向的内在流量，而企业选择独立站相当于从零开始，不仅要搭建包含技术、美工、设计、客服、物流、支付等在内的运营体系，还要持续地在Facebook、Google等社交媒体上进行商业推广和营销，以获取更多的流量。企业等于既要运营平台又要运营商品，如果没有大量人力、物力、财力的投入，就无法有效地提升用户体验。这也是导致很多跨境电商企业做不起独立站的核心原因。

当然，随着企业对独立站需求的日益旺盛以及建站技术的成熟应用，一种新型的独立站搭建模式悄然兴起，比较流行的建站平台有Shopify、Shopyy等。如果说企业利用自有资源建站相当于建房子运营，那么利用Shopify、Shopyy等建站就相当于租房子运营。这些平台为用户提供搭建网店的技术和模板，管理全渠道的营销、售卖、支付、物流等服务，以降低中小型商户在网店经营上的技术门槛和运营投入，使其能够在短时间内就能生成美观且可靠的独立站。实际上，这能为企业提供运营所用的基础设施，让它们"跑"得更轻松。

案例分享

独立站的辅助者——Shopify

Shopify成立于2004年，是一家为跨境企业提供电子商务的 SaaS 公司，其业务范围涵盖 Shopify App Store（应用服务）、Shopify（建站工具），以及 Shopify Shipping（物流服务）、Shopify Capital（金融服务）、Shopify Payments（支付服务）等增值服务，让跨境企业能利用这些功能模块轻松地创建一个美观又强大的在线商店，直接面向消费者。

Shopify 打造的是完全去中心化的电商基础设施，为跨境企业的启动、发展、营销和管理提供完整的解决方案。它大幅简化了建站的复杂程序，让企业建站的门槛变得更低，让企业可自行运营和管理自己的商店，包括销售和发货等。同时，Shopify 还在其平台上整合了所有商家信息，以此向消费者推荐更多个性化的产品信息，提升商家的销量和收益。

截至 2021 年，Shopify 的市值已经超过 1 800 亿美元，其电子商务销售额占美国所有零售电子商务销售额的 5.9%，仅次于亚马逊 37.3% 的份额，已然成长为足以搅局全球电商零售行业的新生力量。

数字品牌：构建品牌新形象

在数字化时代，我们所做的一切都已经可以用数字化的镜像来映射。有统计显示，高达 93% 的消费者倾向于使用互联网查找本地商家，54% 的消费者习惯于进行商品和服务的网络搜索与查询。这表明大多数消费者以数字化的方式建立对企业产品和服务的认知。因此，无论是传统的实体店，还是根植于互联网的公司，都需要将视野扩展到数字世界，用数字化的方式构建新品牌形象并使之广泛传播。跨境企业可以构建独具辨识度的展示网站，可以在 Facebook、Instagram、Twitter 和 TikTok 等热门平台上建立社交媒体形象，可以在 YouTube 频道或播客中发布关于产品与服务的丰富场景，可以在各类用户社群、在线论坛中展示其良好的口碑和产品质量。凡此种种，其核心是用高效、全面、立体的数字化方式建立企业与用户的身份认同。

新一代跨境电商企业已经意识到，仅靠固定资源，要在如此多变的环境中脱颖而出，是绝对不够的，只有用数字化的方式打造强大的品牌，才可能在互联网中拥有取之不竭、用之不尽的资源，保障企业的永续经营。在此方面，中国跨境电商企业 Anker（安克创新）的成功上市，给跨境电商行业走品牌化发展道路带来了新的启迪。Anker 主要从事自有品牌的移动设备周边产品、智能硬件产品等消费电子产品的自主研发、设计和销售，产品主要包括充电类、无线音频类、智能创新类三大系列，其 70% 以上的收入来自亚马逊等跨境电商平台，近几年也开始拓展沃尔玛、百思买和塔吉特等线下渠道。Anker 之所以能够在线上和线下同步快速扩张，源于它极为成功的全球数字品牌打造，在全球范围内的消费者认知度与海尔、海信等国内耳熟能详的品牌排在同一水平线，消费电子品类的影响力仅次于联想、华为和小米。

案例分享

Anker 的数字品牌打造之路

Anker 是如何打造数字品牌的呢？总结起来有这么 3 点。

第一，利用数字化方式进行品牌调研。Anker 团队擅长利用各类电商平台的商品和用户数据进行充分的行业和消费者调研，以了解所要切入的行业和目标消费者，拿出吸引他们的卖点，即做好选品。Anker 团队在亚马逊上搜索数码周边配套产品时发现，电子类产品的原装电池售价高昂，大多需要七八十美元且普遍获得 4.5 星的评价；还有一类是无品牌的电池，售价大多为十几美元且普遍只获得3~3.5星的评价。显然，两者都不是消费者的最佳选择：原装电池太贵，而评价不好的产品又令人没有购买欲。Anker通过亚马逊发现这个选品机会后，推出了品质比肩原厂、定价在30~40美元的通用电池产品，很快收获第一批用户，赚得第一桶金。如今排在中国品牌"出海"榜单前10名的品牌Anker就是由此生发而来的。

第二，利用数字化方式打造品牌形象，完成品牌形象包装、设计和推广。特别是面对欧洲和美国的消费者时，原创且风格统一的店铺和商品包装设计，对赢得产品口碑和提高产品复购率都有着不小的帮助。Anker设计了风格统一的店铺视觉效果，包括一整套Logo标识、图片形象展示、商品描述展示等，完成了品牌的线上包装，加上充满仪式感的实物商品包装，使客户的购物体验始终保持在高水准。在此基础上，Anker通过Facebook、Instagram、Twitter和TikTok等社交平台宣传矩阵持续输出良好的品牌形象，进而与用户建立了更深度的联系。

第三，利用数字化方式构建中台资源池。Anker建立了智能化的数据信息处理系统，覆盖了从海外用户洞察到供应链驱动、从品牌打造到全渠道销售的品牌"出海"中台资源池，并打造了一整套由数据驱动的商业操作系统，使其品牌打造和运营有数可依、有据可循。

海外仓：堪比本土化的服务

跨境电商贸易不可或缺的一个环节是无限优化海外消费者的网购体验，核心是提升物流时效和服务水平，而建设海外仓是最行之有效的方式。当前，不仅出口电商平台在关注、筹备、发力海外仓，大量卖家也在寻找各种海外仓资源，布局海外仓已成为跨境电商行业的一个大趋势。

在国际贸易中，国内企业可以将商品通过大宗运输的形式运往目标国家和地区，在当地建立仓库、储存商品，然后再根据当地的销售订单情况，第一时间对需求做出响应，及时从当地仓库直接进行分拣、包装和配送，提供与国外电商一样的本土化服务，这就是海外仓的系统性优势。它能将分散的国际小包转化成大宗运输，降低清关障碍，同时突破邮政大小包和国际专线物流对运输物品的重量、体积、价值等方面的限制，扩大运输品类，降低物流费用。它还能将传统的国际派送转化为当地派送，确保商品更快速、安全、准确地到达消费者手中，并且涉及退换货时会更加高效便捷，能够提升消费者跨境贸易购物体验。总之，海外仓可以有效规避外贸风险，最大限度地克服物流短板，提升企业的海外竞争力。

海外仓的运营水平已经成为我国跨境贸易电子商务能否实现可持续发展的关键要素之一。为推动海外仓丰富功能、延伸服务、优化布局、升级发展，2020 年 12 月，《商务部办公厅关于印发首批优秀海外仓实践案例好经验好做法的函》指出了海外仓破局创新的几大关键点。其中，海外仓的数字化和智能化迭代是重中之重。

贸易数字化"新基建"

在经济新全球化背景下，传统的物流货运、海关业务办理、信用认证、跨境支付等整个供应链体系已无法适应我国双循环新发展格局以及外贸企业发展的现实需求。随着互联网的兴起与大数据概念的日益普及，高新技术与现代企业的融合发展对产业数字化提出更高的要求，数字化物流、数字化服务、数字化通关、数字支付、数字认证等贸易数字化"新基建"也如雨后春笋般破土而出，并不断升级迭代，成为贸易高质量发展的必要条件。

数字化物流：用数字编织物流之网

物流作为贯穿企业生产与销售始终的重要环节，很大程度上决定着企业能否顺利、流畅、高效地运营。对于制造型企业而言，物流贯穿运营始终，且链接生产方、经销方和消费者，是经营不可或缺的重要组成部分。

物流体系包含采购物流、生产物流和销售物流等模块，不同的模块又包含包装、运输、装卸和仓储等具体流程。传统的物流模式主要以人力、物力为依靠要素，业务模式简单，操作流程却很复杂，各个环节相互割裂、效率低下。其中，不同的流程环节由互无联系的经济实体分别承担。这些经济实体之间并不存在利益共生关系，没有相对统一的服务标准，面对客户灵活、复杂又多变的需求，难以提供精细化、个性化的业务服务。同时，货运公司之间的数据无法做到实时共享、同步协调，更不能形成一票到底的物流监控系统，因此会带来较为烦琐的物流转移程序。如果不同模块下的某一个节点出现耽搁或失误，将在很大程度上影响整个物流体系的正常运行。另外，传统物流的财务结算程序复杂，没有相对统一的账务标准，不论是企业与客户之间，还是各个流程负责方之间，都易发生账目不清、结算困难的财务漏洞。随着新商业环境下物流格局发生巨大变化，整体的消费环境使物流订单更加碎片化，日益庞大的物流体量对其提出了更高效、更精细、更透明的服务需求。

作为"第五方物流"的数字化物流，已经进入白热化的转型和发展阶段。

延伸阅读

数字化物流

数字化物流是指在数字技术的支持下，对物流所涉及的对象和行为进行数字化的管理和描述，通过搭建相应的数字化线上线下一体化管控平台，将相关参与方逐一链接，实现货物在所有物流节点的实时追踪与调控，使整个物流过程精准、及时和高效，从而达到为人们提供更加方便且快捷的物流服务的目的。

数字化物流能够在商贸的实际运作中通过互联网、大数据技术支持整个物流服务链，并且能组合相关的执行成员协同为企业的物流需求提供高效服务，它是整个系统的提供者、优化者和缔结者。伴随着数字化、大数据渗透进各行各业，物流业将向智能化方向迈进，对于数字化物流的布局，也将是产业格局中承上启下的重要节点，成为推进整个物流行业变革的分水岭。

数字化物流通过大规模地使用数字技术，使物流及周边信息在计算机网络中以数据的形式被收集、整理、交互和传递，为整个物流系统中的各个环节带来了根本性的变化，让每一个节点变得更加高质、高效。物流企业能够依此提升核心竞争力。同时，对于物流行业而言，随着中国人口红利逐渐消失，数字化转型使其不再过度依赖物流从业者，取而代之的是技术驱动、知识驱动。数字化物流能够从根本上解决运输效率低、成本高的痛点，为物流行业带来时代性的进步，切实提升运输组织效率，实现高效运输，进而很好地帮助企业降本增效。因此，不论是提升物流企业核心竞争力，还是助力企业降本增效，抑或带动整体物流企业转型升级，数字化物流都体现出无可争议的巨大影响力。

物流数字化不仅涉及物流过程的数字转型，还涌现出很多新的模式，如"数字物流港"和"数字物流仓"。它们通过数字技术进行物流资源调度、作业任务派送、库存容量规划，变成一个可以被智能调度的数字孪生体。

案例分享

以"数"颠覆物流

中建材国际贸易有限公司（以下简称"中建材国贸"）作为知名传统行业央企，非常重视在新时代实现自身的转型升级。中建材国贸身处一个传统贸易公司无处容身、难以自处的时代，需要充分发挥互联网、大数据技术的优势，将数字化和外贸有机结合起来，完成公司转型，进而推动行业发展。早在10余年前，中建材国贸就意识到互联网将给传统行业带来翻天覆地的变化，因此打造了跨境电商平台——易单网，将传统外贸与跨境电商紧密联系在一起，创新"跨境电商+共享海外仓"的商业模式。经过多年探索，中建材国贸将外贸大数据和质量链有机结合，利用"跨境电商+共享海外仓"的商业模式形成数字外贸生态闭环，实现了生产发货、银行信保、物流通关等数字外贸全程在线，资金流、信息流、物流全程可控，打造出一个完整的外贸生态系统，促进了中国优质商品走向全球。物流业由于外联程度高、信息交互频繁，所以对数字化的要求非常高。实时、准确的物流信息对外贸企业高效运营及降低风险具有重要意义。

中建材国贸所打造的一站式数字化平台依靠稳定且持续增长的进出口业务，与各港口船东和大型代理商建立了紧密的合作关系，辅以自主研发的运费公开竞价系统——易单海运网，使其合作的供应商可以获得更具竞争力的海运服务价格，从而使供应商得到质量更高、成本更低的物流运输服务。与此同时，该平台实现了出口订单实时网上物流状态跟踪，大大减少了重复录入工作量及外部服务公司的信息交互，实现了物流运输的数字化转型，提高了供应链条整体工作效率。

数字化物流的发展将拉动物流业的进步与创新。虽然与国内其他行业相比，货运及物流业的数字化水平还相对较低，但是随着新一轮技术革命和产业变革的蓄势待发，物流行业将发生历史性的深刻巨变。

数字化服务：重塑售后服务的竞争力

随着技术的进步和用户需求的变化，越来越多的用户需要服务商能够以结果为导向为其提供专业的服务。所谓一切皆服务，就是任何客户需求都能以服务的方式满足。一切皆服务的核心是帮助用户找到真正的需求点及问题所在，通过全面的产品和能力组合，为用户带来真正的价值。当前，数字技术快速发展，正在让服务变得更智能、更具预见性与规范性。借助数字化手段，企业得以了解客户真实的需求并可提供全生命周期的解决方案。例如，汽车售后这一传统的线下服务领域，经过数字化服务改造后，可实现从线上服务预约到服务信息推送，再到竣工数据验收的全流程数字化管理。车主可以随时随地查看作业视频、服务进度，并可自主选择车企提供的诸如保险、代驾、加油、拖车、车辆取送等增值服务。数字化售后服务俨然已经成为企业打造核心竞争力的有效法宝。

可见，数字化服务能从根本上帮助企业转变销售方式，使其站在客户的视角了解客户需求，然后通过软件、营销和数据"三位一体"的方式帮助客户设计一套定制化的产品和服务，实现资源的优化配置与循环利用，从而提升产品与服务的交付能力，确保产品和服务的质量，实现用户价值最大化。

案例分享

从供应链服务到数字化售后服务的解决方案

迈创企业管理服务股份有限公司（以下简称"迈创"）于2004年成立，是一家为品牌客户提供数字化驱动全球售后服务的公司。截至2021年，迈创已为客户提供60多个国家和地区的售后服务落地支持和全面闭环的信息化服务，其中包括4 000多个服务网点和超过14万个SKU（库存单位）的备件管理。迈创的主要客户包括惠普、联想、小米、TCL、HTC、浪潮、华硕、美的、魅族等大量知名企业。

迈创的海外服务从东南亚出发，逐步扩张到中东、欧洲、非洲和南美洲等地区。除了手机备件服务，迈创还向客户提供全球化端到端的售后服务方案。通过多年的不断转型、创新，迈创已经成长为一家业内领先的数字化驱动全球售后备件服务商，并逐渐构建了包含3个层次的全球数字化售后服务解决方案。第一个层次是提供全球物流解决方案，可帮助客户从0到1解决如何到达当地国家的问题，包括帮助客户做国际物流、本地物流、仓储、进出口。迈创相应的系统流程、经验和知识库可为客户节约自营带来的高昂成本。第二个层次是全球售后备件服务，涵盖备件服务的全生命周期并形成数字化闭环，包括备件计划、备件采购、备件信息管理、保修信息管理、逆向物流和高级别维修等。第三个层次是售后服务的全方位方案。迈创可为客户提供包括维修渠道管理、维修KPI（关键绩效指标）考核、软硬件维修、技术支持等服务，以及重工、翻新、换件、意外保险等增值服务。

为实现精敏的全球售后供应链服务，迈创注重备件供应链的物理解耦点设置，包括全球五级仓储设计、开设再制造工厂、突破行政划分的网格化设置服务站点。同时，迈创还开发了覆盖全球的智能供应链协调系统，特别注重采用信息技术手段做备件计划和备件策略的及时调整，从而提高物理解耦点的柔性，使之更加灵活。迈创根据客户提出的服务标准设计适用的区域仓，用来覆盖一些国家的运营，并使用自研的数字化模型进行核算，给出一个充分考虑效率和经济性的平衡方案，兼顾自己和客户的利益，以确保业务可持续发展。

此外，迈创通过数字化打通端到端的每一个环节，帮助厂商统一做中央备件计划、统一备件库存和消耗管控，以提高库存使用效率、减少冗余风险。从顾客提出服务需求开始，到最后的顾客满意度调查，迈创把顾客和品牌厂商连接起来。厂商不仅可以掌握顾客的反馈信息，还能了解产品质量状况、服务完成效率等。

迈创聚焦全球售后服务之初，即注重数字化基础设施建设和信息系统研发。迈创建立了研究院并聚焦行业前沿，把大数据和人工智能等技术引入自身业务。迈创不断优化售后服务各个环节的算法，积极培训专业技术人才，把整体售后服务做到数字化端到端的闭环，并且通过频繁迭代与客户需求进行匹配，最终达到品质更高的服务水平。

数字化通关：新时代的通关革命

随着经济全球化的不断推进，全球进出口贸易迈入崭新的2.0阶段，全球价值链格局正在重塑，智慧物流和跨境电商B2B、B2C等新一轮产业革命方兴未艾，通关行业到达新旧模式转换的关键时点。特别是近些年来，我国对外贸易呈现"井喷式"发展，无论是在通关量上还是在通关速度上，都对报关企业、监管部门提出了全新的挑战。如何能够"审得更多，放得更快"，成为通关革新的新命题。

传统的报关、通关流程相对烦琐且效率较低，特别是遇到2020年全球新冠肺炎疫情，这一短板更为凸显，以往的通关体系不再能适应新时代、新格局下进出口贸易高速发展的现状。传统的报关流程问题与难点主要体现在两个方面。一是环节多，流程相对复杂。报关包含关、检、税、汇等多个环节，且各个环节均有相应的规则，环环相扣，一旦一个环节出现问题，将影响整体通关流程效率。二是材料杂，容易遗漏或出错。报关涉及进口合同、提单、发票、报关单、产地证、装箱单等诸多文件，如出现遗漏或文件错误，也会拖延通关时间。

效率低，通关速度缓慢，一直是制约全球贸易发展的因素。为了能够充分适应通关行业的高速发展，以数字化为核心进行通关模式创新，实现更加精准高效的监管和服务，成为必由之路。

望尘莫及：数字化大大提升通关流程的效率

延伸阅读

数字化通关

　　数字化通关，即运用大数据、云计算、人工智能等先进技术，借助数字化手段与海关业务进行融合，对包含报关、结算、开票、文件管理等在内的通关全流程进行一体化线上整合。这一方面能从根本上解决传统通关流程环节多、材料复杂和效率低下的问题；另一方面通过打造数字化智慧通关模式，使跨境贸易更加安全、高效、便捷。

　　数字化通关是大势所趋，它基于大数据、云计算和人工智能等技术，融入一键导入、自动识别制单、报关单一键生成舱单、自动生成随附单据、智能校对单据、通关状态实时查询等功能，推进线上流程整合优化。数字化通关可集中解决通关操作复杂烦琐、信息不对称、流程多变、数据录入差错率高的难题；可打通信息流，实现一站式在线通关以及多口岸协同操作，从而在各个通关场景中构建更加智慧、便捷、高效的运行模式，让通关变得简单而迅速。

为促进贸易便利化、实现通关数字化，中国先后对包括海关、商检等在内的相关政府职能部门进行了一系列的组织结构和流程调整。

第一，通过中国海关和中国商检拆并，整合进出口流程，同时优化通关程序，以新的"一线放开、二线管住"策略，帮助合规的进出口企业更加快速、便利地实行通关作业，提升实际货物清关效率。

第二，2001年，在海关内部联通的基础上，海关总署等12个部委牵头建立了电子口岸中心，正式启动"金关工程"，使中国海关迈入信息化、数字化的第一个新征程。此外，电子口岸充分利用现代信息技术，发挥国家电信公网以及海关各项信息流集中于公共数据中心的资源，使企业逐步实现上网办理报关、进出口结售汇核销、转关运输等多种进出口手续。

第三，自2014年起，对新型跨境电子商务零售出口商品实行简化归类探索，不断增列监管代码，完成海关通关模式的创新，见表4-1。增列的监管代码让通关全程实现无纸化、数字化，流程更加简单便捷，大大提高了通关监管效率，大幅降低了报关企业运营成本。与此同时，各企业所需要的数字化服务平台也陆续建立起来，企业在进出口各个环节中的不同需求得到满足，进出口业务得到保障。

表4-1　海关部门增列部分监管代码

增列监管代码	代码全称	适用及优点
9610	跨境贸易电子商务	境内个人或电子商务企业通过电子商务交易平台实现交易的电子商务零售进出口商品（通过海关特殊监管区域或保税监管场所一线的电子商务零售进出口商品除外），采用"清单核放、汇总申报"模式，可提高跨境电商，尤其是跨境零售进出口企业的通关效率

（续）

增列监管代码	代码全称	适用及优点
1210	保税跨境贸易电子商务	在此进口模式下，跨境电商网站可将尚未销售的商品整批发至国内保税物流中心，之后再进行网上零售，未销售的不能出保税中心，也无须报关，可直接退回国外，节省跨境电商的销售成本
1239	保税跨境贸易电子商务A	适用于境内电子商务企业通过海关特殊监管区域或保税物流中心（B型）一线进境的跨境电子商务零售进口商品
1039	市场采购	适用于符合条件的经营者在经国家商务主管等部门认定的市场集聚区内采购的、单票报关单商品货值15万美元（含）以下并在采购地办理出口商品通关手续的贸易方式
9710	跨境电子商务企业对企业直接出口	跨境电商B2B给予企业一次登记、一点对接、优先查验、简化申报、便捷转关、一体化通关、便利化退货等通关便利措施
9810	跨境电子商务出口海外仓	

数字化通关的一小步，成为助力行业转型升级的一大步。企业与海关共筑数字通关新业态，助推行业数字化转型升级，已成为必选题。坚持以大数据技术为抓手，以行业转型变革为己任，迎来全面数字化通关近在咫尺。

案例分享

数字化平台让通关进入"快车道"

上海科橘信息科技有限公司（以下简称"科橘科技"）

致力于提供跨境供应链综合解决方案,可为企业提供智能化的跨境贸易管理系统及专业化的全球通关咨询服务。作为贸易科技倡导者,科橘科技拥有多项自主知识产权,依托人工智能、单证图像识别、云计算、大数据等前沿科技手段,帮助企业提升供应链效率与管控能力、降低贸易成本与合规风险,成为企业的智能关务管家。科橘科技帮助企业解决进出口通关中遇到的各种问题,并利用数字化系统规范进出口流程,降低人工成本,增加效能,让企业在国际贸易中提高竞争力。2019年11月,科橘科技自主研发的一款针对通关的数字化系统——TOP-CCS关务系统正式上线。该系统可高效、便捷地完成进出口申报管理:智能高效识别与读取数据,全程无纸化管理,实现跨境供应链信息可记录、可查询、可追溯、可分析、可预警,并满足企业和海关内外部审计的管理要求。

借助OCR(光学字符识别)和RPA(机器人流程自动化)技术,科橘科技还自主研发了贸易单证管理系统,在进出口贸易中可帮助企业管理各种单证,实现快速录入、归档、整理及预警;将所有纸质单证数字化,进行统一管理,免去单证过期、遗失等问题造成的后续监管难题,为企业合规管理保驾护航。针对贸易合规数字化,科橘科技开发了国际贸易合规管控平台。该平台由国际贸易合规数据采集后台、国际贸易合规数据治理后台、国际贸易合规数据分析中台和国际贸易合规数据应用前台组成。其中,国际贸易合规数据采集后台通过RPA、埋点、API(应用程序编程接口)等手段,快捷地获取国内外公布的贸易政策及参数信息;国际贸易合规数据分析中台主要实现自动化数据治理,提供标准的结构化贸易合规数据库。贸易合规功能实现模块化设计，通过 API 调取各模块；实现场景应用可配置化，通过不同功能模块的叠加组合，满足客户的应用需求；通过 SaaS 系统的方式，向企业提供服务，帮助企业快速、高效、经济地实现国际贸易合规管控。

数字支付：让支付更加"浑然天成"

数字技术与经济发展、社会民生等各方面不断深度融合，特别是移动互联网的发展，使支付方式由现金和银行卡快速迈进移动支付时代。从线上到线下，从家庭日常支出到交通、旅游、餐饮消费，移动支付凭借对传统支付方式时空局限性的突破以及高效、便捷的体验感，几乎实现了社会化领域全覆盖，其中尤以支付宝、微信支付为代表。

随着市场监管体系的不断完善和生物识别、物联网、人工智能、区块链等新技术手段的不断成熟和实地应用，跨境支付、刷脸支付、数字货币等新的支付方式和支付形态纷纷涌现。例如，支付宝利用数字支付技术赋能跨境电商，微信利用数字支付技术助力税务机关打造电子发票服务。通过对传统行业、传统领域各支付环节痛点、难点的数字化改造，数字支付行业迎来全新的发展机遇。

全球化浪潮势不可挡，作为一种全新的支付方式，中国数字支付正在逐步由小而大、由内向外跃迁，为世界支付市场注入了新的力量。2020 年以来，中国加速推进数字人民币的国际化进程。作为具有价值特征的数字支付工具，数字人民币不需要账户就能够实现价值转移，且线上线下均可使用。此外，数字人民币不涉及第三方平台，安全性和可信度更高，这也成为很多消费者更愿意使用的原因。数字人民币最大的优点在于可双离线收付。与支付宝和微信需要依靠网络支持才能完成收付不同，数字人民币无须网络支持就能顺利完成收付。随着更多的线下和线上应用场景被打通，线下实体店和线上网购平台都开始支持和使用数字人民币，一些电商巨头企业也已加入开通数字人民币支付通道的行列。

延伸阅读

跨境支付

无论是中国消费者在网上购买国外商家的产品，还是国外消费者购买中国商家的产品，由于币种不同，都需要通过一定的结算工具和支付系统实现两个国家或地区之间的资金转换，最终完成交易，这个过程就是跨境支付。它是指两个或两个以上国家或地区之间因国际贸易、国际投资等方式产生的国际债权债务，借助一定的结算工具和支付系统实现资金跨国和跨地区转移的行为。

特别需要关注的是，随着区块链技术逐步渗透金融领域，跨境转账的底层技术实现方式开始被改写。过去，个人跨境转账需要跨越支付机构、银行和国际结算网络，整个过程由于串行处理而效率低下。现如今，区块链技术可以作为支付机构与商业银行之间的接口技术。跨境汇款中的多方通过区块链技术实现协同信息处理，将原本机构间的串行处理并行化，提高了信息传递及处理效率。

现在，跨境支付已成为必要的跨境配套服务，越来越多的支付公司陆续宣布开展跨境支付业务，融入跨境支付这片"蓝海"。

没有创新的数字支付，很难去迎接挑战和把握机遇；缺乏合作、开放和包容的数字支付，未来也很难实现持续发展。作为数字经济的前沿领域，数字支付已成为中国经济质量变革、效率变革、动力变革的重要驱动力。

案例分享

打造数字支付平台，加速中国企业"出海"

Payoneer（派安盈）成立于2005年，是一家创新型跨境支付数字平台，其通过创新金融科技、跨境商贸配套资源、增值服务产品、专家定制化服务，为支付人群提供安全、简单、便捷的服务。Payoneer在全球设有21个分公司，在中国香港和欧洲均设有区域运营中心，辐射本地服务需求。成立至今，Payoneer的服务已覆盖全球200多个国家和地区、150余种货币，清分网络通达100多个国家和地区，拥有400余万全球核心用户。

Payoneer深耕跨境支付行业多年，设有多项措施保障客户资金安全；拥有在业内沉淀16年的技术保证和安全运营历史；与全球40多家金融机构开展合作；拥有57张牌照；严格执行财务、合规、银行三重审计，保障用户资金安全，赋能中国跨境电商企业。

新冠肺炎疫情发生后，在政府及监管机构的大力支持下，Payoneer持续促进跨境电商、跨境支付行业发展，先后依托全链条产品生态和全球资源，助力疫情防控、帮扶电商运营和指导战略发展等，全方位履行社会责任。特别是在疫情导致物流与供应链承压的紧要关头，Payoneer推出全球采购计划，筛选、推荐海内外仍有供货的分销平台和供应商，积极解决卖家缺货问题。海外疫情蔓延后，Payoneer还提供零费率、直送广告费、线上线下运营扶持等多重福利，帮助卖家进军东南亚等受疫情影响较小的新市场、新平台，孵化创新品牌，打造中国品牌力。

此外，Payoneer通过持续扩大跨境支付交易规模，满足新兴行业跨境支付需求和不同类型客户的多样化需求，从多方面发挥优势，布局精细化的服务，为跨境支付企业提供差异化的产品和服务。

数字认证：共建可信任的数字世界

在数字世界中，一切信息包括用户的身份信息都可以用一组特定的数据表示。这些数据被植入身份证、护照、信用卡、驾驶执照等，成为身份证明。随着数字化信息业务的不断扩大，要求验证身份的对象和场合越来越多。特别是当我们使用联网设备进行更加方便、快捷的操作时，还需要经过各种网络身份的注册、登录、认证等。我们的网络身份基本都已实名制，其中包含了重要的个人基本信息数据。数字认证的出现，正深刻改变着经济社会的发展动力和发展方式。

延伸阅读

数字认证技术

数字认证技术也称身份认证技术，是指计算机及网络系统确认操作者身份，从而确定该用户是否具有对某种资源的访问和使用权限的技术手段。它使计算机和网络系统的访问策略能够可靠、有效地执行，防止攻击者假冒合法用户获得资源的访问权限，保证系统和数据的安全，以及授权访问者的合法利益。

与传统认证系统相比，数字认证可大幅提高整体社会效率和网络安全程度，最大限度地释放用户价值，使服务提供者、用户等各方均可从中获益。在灵活使用个人信息方面，不仅有权控制其他人对个人数据信息的访问，而且可以决定何时、何地、以何种方式公布自己的信息。此外，个人身份信息的数字化，有助于用户更便捷地与外界进行交易，使用户远离非法行为。服务提供方在提供定制化服务时，既可以借助系统中的用户身份数据，依据用户属性定制相应的产品和服务，又可以通过数据库远程核验（包括自动核验）某人的信息，从而提高服务效率，降低服务提供方与用户之间反复沟通的成本。此外，这也便于发证机构签发新证，以取代遗失、被盗或遭损毁的证件。

新技术在带来创新与便捷的同时，也对网络安全提出更高的要求。当前，我国数字化转型过程中还存在数字资源开发利用能力不足、数字基础设施尚不完善、数字社会治理面临挑战等诸多问题，具体表现在 3 个方面。一是个人数据真实有效性缺失，如无法确定正在使用某一数字身份的用户究竟是否是其本人，无法从源头追溯系统中确认数字身份信息的真实有效性。二是社会基础设施搭建不完备，如系统与系统间对个人信息的数据记录不统一，系统之间的相互认证流程难以进行一致性协同管理。三是认证技术过于简单，易泄露隐私，可能导致用户信息被出卖，造成严重的财产及相关利益损失。随着区块链技术的日渐成熟，这些问题和挑战有望得到根本性的解决。相较于传统身份认证体系，基于区块链技术的数字身份认证系统，具有保障数据真实可信、用户隐私安全等优势，最有潜力成为区块链技术的"杀手级应用"。

听说小区门禁用上了"区块链"技术

区块链技术作为"新基建"领域中基础设施类的重要技术，已经与大数据、人工智能、工业互联网等技术深度融合，逐步成为数字化智能时代的技术基础，被认为是第四次工业革命的重要驱动力和构建价值互联网的重要基石。数字身份和区块链技术之间有着巧妙的联系，两者缺一不可，相互协同，互相促进。打造出简单、方便的区块链身份识别认证系统，是区块链技术对全社会的一项贡献。在确认或认证数字身份的数据信息时，可以充分发挥区块链技术的去中心化优势。

案例分享

威海市海运快件监管区块链应用平台

由微观（天津）科技发展有限公司（以下简称"微观科技"）投资、建设、开发的国内第一个去中心化第三方跨境贸易区块链基础服务设施平台——TBC 区块链跨境贸易直通车，于 2019 年正式投入运营。该项目由微观科技与威海综保区合作，通过应用区块链技术，打造中韩跨境贸易区块链创新基地，开展跨境电商、快件等业务。

威海市多以本地中小型国际物流企业为主，行业准入门槛低，企业信息化程度不均衡。与此同时，进境快件品类集中，物流运作模式较为单一，导致威海海关面临拆分单逃税、一般贸易货物伪报快件、数据验证困难等核心问题。通过区块链技术，可建设海运快件区块链平台，构建可信的国际快件全流程业务链条，推动关键节点形成业务闭环，使各业务节点及时上链数据，实现真实数据的交叉比对、验证，提高各业务环节的业务验证效率，降低操作成本和欺诈风险，减少业务及信息孤岛；使包括生产商、贸易商、物流企业、金融机构、监管机构等在内的各参与方，基于区块链平台增强自身业务能力，提高效率、控制风险、降低成本、提升效益，最终实现改善综合营商环境的目标。

隶属于威海海关的青岛海关积极探索利用区块链技术打造进口 B 类快件监管平台，构建中韩国际寄递业务的综合运营及监管平台，打通业务全生命周期链条，实现"门到门"业务流程中各业务关键节点核心要素上链，从而打破信息孤岛，实现线上实时订单、付款单和运单的"三单比对""人口验核"等。同时，海关全视角实现过程监管，以及商流、货物流与信息流的"三流合一"，有助于建设共享、互信、可追溯的营商环境。

平台建设经过试点期、推广期和增强期三期完成。在试点期，充分分析试点业务场景，考虑海运快件业务场景的特点，通过引导头部电商平台、海外仓、国际承运商、快件运营人、监管场所、国内承运企业等节点上链，实施试点项目。在推广期，在总结试点阶段成熟监管经验基础上，引导外汇部门、地方大数据、金融机构、收件人等角色上链，逐步完善业务闭环生态，在区块链平台的可信数据基础上，强化改革创新释放出红利，实现快速复制和推广。在增强期，与海关内部业务系统深度融合，将区块链与物联网、人工智能、大数据、5G等新技术结合，将探索延伸到全链条节点上链，完成科技资源整合，争取尽快形成优势叠加。另外，探索利用区块链全链条信息优势促进中韩信息互通，推动执法互助、监管互认机制，助推物流一体化协同发展。

第 5 章

升级迭代：外贸企业数字化转型路线图

这个世界唯一不变的是变化，任何发展模式都不是一成不变的。丹尼尔 A. 雷恩（Daniel A. Wren）在其名闻遐迩的著作《管理思想的演变》中有过这样的阐释："今天不同于昨天，而明天又将不同于今天，但今天是我们全部过去的一种协力结果，明天也将是这样。"任何已有的和常规的模式都将被升级创新和数字化转型的模式所取代。

随着互联网、大数据、云计算、区块链、物联网、人工智能等数字技术的广泛应用，我国数字产业得到快速发展；同时数字技术和传统产业加速融合，数字产业开始大规模赋能和改造传统产业。作为我国国民经济重要组成部分的对外贸易也亟须利用数字技术实现高质量发展，贸易数字化在我国对外贸易中将发挥越来越重要的作用。越来越多贸易数字化的探索与实践案例成为可供学习和借鉴的范本。

在市场上搏击风雨的企业不能墨守成规，而应与时俱进，不断转型升级，优化治理体系，提高治理能力，在思维、组织、运营、文化、人才等方面持续迭代升级，穿上新衣服，登上新舞台。

疫情下的一抹亮色

2020年年初，新冠肺炎疫情暴发，不仅造成了巨大的卫生安全风险，而且给航运与国际贸易行业带来运营上的新挑战。一段时间内，全球多数国家和地区采取了入境控制措施，一些海外买家开始拒收中国产品。我国部分外贸企业被迫停工停产，无法完成订单，国际贸易行业骤然暴露在紧缩风险中。在国内，零售、旅游、酒店、餐饮、运输等行业受到明显冲击。接着，疫情影响沿着国内价值链和全球价值链蔓延，通过"蝴蝶效应"和"瀑布效应"放大了国际贸易风险。疫情之下，全球需求疲软，贸易壁垒高筑，外部环境严峻；同时，国内经济处在爬坡期和转型期，下行压力加大，经济对消费和服务业的依赖度加强。

在新冠肺炎疫情冲击背景下，广大外贸企业求变谋生机，其中数字化转型成为一抹亮色。外贸企业积极应用数字营销和数字品牌、外贸大数据、跨境电商、数字化信息管理系统、数字物流和智能通关、数字支付等贸易数字化工具，增加贸易机会、缩短贸易流程、降低贸易成本、提高贸易效率，为中国外贸在疫情中实现逆势增长做出了巨大贡献。同时，外贸企业在加快供应链、研发设计、生产制造、营销销售和售后服务全价值链数字化转型的同时，也加快了在思维、组织、运营、文化和人才方面的数字化转型，成为适应数字化时代的"新物种"，在数字经济时代更具生命力和竞争力。通过数字技术重构数字化营销、数字化思维、数字化组织和数字化运营乃至重塑全产业生态，已成为外贸企业的必选项。这反过来将助力企业迅速感知、快速响应、瞬时决策、果断行动。

2021年7月，为加快发展外贸新业态新模式，《国务院办公厅关于加快发展外贸新业态新模式的意见》正式发布，提出"积极支持运用新技术新工具赋能外贸发展""持续推动传统外贸转型升级""提升传统外贸数字化水平。支持传统外贸企业运用云计算、人工智能、虚拟现实等先进技术，加强研发设计，开展智能化、个性化、定制化生产……到2025年，形成新业态驱动、大数据支撑、网络化共享、智能化协作的外贸产业链供应链体系"。这为企业的数字化转型吹响了冲锋号角。

"万企调查"聚焦数字化转型

2020年8月21日，国务院国有资产监督管理委员会印发了《关于加快推进国有企业数字化转型工作的通知》，对国有企业数字化转型提出具体要求，指明发展方向。同年，中国对外经济贸易统计学会、上海对外经贸大学和环球慧思（北京）信息技术有限公司共同发起第二季"访万企,读中国"大型社会实践活动,主题为"新冠肺炎疫情下外贸企业的数字化转型"。此次大型社会调查活动意在摸清中国外贸企业数字化转型现状和家底,收集数字化转型成功案例和优秀实践样板,提出加快外贸企业数字化转型的政策建议,同时根据调查结果形成调查分析报告,帮助更多外贸企业进行数字化转型。其成果《新冠肺炎疫情下企业数字化转型研究:基于"访万企,读中国"专项调查报告》一书于2021年7月出版,成为国内该领域具有较高研究和实用价值的读本。

当然,企业数字化转型不是简单地利用数字技术实现眼前效益的短暂提升,它是企业战略层面的概念,其本质是坚持以客户为中心的服务导向,以先进的数字技术为手段,推动企业业务流程、生产方式、组织结构及商业模式重组变革。

延伸阅读

"访万企,读中国"大型调查活动

"访万企,读中国"大型调查活动简称"万企调查",由上海对外经贸大学、中国对外经济贸易统计学会和环球慧思(北京)信息技术有限公司3家单位共同发起,上海对外经贸大学统计与信息学院具体实施。其目的是接续引导广大师生深入外贸企业开展接力式追踪调查,促成人才培养、社会实践与科学研究紧密融合,形成一条国情教育、科研训练、创新实践"三位一体"的人才培养路径。2019—2021年,"万企调查"已经开展三季,始终坚持以实践育人为主线,促成人才培养、社会实践与科学研究相融合的契合点;着力开发相关数据录入系统和数据库,根据海关统计、服务贸易

统计、外贸企业统计等口径进行分类归拢，共享给校内师生，用于教学科研，作为反映和研究国际贸易的重要参考；撰写系列调查报告或论文，供商务部、国家统计局、海关总署、中国人民银行等有关部委决策参考。

2020年第二季"万企调查"聚焦"新冠肺炎疫情下外贸企业的数字化转型"。调查共组织22支调研分队，上海对外经贸大学的44位指导教师及176名本科生和研究生参与，采用线上调查（电子问卷+在线深度访谈）的方式调研了政府主管部门（管委会、商务委等）和代表性外贸企业。本次调查共采访了204家企业，回收有效问卷204份。活动被新华社、人民网等几十家媒体报道，反响热烈。2021年7月，第三季"万企调查"启动，锁定"长三角一体化战略下的贸易数字化发展"主题。

谈及企业的数字化转型，来自麦肯锡的报告指出，2016年企业数字化转型成功率仅为20%。特别是石油、天然气、汽车、基础设施和制药等一些较为传统的行业，企业数字化转型成功率更低。即便是以高科技、媒体和电信为代表的新兴行业，企业数字化转型成功率也不超过26%。

那么，到底是什么原因造成企业数字化转型成功率如此之低呢？2019—2021年，根据"万企调查"对"当前我国外贸企业数字化转型的现状、问题和建议"的调查，发现其中的原因很多，技术升级和创新不是唯一的因素，外部环境及企业组织内部也是重要的影响因素。综合各方因素对企业的资源配置进行创新和革命，是解决"企业数字化转型能否成功"这一问题的最核心的方法。

"万企调查"相关报告中阐述：新冠肺炎疫情叠加贸易摩擦对外

贸行业形成严重冲击，在疫情倒逼下，企业负责人对数字化转型愈发重视，尤其是在数字化营销方面；大部分企业实现了业务流程化和部分信息化，在采购、研发、制造、销售、物流、服务等经营环节开展局部数字化转型，但距离核心制造环节实现标准化和数字化，以及各环节间全部打通，还有一段距离。对此，从技术、组织和环境3个方面可略见一斑。

第一，技术方面。大部分企业选择从办公、营销、经营等方面采用新的数字化手段，以及按照自身需求购买和配置成熟的系统或软件等，使数字化办公能力得以提升。大数据分析与挖掘是普及率最高的数字技术，在204家被调查企业中，有131家选择了该调查项，占50%以上；接着是物联网、移动技术和云计算，见图5-1。从企业角度看，以往积累的历史数据中有许多颇具价值的内容可深挖，且无须投入大量研发资金，所以企业乐于在此领域进行投资。这也印证了不少企业希望通过大数据分析实现精准营销。

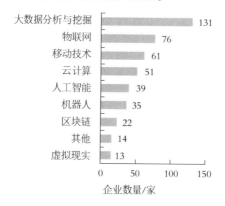

图5-1 调查中已使用数字技术的企业数量

（资料来源："万企调查"相关报告）

第二，组织方面。"万企调查"发现，大部分企业已主动或被动地卷入数字化转型中，新冠肺炎疫情更是裹挟企业在数字化浪潮中前进。面对这一不可避免的新情况，企业有必要根据实际情况及时调整内部的组织架构和战略，以便在新环境中维持生存和发展。许多企业为了加强不同部门之间的交流沟通，提升整体工作效率，设立了跨部门的数字化转型团队；为解决自身数字化人才培训不足的桎梏，全面制订了适应不同层级员工实际需求的数字化人才培养计划。还有部分企业利用专项预算在相关领域进行投资，加快组织转型的速度。

第三，环境方面。近些年，贸易保护主义抬头，经济全球化遭遇逆流，尤其是2020年以来，新冠肺炎疫情限制了各国人员正常流动，海外市场开拓变得困难，出口订单短期内出现萎缩，国际贸易保护呈现加剧趋势。被调查企业所选择的出路尽管不尽相同，但是选择开拓国际市场的企业数量依然最多，接着是开拓国内市场，通过加强管理来降低成本则排在第3位。

数字化转型痛在何处

企业数字化转型是一项艰巨而系统的工作，从某种意义上说需要"小步快跑+快速迭代"，而不是想当然的"一蹴而就+水到渠成"。数字化转型涉及各产业、全流程，包括设计、研发、生产、制造、物流、服务等全链条。虽然新技术的不断涌现大大加速了数字化进程，但由于多种因素，如技术、人员、资金、组织、环境等，依然影响和制约着企业的行动，因此还需要企业从自身实际出发，在数字化转型时做到"内外兼修"：用"向外转"重塑价值链，用"向内转"打造新范式。

企业数字化转型路上有无数的"难、堵、痛"，归纳起来体现在"不敢转、不想转、不能转"。造成这一局面的原因有很多，概括起来主要有8点。

一是技术系统与企业自身匹配度不够。大部分企业尚处在数字化转型的初级阶段，如购置 OA（办公自动化）系统、ERP（企业资源计划）系统等。虽然企业有意识地用数字化手段渗透日常运营办公，但这些系统所提供的功能与企业自身实际情况的匹配度尚待加强。

二是员工管理系统、供应链管理系统等因生产厂商不同，时常出现无法联通的问题，影响企业各部门间的信息传递。而企业通过自主研发的方式开发数字化系统，难度很大，需要在资金、人才、技术等方面进行大量投入，短期内并不是最优选择。

三是企业负责人尚未完全厘清新技术将给自己所在的行业带来什么影响，所以不敢贸然投资。当前，对区块链、物联网等新技术进行投资的企业并不多。这些新技术在行业中的应用都处在摸索阶段，选择何种数字化转型路径是企业数字化进程能否顺利推进的关键问题之一。

采访"思想者"：某些企业负责人"不敢转、不想转、不能转"

四是企业数字化转型资金不足。由于对数字化转型的投资在短期内无法见到明显成效，降低了企业数字化投资的意愿。更何况一些中小型企业日常经营就消耗了大量资金，再叠加疫情影响，现金流更加紧张。

五是在组织上存在人才不足的问题。主要缺失两种人才：懂得数据分析的专业人才和能给企业数字化转型搭建框架的人才。前者的缺失源于企业本身未具备足够多的数据，或分析数据的方式尚未转型。而后者本身在市场上就极度缺乏，想要从他处挖得这样的人才，需要付出高昂的代价。

六是企业没有完整、稳定的标准用来收集生产经营中产生的数据。在这种情况下，企业首先要做的并不是对纷杂的数据进行分析，而是要"清洗"数据，并根据自身的需要，按统一的标准收集新数据。

七是大数据时代数据采集和沉淀的模式与以往不同。其突出的特点是全样本、忽略因果、效率至上，而这些新特点给企业的数据分析带来了巨大挑战。

八是外部冲击不断，"马太效应"（即强者愈强、弱者愈弱）凸显。疫情影响沿着国内价值链和全球价值链蔓延，通过"蝴蝶效应"和"瀑布效应"放大国际贸易风险，导致外部环境严峻。相对而言，大企业具有更强的抗突发风险能力，拥有更多资金投资于自身经营和业务的升级，从而在经济寒冬过后能更快地恢复活力并占据更大的市场份额。"马太效应"在疫情过后将更加凸显。

"痛定思痛"的良方

在外贸企业中，从事外贸生产的企业占比稍高，还有一些从事外贸综合服务的企业或流通商。从事制造业的外贸企业面对很多细分行业，因此制造业外贸企业根据所属细分行业性质厘清自己行业内数字化转型的思路就显得尤其重要。而对于从事服务、流通的外贸企业来说，通过数字化转型更快、更好地服务客户，成为维系生存发展的关键招数。针对外贸企业数字化转型遇到的难点、堵点和痛点，在此从技术、组织和环境3个层面给出解决方案。

技术层面的解决方案

一要把握数字化转型的"火候"和进度。信息系统到底是外采还是自研，应根据企业具体情况来定。在转型初期，质量与价格往往不能兼得。从第三方服务商手中购买系统固然便宜，但要考虑多个系统之间是否兼容以及系统结构是否与企业相匹配的问题。企业自主开发平台可能最贴合自身需求，但也会带来高额成本和技术障碍。因此，企业需在资源分配上遵循适度原则。

对于中小型企业来说，在资金有限、利润尚未稳定时，可先选择外购较为便宜的系统来维持日常运营。在选择上，除了价格因素，各系统的兼容性也要优先考虑。待企业发展到一定规模、资金实力比较雄厚、现金流愈发稳定时，便可试着投入资金研发贴合自身特点的平台。对于企业来说，数字化转型是必然趋势，现在投入资源能够增强未来的竞争力。但数字化转型不是一锤子买卖，要跟随企业的发展而发展，太过超前或太过落后都不利于企业成长。

二要针对不同行业对症下药。从事生产的企业可具体分属原料行业、装备行业、终端消费品行业等，其中装备行业可再细分为专用设备和通用设备，终端消费品可再细分为食品医药类、个性类和工具类。当落实到某一家企业时，因其实际情况、发展阶段不同，所需要的数字化方案也会不同。不过，同一行业中存在数字化转型的脉络主干，把握好了，企业就能在数字化转型的道路上少走弯路，见表5-1。

表 5-1　不同行业的数字化转型方式

行业类别	主要方式	具体实施
原料	利用数字化手段提升资源效率。原料行业的特点是需求量大、大批量制造，具有规模效应，在效率上小有改善就能显著提升价值	其一，在采购、计划、制造、交付中和生产设备产生关联，利用数据找出资源浪费的地方。其二，由于单位时间内生产产品量大，停产会造成较大损失，因此尽量避免生产设备出现问题而导致整个流水线停摆，在预测性维护中，通过提前监控减少损失。其三，通过对物流的智能化管控，实现物流各环节精细化、动态化、可视化管理，帮助企业更好地控制生产销售流程周期，提升资源效率
专用设备	在项目管理上实现数字化转型。根据专用设备行业特点，产品按照买家要求设计定制，一般同一批次只生产一种产品，产品本身不具有迁移性，行业不具有规模效应	专用设备行业的痛点在于设计效率不高。企业通过对整个项目进行数字化管理，能够打通客户、设计师、工厂三者的信息互联，大大提升设计效率及生产周期。另外，专用设备中有一部分属于高端设备，对运行维护要求高，设备生产者除了负责生产，还需要提供后续的维护服务。通过物联网，企业可使设备联网，远程检测设备状态，降低运维成本，提升服务品质
通用设备	效率与个性兼顾。通用设备具有通用性，设计完成后，生产批次较多，本身具有规模效应	可参考原料行业，在整个生产流程中通过数据分析发现问题，打通从设计到运维的环节，提升效率。此外，随着经济不断发展，个性化需求开始显现，未来趋势很可能发生变化，即批量会越来越小，买家对产品设计提出特别的要求。因此，通用设备生产商也需未雨绸缪，向专用设备厂商学习，运用数字化手段链接设计师、买家和工厂，将运营和产品合二为一

（续）

行业类别	主要方式	具体实施
食品医药类终端消费品	供应链可视化追踪，实现产品溯源	食品安全和用药安全，分别关乎品质和生命。通过数字化实现产品溯源，使每一个环节可追溯，不仅能加强消费者购买和使用的信心，而且可为国民健康加上一道保险
个性类终端消费品	反向定制，运用新零售模式	诸如家具、服装等行业，用户的个性化需求旺盛。企业可搭建平台，链接消费者和代工厂，根据用户需求定制产品。此外，消费品行业能通过大量的交易数据发现客户的痛点，从而反向定制，指导企业的研发和生产 个性类终端消费品还可以借助直播带货模式，具体有两个作用：一是通过给予优惠措施，快速清库存、回笼资金，二是吸引客户群，相比以往的地推等营销模式更加高效
工具类终端消费品	打造生态圈，增加产品附加价值	诸如汽车、手机等产品，虽然也有个性化需求，但基于产品本身售价较高，生产力水平还不足以培养出大量的有这方面个性化需求并能支付费用的消费者。而这一类企业要想增强竞争力，除在硬件上加强本领外，还需通过软件服务增加产品附加价值 可以借鉴苹果和华为：不仅生产制作手机，还打造自己的生态圈。众多第三方软件在这个生态圈中栖息，也极大地增加了用户黏性和产品吸引力

（续）

行业类别	主要方式	具体实施
服务、流通类	搭建综合服务平台，用服务留住顾客	面对不同国度、不同文化、不同政策之间的交易，过程复杂，费时费力。这时就需要从事外贸综合服务的企业来为生产型企业排忧解难。这类企业的价值就在于尽可能帮助客户解决通关、退税、结算、物流、金融等全流程的进出口环节问题。谁能提供最人性化、最快捷的服务，谁就能在这一行业中拔得头筹 鉴于这一先决条件，各服务类企业可通过数字化转型打造综合服务类平台，让客户在一个平台上就能看到所有需要的信息，同时也能通过平台为客户提供各国的贸易信息，不仅帮助客户省时省力，也有助于客户抓住开拓新兴市场的时机

组织层面的解决方案

一是供应链金融助力企业解决资金问题。资金流是维持企业生存的必要条件，在数字化时代，企业除了利用数字化平台链接更多用户、拓宽销售渠道，还应考虑借助供应链金融解决资金问题。供应链金融是指银行向客户（核心企业）提供融资和其他结算、理财服务，同时向这些客户的供应商提供贷款及时收达的便利服务，或者向其分销商提供预付款代付及存货融资服务。供应链金融为中小企业融资的技术瓶颈提供了解决方案，中小企业信贷市场不再可望而不可即。而企业与企业间财务、交易等单据的电子化、数字化，是确保企业享受到供应链金融服务的重要因素。

二是产、学、研结合，加强政府引导。对于复合型人才缺失问题，首先建议企业加强与高校合作：一方面，高校可获得行业最新动态，给学生增加实践机会，弥补短板；另一方面，企业也能获得符合自己实际需求的专业人才。政府可以引导高校、企业加强复合型人才的培养。通过鼓励高校开设拓展性课程，或采取实验班模式，尽可能让学生大量接触交叉专业，做到融会贯通；积极推进企业和高校合作，给学生提供更多社会实践机会，更好地培养与企业需求匹配的数字化人才。

三是加强学习，消除本领恐慌。在数字化转型过程中，一些企业负责人处于本领恐慌状态，面对新形势、新环境、新任务和新目标的挑战，担心自身素质不能适应。这种恐慌来源于其对新时代快速变化的不适应，包括技术的革新与国际环境的动荡；也来源于对数字化缺少足够的了解和认识。只有加强学习，才能增强工作的科学性、预见性、主动性，才能使管理和决策体现时代性、把握规律性、富于创造性，避免陷入少知而迷、不知而盲、无知而乱的困境。唯有如此，才能克服本领不足、本领恐慌、本领落后障碍。

环境层面的解决方案

第一，扩大内需，以国内大循环为主体。加快形成以国内大循环为主体、国内国际双循环相互促进的新发展格局。相比国内市场，过去很多外贸企业选择开拓国外市场。然而，我国是少数从疫情冲击中快速恢复经济正增长的国家，在本土疫情防控中取得重大战略成果，交通物流逐步恢复至疫情前水平，上下努力稳住了企业和就业基本盘，居民消费水平也在稳步回升。国内商业大环境相对国外更稳定，更能规避国与国贸易摩擦风险。

第二，充分利用行业性平台和共享经济。广大中小企业可以考虑利用行业性平台和共享经济壮大和发展自己，避免大厂掠夺。借力能提供定制化解决方案的人才共享平台，如猪八戒网，按项目聘请员工，利用轻量化的模式减轻资金周转压力，同时不会因缺乏专业人才而错过可能的业务机会。利用面向众多创业者开放的平台，比如海尔的海创会，减少中间环节和降低交易成本，高效找到自己需要的服务，同时也能成为服务的提供者。随着加入平台的企业不断增加，平台网络效应得以释放，最终形成企业和平台相互促进、多方共赢的共享经济模式。

对于外贸企业来说，数字化转型已不再是可选项，而是必选项，是进入数字化时代的"入场券"。只有经过数字化转型，企业才能进化成适应数字化时代的"新物种"。利用新技术、贯彻新理念、建立新组织和培养新人才，成为外贸企业未来进化道路上的必然选择。那么如何进行数字化转型呢？企业数字化转型需要内外兼修，对外需要加快采购供应、研发设计、生产制造、营销销售、售后服务等全价值链的数字化转型，对内则需加快思维、组织、运营、文化和人才的数字化转型，做到内外联动、循序渐进、全员参与，充分发挥网络协同和数据智能的价值，实现数字化蜕变，见图 5-2。

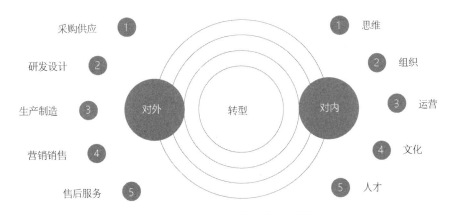

图 5-2　外贸企业数字化转型路线图

向外转：营销数字化转型当先

企业数字化转型"向外转"的过程实际就是贸易数字化所涉及的全价值链的转型过程，包括采购供应、研发设计、生产制造、营销销售、售后服务等环节。于企业而言，任何一个环节的数字化转型都很重要，缺一不可。这就要求企业在数字化转型过程中不断学习实践、不断赋能利他、不断摸索总结。在此从企业数字化转型最关注的营销端说起。

用数据撬开市场的大门

风险投资领域一个最核心的诉求就是最大化地提高投资收益并最大化地降低投资风险。如果把营销看成一笔风险投资，那么同样体量的资金投资到好市场产生的收益一定要高于坏市场，同时在好市场中承担的风险一定小于坏市场。在传统模式下，由于无法精准获取市场的关键数据，只能用受众面的大小或长久累积起来的经验值判断实现概率，那就意味着这笔投资是用"大水漫灌式"的思维和经验做出决策，变成了事后反思，而不是事前分析，缺乏全面有效的数据支撑。

该如何客观区分好市场和坏市场；我们的产品在哪些市场能获得高利润；近期哪些市场出现了采购上升趋势；市场采购量可以接受但之前没有重视的市场在哪里；这些市场是否有适合自己的买家可以开发；在竞争大的市场上，我们的产品在哪些方面有足够的竞争力；对于偏门市场，我们是否可以重点去开发……这些都是企业在外贸开发过程中可能会有的疑问。在平常工作中，经常会遇到外贸客户说，"我们全球市场都做"，或者"我们的产品出口市场主要是东南亚、中东和非洲地区，印度市场价格不好，所以我们不做"，等等。所谓"全球市场都做"，就是典型的不了解自己产品的主要市场方向。理论上说，任何产品都可以销往全球，但不管是什么产品，都要先确定采购量大的市场在哪里、价格好的市场在哪里，再结合自己产品的特点，判断是重点开发价格好的市场还是走量的市场。

最佳的方式就是决策数据化。外贸大数据的普及，让企业的经营决策者得以精准了解产品的全球市场贸易总额、各国的市场占比和增速，从而迅速识别出需求量大且具有开发潜力的市场。例如，可以通过外贸大数据定向分析某特定市场高端、中端、低端产品的采购量、利润空间和增长率，以此判断市场增长点。如果通过数据发现一个特定市场的需求度合理且连续几年保持稳定增长，那么这样的市场肯定是值得投资的。

以某地一家颇具影响力的外贸企业为例，近些年该企业的业绩一直保持快速增长，现已成为当地的龙头企业。该企业每年1月都会召开年度营销战略规划会议，对上一年度的营销战略实施成果进行复盘，并规划本年度的营销战略。通常情况下，其市场部门会拿出5份数据，分别是全球主要市场采购同类型产品的数据、公司各产品线在各个市场的营销数据、竞争对手在全球的供应数据、上游相关产品的供需数据、全球市场重点客户采购数据。这是一份实施路线极其清晰且可操作性强的行动指南。通过"五位一体"的数据分析体系，该企业就能基本锁定年度营销工作要点，确定要重点开发和维护的市场、要重点攻关的客户，以及在这些市场实施何种价格策略、品牌策略、竞争策略等。

通过对数据不同维度的分析，掌握一个特定市场的完整且清晰的动态，进而指导企业调整生产计划、品牌计划、采购计划、销售计划，有针对性地制定营销策略，实现经营结构的优化、经营业绩的提升。数据能够告诉企业这是一个好市场还是一个坏市场。

用数据为客户精准"画像"

通过数据精准锁定市场（区域）后，企业接下来要做的就是进一步精准锁定市场内的优质客户，建立客户"画像"，筛选出适合自己供应能力的目标客户。传统无差异化的营销模式最多是通过海量投入做到广覆盖。在营销1.0时代（工业时代）和营销2.0时代（互联网时代），企业的营销诉求是在海量的受众（或可能受众）中精准找到自己的目标客户，并且知晓这些目标客户的采供关系、采购价格区间以及采购频率和风格偏好，这无异于大海捞针。不仅如此，还要知道这根针是什么颜色、什么材质。除非不计人力、物力、财力的投入，再加一些不可或缺的运气，否则这几乎是一项不可能完成的工作。而营销3.0时代（大数据时代）让不可能变成了可能。大数据让客户的"画像"变得从未有过的精准，犹如给大海中的那根针安装了毫米级的定位系统和全息影像系统。

企业对客户精准"画像"的执着追求，不是在大数据时代才产生的，只是在大数据时代才第一次真正意义上实现。这给企业带来了巨大的营销价值。

任何组织的资源和精力都是有限的，所以任何一个组织都不可能满足所有客户的需求，也不可能满足客户的所有需求。"80/20法则"告诉我们：80%的利润是由20%的优质客户创造的。所以，企业一定要明确20%的优质客户在哪里。

企业筛选优质客户的标准可从以下数据维度予以衡量：采购量、利润率、付款条件、产品款式和质量匹配度、长期采购稳定性、忠诚度、采购潜力、沟通可引导强度、在当地的品牌影响力、抗风险能力、企业信用评级等。采集到足够的客户大数据并为其精准"画像"，变被动为主动,已成为企业营销的不二选择。

有了精准的客户"画像",接下来就要主动分析并明确对方需求。探寻客户需求可以遵循"5W+1H"原则:What(客户要采购什么)、Why(为什么要采购)、When(什么时间采购)、Where(从哪里采购)、Who(谁最终决定采购)、How much(采购预算是多少)。针对以上6点设置相应的问题,在沟通过程中层层递进,进而制定市场策略和报价策略,减少决策失误。

案例分享

研判买家需有心更用心

在贸易领域,大家一提起印度客户,基本会高频出现的几个词是"低价""压价""再压价",很多外贸人眼中的印度客户"画像"只有"量价收割机"这一个标签。因为客户"画像"模糊,导致出现很多谈判和沟通上的被动局面。

某外贸企业分享过这样一个案例:有一个印度买家发来询盘,不出意外该询盘中透露着满满的压价气息。那该买家真实的采购情况如何呢?这家外贸企业通过数据查到该买家所有的交易记录,发现他有两家较为长期稳定的供货商,对另3家供货商只零星采购了几次。这家外贸企业仔细研究了该买家与不同供应商之间交易的日期、频率、规格、数量及价格数据,完成了对该买家的精准"画像",得出如下判断:第一,该买家采购量较大,故采购能力为中上等;第二,该买家采购价格适中,故价格利润空间可以保证;第三,该买家有长期供应商,故信用度较好。由此,这家外贸企业得出结论:该买家是一个长期、稳定、有利润的优质合作对象。

可见，有了精准的客户"画像"，这家外贸企业就有了谈判的主动权，最后也就顺理成章地达成了合作。

有了精准的客户"画像"，就可以按照重要程度对客户进行分类并制定相应的跟进方案。比如，年采购额100万美元以上为一类客户，年采购额10万~100万美元为二类客户，年采购额10万美元以下为三类客户。可以试着对这三类客户制定不同的跟进方案和策略，并设置明确的跟进要求和接待要求。例如，对一类客户，每天拿出至少1个半个小时全面跟进；对二类客户，每天拿出1个小时沟通；对三类客户，每天拿出半个小时进行接触；其余时间用来开发新客户。如果客户来访，接待1个一类客户和1个三类客户所需投入的时间、精力和费用通常不一样。数据让我们更用心。

用数据制定竞价策略

价格是利润的重要先决条件，合理的价格策略是保障企业永续发展的基本条件之一。但是，企业所处的产业环境在不断变化，比如原材料价格波动、上游供应商产能受限等因素都会导致商品和服务价格发生较大波动。能否及时优化价格策略就成了考验企业经营定力和生存能力的重要指标。

优先开发更具潜力和爆发力的市场，锁定实力较强的客户，这个思维没有问题，但还需要加一个前提条件，即所有经营活动都能够与现状匹配。换句话说，并不是客户的采购量越大越好，而是要与公司定位匹配。是否匹配应该是基于客户采购数据的分析，而不是想当然地模糊议价和定价，这就是我们一直强调的数据即决策的重要组成部分。

数据以其精准性、全面性优势为决策提供商业洞察。以浙江某大型企业为例，这家企业通过展会接触到一家行业内排名非常靠前的美国专业买家，该买家每年的采购量很大，双方有着广阔的合作空间。这家大型企业的外贸团队用各种方式持续跟踪了几年，并通过各种样品展示和宣传让对方知晓其产品的品质和实力，却始终未从该买家处获得大规模采购订单。这种情况说明一定是某个环节出现了问题，但该企业并不清楚问题出在了哪里。后来，该企业通过对买家采购数据进行分析，找到了解决问题的关键所在。原来，这个美国买家在 2018 年之前一直在几家国内供应商处采购，但从 2018 年开始就改从越南采购。于是，该企业再结合越南出口数据对该买家的采购价格进行分析，发现其采购价格稍低于一直以来自己的外贸团队给予的报价。企业通过对这几个关键信息进行综合研判，得出以下结论：此买家对中国产品认可度很高（2018 年以前一直从中国采购），并且依然保持着稳定的巨大采购量（通过买家采购数据可知），但美国对中国商品加征关税导致成本增加，该买家不得不放弃中国产品，转而从越南采购。于是，该企业在核算买家整体采购能力及成本利润因素的基础上，按照采购量大小制定了分级报价策略，最终拿下了这个美国头部买家。

通过主动营销精准拿下客户

如何通过主动营销精准拿下客户呢?这里分享三种思路。

第一种思路：主动营销市场上新出现的客户、没有合作过的客户、联系过但尚未成交的客户，通过数据和各种途径找到目标客户，让目标客户进一步认识你、信任你，最后达成合作。

案例分享

主动营销市场上新出现的客户

上海一家企业长期关注秘鲁当地一家品牌商，但其网站上只留有公共邮箱，全球职场社交平台领英（LinkedIn）上也没有这家品牌商采购人员的信息。该企业使用外贸大数据全面掌握该采购商的联系方式、采购型号、价格、数量等信息后，采取了电话直接沟通的策略。接电话的是该采购商的行政人员。由于通过数据提前了解了这家采购商的详细交易数据，该企业的营销人员就可以从行业、专业的角度与其行政人员进行交流，并且在交流中又获取了两个关键信息：其一，该采购商公共邮箱里的相关信息，只有行政人员查看，真正的采购人员并不看；其二，该采购商负责采购事务的是老板的妻子。这家企业顺利获取关键人的邮箱和电话后，通过后续一系列的针对性沟通，双方很快达成了合作。直到现在，两家公司之间每月还有稳定的返单。当然，这其中也不乏其他促成因素，但从此以后，这家上海企业都会通过数据工具锁定真正的目标客户，进而主动联系、精准营销，市场也随之扩大。

第二种思路：主动营销已合作的客户，了解合作客户产业链上下游的产品，看看客户是否在采购延伸产品或计划拓展采购领域，根据自身的专业度，给客户提出一些合理化的建议，同时把客户真正的采购实力了解清楚，稳固合作关系。

案例分享

主动营销已合作的客户

郑州一家企业的外贸经理在 2020 年新冠肺炎疫情期间通过数据梳理了其正在合作的老客户。通过查看和分析数据，该企业系统地掌握了近两年来印度、菲律宾、美国、巴西、俄罗斯、利比里亚、博茨瓦纳等市场客户的采购增长率、转单分单等情况，发现很多之前定义为 A 类或 B 类的客户，其实只能定义为 C 类或 D 类。这些采购商与其约定的采购量和价格体系，跟数据体现出的实际情况相差很大。还有一些客户除了采购已合作的产品序列，也在采购产业链上下游的其他产品，符合该企业的多元供应体系。因此，这家郑州企业重新对这些客户做了策略性调整。主动一点，细心一点，多了解一点数据，总会发现不一样的价值。以数据为依据，企业可以提前做好未来的销售策略规划。

第三种思路：主动营销竞品同行客户，这不是倡导恶性竞争，而是把眼界放长、放宽，在世界范围内展开优势竞争，不仅要关注国内竞品同行，还要关注国外竞品同行，做好随时接收那些信誉好、采购频率稳定、具有扩展产能需求的竞品同行的优质客户。

案例分享

主动营销竞品同行客户

广州一家企业的市场总监在 2020 年 1 月要求所有业务人

员通过数据详细了解自己所负责区域的同行的市场情况、出货周期、价格波动等要素，做成 BI（商业智能）报告。2月新冠肺炎疫情暴发，该企业无法复工，一些联系计划也被打乱。尽管3月又面临全球疫情持续蔓延的事实，但是因为有了之前的数据参考，该企业很快做出调整，第一时间再次安排业务人员通过数据了解国外同行的客户及采购情况，并让业务人员通过电话和邮件主动联系客户。在随后3个月里，该企业接手了好几个国外竞争同行的订单，取得了良好的经济效益。当然，能获得这些订单，疫情是一个很大的因素，但应该看到，转变思维方式，运用数据进行精准营销、灵敏分析、科学决策，是非常有益的。再加上主动联系，做好前期工作，坚持下来肯定会有收获。

以上三种思路告诉我们，除了利用数据做好主动营销，还要做到精准、坚持、专业、职业和商业。

所谓精准，即找到真正适合自己的目标客户，将有限的精力放在高质量的客户身上。所谓坚持，即找到精准的客户，坚持沟通和联系，不要一遇到挫折就退缩。只有那些不畏困难、勇往直前、敢于坚持的人，才有可能笑到最后。所谓专业，即熟悉产品生产的各个环节及产品的参数、性能、特点等，能对自己的产品做专业解读；同时也熟悉自己所在产业链的上下游，从而有利于为客户的售后提供专业的建议和方案。所谓职业，即灵活地应对不同的客户、不同的市场、不同的经济形势，以赢得更多商机。所谓商业，即达成交易，实现价值最大化，这是营销最根本也是最终的目标。

此外，新客户开源工作往往是企业营销工作中的重中之重，但是如何筛选出与公司定位相匹配的优质客户却成了难题。精准营销就是以客户为中心，建立定制化的营销方案，通过数据精确分析客户，建立准确的客户"画像"，最终适配高质量客户群，提高营销效率，达到降本增效的效果。

案例分享

用数据筛选开源新客户

浙江一家做食品添加剂的外贸企业，每次参加完展会，最头疼的就是处理手头的名片资料。在未使用数据之前，这家外贸企业往往会花一两个月时间，经过多次筛选才能最终确定准意向客户。但是，这些准意向客户总是由于价格、货量等多种因素而"夭折"。使用数据之后，展会每天一结束，该企业便可立马通过数据筛选名片，通过进口数据查看客户的交易价格、主要采购产品、供应商更换频率、成立时间、交易频率等信息，并快速进行客户评级。对于判定为 A 级的客户，该外贸企业在展会期间就会努力邀约去拜访，大大节省了时间成本和人力成本，提升了准客户的含金量。

这家外贸企业在新冠肺炎疫情期间也积极复工复产，复盘客户、维护客户，查阅数据的时间和频率是往常的多倍。借助数据，该外贸企业发现长期跟进的一个印度客户主要采购产品进口量逐月下滑，通过社交软件沟通得知其中国主要供货商未能复工复产，没有足够的产能为其供货。于是，这家外贸企业的业务人员利用此次机会迅速与该印度客户达成了第一次合作。

外贸企业在营销端的数字化转型还面临其他许多既具个性化又有共性的难点和痛点，需要不断归纳和总结，见表5-2。还是那句话：方法总比问题多！

表5-2 部分外贸企业营销过程中的痛点及参考解决方案

痛点	参考解决方案
低价竞争，成本上涨，出口产品利润空间小	通过数据精准定位海外市场的中高端优质采购商，为其精准"画像"，优化客户结构，把企业80%的资源放在20%的优质客户身上，实现利润最大化，更大程度掌握主动权，而不是被动等待客户来找
市场单一，全球意识较差	很多外贸企业都有自己进军多年的老市场，但当今经济全球化趋势越来越明显，企业应树立全球观，开拓更多的市场，拒绝把鸡蛋放在同一个篮子里。利用外贸大数据做宏观市场分析，锁定更多的目标市场，促进市场多元化，实现市场全球化
产品同质现象严重，竞争激烈	增强企业软实力，加快企业转型升级，如着力训练销售团队，优化经营模式，提升品牌知名度，延长增值服务链条；以外贸大数据为依托，维护老客户，拓展新市场，找到目标客户群，加深对客户的把握程度，进行有计划、有策略的开发，打造综合竞争力，比同行略胜几筹
人员流失速度快，新员工成长速度慢，严重影响业务进展	人力资源和产品资源一样重要，要搭建自己公司的数据库、知识库，加快员工的学习速度和成长速度，提高员工的专业水平，不断赋能，使员工能够发挥自己的优势。教学相长，让老员工发展后劲更强，让新员工成长更快，提高员工的战斗力

（续）

痛点	参考解决方案
业务人员销售动力不足，缺少订单，不能把客户询盘转化为订单，缺乏工作积极性	企业必须建立自己的知识库，规范培训流程，对销售人员进行系统化、流程化和专业化的职业技能培训 1. 硬知识库（产品知识、销售技能、竞争对手、市场分布、客户情况等） 通过外贸大数据针对不同海外市场的客户情况建立营销数据库，尤其是对重点大客户要做完整的备案，利用数据锁定目标客户，对其精准"画像"，保证销售人员快速熟悉客户的情况和需求，及时掌握竞争对手的优劣势，为客户提供更合理的报价方案，给予销售人员明确的方向 2. 软知识库（认知、思想、价值观、荣誉感、企业文化等） 销售团队的氛围、士气直接决定了团队的业绩，企业必须提高员工的凝聚力和战斗力，打造学习型和赋能型组织，营造积极进取的团队氛围。不仅提供强大的数据库，而且分享销售技能、成功案例、心路历程和培养信心等，让业务人员能接触到更多销售精英的思想和技能，提高认知，提升能力，一起分享、讨论和学习，相互交流，共同进步，共享共赢

2021年，国内一些规模不是很大的企业，却在实践营销数字化转型方面获得了成功。

案例分享

在数字化转型中再塑"天骄"

山东天骄生物技术有限公司（以下简称"天骄"），是一家专业致力于食品配料，集科研、开发、生产和销售为一体的高新科技企业，其生产的各种植脂末、烘焙专用粉、冰淇淋粉、麦芽糊精等产品不仅销往全国各地，而且出口到全球 59 个国家和地区。为加强在产品专业化和海外市场多元化方面的优势，天骄内外兼修，进行了大刀阔斧的数字化转型。

首先，在企业内部，通过内部销售数据进行市场和客户分析，掌握客户分布和市场结构；在企业外部，利用大数据掌握整个国际市场变化和客户分布情况，经过与内部分析对比，规避市场结构过于单一带来的不利因素。市场的多元化发展有效地避免了单个市场波动严重影响业务发展的情况，特别是非洲市场作为近年来快速发展起来的新兴市场，成为天骄 2021 年开拓新市场的优选方向之一。

其次，在数字化工具应用方面，天骄主要采用环球慧思的数据，平台主要采用阿里巴巴国际站和中国制造网国际站。通过将环球慧思的数据和现有的市场调研数据相结合，天骄在数字化应用上收到了良好的效果。一是在市场研究方面，可以洞悉行业发展现状及竞争格局，如行业内主要企业及市场份额、行业发展趋势、国内外市场供求及变化情况、影响行业发展的主要因素等。二是在目标市场分析方面，通过大数据，可以直观地了解各国的采购数量、交易次数及进口数量，掌握各国的市场需求状况及市场走向，为业务市场决策提供关键信息和有价值的参考。三是在大客户开发方面，结合相关市场调研及大数据，能够关注到大客户合作的竞争对手，找到大客户与他们合作的原因。四是做好线上营销，持续运用大数据精准营销工具、B2B 平台、线上展会、直播带货模式等进行线上开发、推广引流。

再次，做好人才储备和数字化人才的培养。天骄本着人人参与经营的理念，培养全员的经营意识，最终实现费用最小化、利润最大化，不仅培养了一批经营思路和外贸知识兼具的高质量人才，而且带动了团队的正向发展。

最后，狠抓提升企业整体运营能力工作。一是引入数据化管理工具，实现数字化管控。其中 ERP 系统已于 2021 年 1 月 1 日开始全面实行。二是推动阿米巴经营模式成功落地。2020 年 10 月，天骄开始引入阿米巴经营模式。该模式对企业经营管理转型升级、利润提升、体系搭建、经营团队培育等做出重要贡献。

向外转：从"中国制造"到"中国智造"

作为国民经济的重要组成部分，制造业的水平和实力体现着一个国家的综合国力。经过多年发展，中国的产业体系逐步健全，已拥有联合国产业分类中的全部工业门类，成为世界上产业体系最为完整的国家。据统计，2012—2020 年，中国制造业增加值从 16.98 万亿元增加到 26.59 万亿元，中国连续 11 年保持世界第一制造大国地位。这其中，我国有 200 多种产品的产量稳居世界第一位，多个行业形成了规模庞大且技术较领先的生产实力。

随着互联网、5G、云计算、大数据、物联网和人工智能等技术在制造业的场景化应用，高端制造业在全面拥抱数字化的过程中，应用数字技术，通过优化流程、改善工作方式等手段，提升生产效能，增强驱动力。据工业和信息化部统计，中国规模以上工业企业生产设备数字化率、关键工序数控化率和数字化设备联网率分别从 2015 年的 42.9%、45.4% 和 37.3% 提高到 2020 年的 49.9%、52.1% 和 43.5%。我国正在进入由智能制造主导的第四次工业革命。

工业互联网：制造力量的另一种诠释

云计算、物联网、大数据、人工智能等新一代信息技术与制造业的深度融合深刻改变了传统工业的制造模式。在此背景下，以互联互通、全面感知、智能优化、安全稳固为特点的工业互联网应运而生，推动制造业向数字化、平台化、网络化、智能化方向发展。

"工业互联网"概念由美国通用电气公司（GE）于 2012 年首次提出，它是新一代网络信息技术与制造业深度融合的产物，通过人、机、物的全面互联，构建覆盖全产业链、全价值链的全新制造和服务体系，成为第四次工业革命的重要基石。

工业互联网产生价值的基础是互联和数据采集，其本质是通过平台将设备、生产线、工厂、供应商、产品和客户紧密融合起来，实现全要素、全产业链、全价值链的全面链接。作为一种开放的、全球化的工业网络，工业互联网以互联网为基础，将工业系统的各个元素链接起来，形成了新业态新模式。

案例分享

工业互联网底层数字化中产品的数据治理

北京品冠天成科技有限公司（以下简称"公司"）成立于 2014 年，专门面向制造型企业提供产品数据治理 PIM（Product Information Management，产品信息营销管理）解决方案。2018年之前，公司重点为欧美世界500强大型企业提供全生命周期PIM产品数据治理解决方案，超过150家大型跨国制造型企业成为样本通® PIM的客户；从2018年开始，公司逐步拓展国内企业市场，到目前为止已经为超过500家国内大中型企业提供了基于PIM的产品数据治理解决方案及相应的应用软件。

样本通® PIM系统是为企业提供产品数据治理及业务应用的软件。在数字化时代，产品营销出现"三多一少"的情况：企业能提供的产品型号越来越多；客户的个性化需求越来越多；各种在线营销渠道越来越多；买卖双方都希望交易周期缩短，时间越少越好。样本通® PIM系统是专门针对企业提供的产品数据集中汇总治理系统。通过样本通® PIM系统，企业可以低成本快速构建以上这些业务系统。

样本通® PIM系统可以帮助企业做到以下4个方面。①产品数据规范有序，内容中心发布多渠道，如网站、电商平台、公众号、小程序、Facebook、Twitter以及各种第三方营销渠道，并实时更新。②数据国内部署阿里云、国外部署AWS（亚马逊云科技），加速构建全球CDN（内容分发网络），让数据访问不再缓慢延迟。③可对接ERP、BOM（物料清单）、PLM（产品生命周期管理）等系统，保持数据自动同步。④自助生成各种业务应用：一是产品选型，包括参数筛选、模块配置、应用场景选型等；二是自动报价，支持在线报价及报价追踪统计；三是电子样本，含多媒体三维产品展示及参数模拟计算；四是内容分享统计，对所有内容分享进行追踪统计，感知客户需求；五是多级权限保障管理，实施业务权限管理，获得阿里云盾安全保障。样本通® PIM系统提供的这些工具不仅可以大幅提升卖方企业的精准营销效率，而且可以缩短买方企业选购和决策流程，从而整体加强企业产品营销的竞争力。

工业互联网应用价值体系

工业互联网打通不同层级之间信息与数据的交互和管理，通过各类数据进行采集、传输、分析并形成智能反馈，有效解决传统工业存在的设备运行效率低、资源配置能力弱、产能调整与协作能力不足、供给反应速度慢等弊病。

第一，工业互联网可以有效提升企业生产效率。工业互联网打破原来固化的工业生产形态，依托高效的设备集成系统，连接各类仪器、设备等生产工具，实现生产要素数据在线化和信息化，为工业数据的互联互通提供基础条件。同时，工业互联网运用强大的数据处理引擎，进行数据存储、集成、访问、分析和管理，为产品智能化生产提供数据支持。一方面，企业可以通过实时的数据分析，有效进行设备管理、维护，产品品质监测，以及生产参数的优化；另一方面，企业实现了生产数据的追溯，当发现产品出现品质问题时，可以迅速定位并还原生产过程，从而提高生产效率和质检良率。

案例分享

三一重工与攀钢集团的降本增效

三一重工是一家工程机械制造企业，在转型初期，决定将1.2万台设备进行互联，在最终评估和优化过程中淘汰了400台设备，直至今天只剩6 000台设备。但是通过升级，1

台设备的产能约相当于过去3台设备的产能,数据设备利用率提升至80%。同时,三一重工将多套系统进行集成,形成企业数据中台,对生产做更精细的管理,将生产周期缩短至3天,实现两小时自动排程排产。基于数据中台开发的能耗智能监控软件,三一重工的管理者可以了解19个园区每天使用的水电量,并据此对高能耗设备重新排产,降低能耗成本。

攀钢集团西昌钢钒是一家主营钢、铁、钒、焦冶炼和钢压延加工的公司,接入工业互联网后,实现对脱硫、提矾、转炉、配合金、精炼等多个生产环节实时数据监测和参数调优。以炼钢为例,在试点阶段,仅对其中3个工序做优化,即实现每吨钢生产节约1千克原料,每年节省成本约1 700万元。

第二,工业互联网可以有效提升企业运营管理效率。工业互联网打通供应链的各个环节,通过收集设备和信息系统的数据,为企业决策提供数字化支撑,从而进行生产管控和供应链管理,有效提升企业运营管理效率,实现产品全生命周期的数字化和智能化管理。

在浙江长兴,某重大制造业项目数字化全生命周期管理平台已服务金额高达409亿元的制造业项目。平台根据不同类型的项目,制定了从签约、开工、建设、竣工到投产、上规、达产的全生命周期进度时间表,同时打通了发改、商务、统计等12个部门的业务系统,整合项目备案、用地、销售等18类数据信息,实现了在线审批、在线填报项目进度。通过平台,即可查看项目现场的实时画面、投资金额、项目进度、节点照片等信息。数字化全生命周期管理平台实现了跨部门汇总数据,跨层级跟踪进度。通过数据的互联共享,可实时监测项目进度，实现对项目生命周期的高效管理。

第三，工业互联网可以有效提升企业外部服务能力。随着消费者对个性化、定制化产品需求的日益增强，传统大批量生产模式难以满足消费者的订单需求。工业互联网有效改变了传统生产模式，整合来自供应商和客户的数据信息，实现以需定产。工厂根据订单需求迅速调整生产线的制作流程和工艺，在不增加成本或增加较低成本的基础上，压缩了生产各个环节响应的时间，让小批量、个性化的柔性化生产模式成为现实，有效提升了企业的对外服务能力。

不妨举两个例子。一个是阿里巴巴犀牛智造产业园。作为一家主打服装的产业园，犀牛智造平台运用云计算、物联网等技术，实现设备之间互联，为工厂装上了"智慧大脑"。工厂内的每块面料都有自己的"身份ID"，从面料裁剪、缝制至成品出厂，各个环节都可以进行数据追踪。依托这些数据，工厂具备了柔性换产、一键插单、智能排产、快速生产的柔性制造能力，实现了100件起订、7天交货的"小单快反"。另一个是坤湛科技。作为一家产业智能化系统服务提供商，坤湛科技曾在直播平台做过尝试，将制鞋企业的生产线通过直播展示出来，消费者下单后立刻在生产线上排产。坤湛科技打破了生产制作商和客户之间的壁垒，从用户看到样品下单到生产线接收客户需求，进行精准响应，实现了全链条同频共振。

第四，工业互联网可以有效整合资源，赋能企业发展。工业互联网摆脱了原有制造体系时间和空间的约束。一方面，工业互联网将优质的资源关联起来优化配置，使企业跨区域协同发展成为可能，重构了企业协作链条和流程；另一方面，工业互联网解决了行业间信息孤岛的问题，通过生产信息和需求信息的高效对接，实现资源的高效配置。

工业互联网基于信息的交互，实现跨设备、跨系统、跨厂区、跨地区互联互通，使工业经济各种要素资源实现高效共享，打造更高效的协同设计、协同制造、协同服务、协同发展体系，赋能制造业数字化转型。

案例分享

由数字孪生驱动的工业互联网云平台

山东捷瑞数字科技股份有限公司（以下简称"捷瑞数字"）是一家由数字孪生驱动的工业互联网服务企业，是国家级高新技术企业、国家级电子商务示范企业、国家级新型信息消费试点企业、山东省企业技术中心、山东省软件工程技术中心、山东省第三批瞪羚企业。捷瑞数字融合人工智能、大数据、云计算、边缘计算等前沿技术，推出了伏锂码云平台。

伏锂码云平台是一个由数字孪生驱动的工业互联网云平台，以海量三维模型组件库和拥有自主算法的影视级孪生设计器J3D为依托，从数字化营销、数字化生产与数字化管控3个维度为智能制造业客户提供精准的数字化创新解决方案，引领和带动中小企业实现数字化转型。伏锂码·孪生子平台，通过强大的算法、算力，轻量化的设计器及标准化的三维模型，构建易用的数字孪生设计器，实现多源数据融合、数字孪生底座搭建、工业智能协同，为企业提供数据平台智能管理的完整应用解决方案，重点服务于军工、医药、商用车、工程机械、油田能源等领域。伏锂码·云销子平台，依托数字孪生设计器生成孪生样机，搭建企业数字孪生云展厅，通过整合微信、微博、抖音等多个营销渠道，对用户

"画像"进行分析,实现快速精准营销。另外,始创于2000年的"中国工程机械商贸网"由捷瑞数字拥有并运营,是当前工程机械行业的专业媒体平台和行业垂直电商平台。

引领制造业转型的指路明灯——"灯塔工厂"

世界经济论坛联合麦肯锡咨询公司(以下简称"麦肯锡")于2018年发起全球"灯塔工厂"网络项目,从全球1 000多家工厂中挑选出在第四次工业革命技术应用上卓有成效、在运营和业绩方面取得质的飞跃的"灯塔工厂",期望其经验可以成为制造企业的指路明灯,引领制造业实现转型升级。

"灯塔工厂"是指规模化应用第四次工业革命技术并成功从试点阶段推向大规模整合阶段的真实生产工厂。世界经济论坛和麦肯锡联合发布的《第四次工业革命:制造业技术创新之光》中阐述了评选"灯塔工厂"的4个主要标准:一是实现了重大影响;二是拥有多个成功案例;三是拥有可拓展的技术平台;四是在关键推动因素方面表现出众,比如管理变革、能力构建以及与第四次工业革命社区展开协作。截至目前,全球范围内共计有69家"灯塔工厂",分布在消费品行业、流程工业、先进工业、医药和医疗产品行业等多个领域,其中中国有21家,是全球拥有"灯塔工厂"最多的国家。

纵观入选的"灯塔工厂",前期的"灯塔工厂"主要以单个生产场所为主,它们成功跨越试点阶段,在运营和业绩方面实现质的双飞跃;后期新增的"灯塔工厂"已经突破单个工厂的限制,实现从供应商到客户全产业链的管理和服务,展现出了可持续发展的强大潜力。

案例分享

博世汽车无锡工厂

博世汽车无锡工厂作为一家"灯塔工厂",关注打通端到端的价值链,用数字化转型带动整个产业链的效能提升,促使新的业务模式和新的商业模式诞生。其通过将"灯塔工厂"的创新运营系统推广到产业链上下游,最大化地利用技术进步重塑产业链,发挥示范和带动效应。

第一,在制造及物流领域积极推进各类"工业4.0"应用,如实时的生产节拍时间管理系统、生产现场无纸化操作平台、智能仓储及物料管理系统等。工厂使用的阀座人工智能自动目检台,实现了对复杂零件的自动上下料和快速对焦,能够对微米级别的实效尺寸进行连续拍照和高精度人工智能判断。快速对焦系统能够有效降低30%的节拍时间,显著提升了生产效率。而高性能人工智能算法在质量检测方面具有准确性和一致性,能够保证100%的不合格零件检出率。博世汽车无锡工厂自主开发的数据分析系统也是其在数字化转型方面的一大创新。整套系统包含200多台机器的4条价值链,3年来大大提高了工厂的生产力。该系统主要生产共轨喷油器和废气后处理系统组件等产品,通过搭建"先订单、后制造"产品定制平台,利用远程人工智能技术事先预测维护需求,业绩比普通工厂高出20%~50%。

第二,全面部署并实施数字化转型战略。基于博世生产系统(BPS)和"工业4.0",博世汽车无锡工厂制定了全面升级的战略路线图。该战略路线图包括覆盖整个价值链的40多个项目。例如,通过多个应用实例实现条件监测,使用智能系统优化设备能源消耗方案，应用 RFID（射频识别）技术进行备件跟踪，通过数据挖掘提高一次性通过率，分析不同场合的负载均衡和动态瓶颈，智能眼镜先行，进一步发展混合现实的实际应用。

2020 年 11 月，博世中国创新与软件开发中心于无锡正式落成启用，这是博世在中国开设的首个软件开发中心。该中心主攻研发创新与软件开发方向，包括嵌入式软件、云端和物联网解决方案、人工智能和大数据等，服务智能互联交通、出行服务、互联工业和智能家居等领域。

"灯塔工厂"不仅仅是完成工厂的数字化改造，实现生产设备的智能化，更重要的是与价值链上不同利益相关方开展合作，共同重塑客户体验。在数字技术的帮助下，这些组织能够按需批量生产定制产品，并与供应商实时共享数据，快速应对需求波动。此外，通过与供应商共享数据和利用数据的预见性分析，整个流程也能得到优化。这种价值链的互联互通使智能制造成为现实。

案例分享

青岛啤酒升级背后的力量

面对消费者日益攀升的个性化、差异化和多元化需求，青岛啤酒采用了新型商业模式，在价值链上下游重新部署了智能数字技术，从而实现了对客户体验、产品研制及分销的优化。通过精准把握客户偏好，青岛啤酒实现了个性化营销。该公司推出了业内首个在线定制平台，为 B2B 和 B2C 销售渠道提供定制化包装服务。通过锁定影响产品流行度的主要元素，青岛啤酒在产品的定制能力上取得了重大突破。通过深入"刻画"每款产品，青岛啤酒得以实现按需开发。在柔性生产模式与自动化质量管理的"双向加持"下，青岛啤酒快速灵活地实现了小批量生产。依托优化后的供应链规划体系以及一流的供应链分析引擎，青岛啤酒成功提升了分销效率，缩短了交付时间。此外，人工智能驱动的端到端规划体系，也让青岛啤酒快速高效地满足了客户需求。借助数字化赋能的柔性制造体系，青岛啤酒缩短了交付时间和生产调度时间。精准预判需求走向后，产品变化次数减少，OEE（设备综合效率）得以提升。得益于大规模定制和B2C在线订购，最低起订量降低了99.5%。通过加强对客户偏好的认知和响应能力，青岛啤酒不仅实现了真正意义上的业绩增长，而且提升了品牌偏好度。

虽然"灯塔工厂"的转型方式不尽相同，但相通的是，它们都依托第四次工业革命技术，正以空前的方式和规模推动增长、繁荣发展。它们既是引路的灯塔，又是行业领导者，引领制造业在第四次工业革命中高质量发展。

打造数字化转型的"智慧工厂"

在数字化转型的今天，越来越多的企业加入数字化转型的队伍，凭借其对贸易数字化的灵敏洞察力，以及敢于实践探索的执行力，书写出中国制造业走向世界、引领数字化浪潮的华美篇章。"智慧工厂"虽没有"灯塔工厂"那样耀眼，却一样散发着熠熠光辉，为后继的数字化转型企业指明了成功的方向。"智慧工厂"坚持以智能制造为主攻方向，推进新一代信息技术与制造业深度融合，加快数字化转型进程。新技术的快速发展与新业态新模式的迅速兴起，使"中国制造"向"中国智造"加速转变。

案例分享

"全产业链信息共享和协同制造"平台

山东青岛青特集团（以下简称"青特集团"）成立于1958年，现已发展成为具有专用车制造、商用车车桥总成及零部件生产、进出口贸易、试验检测、科技创新服务、房地产开发等多元化业务，控股27个子公司的中国重要的汽车零部件和特种汽车生产基地和出口基地，市场覆盖国内外主要整车制造企业。2020年，青特集团实现销售收入127.61亿元、出口额5亿元。

青特集团坚持自主创新、高质量、低成本、国际化的战略方针，通过深度融入国际化的价值链体系，加大创新产品与技术的力度，用数字化的思维、理念指导和管理企业的研发设计、生产制造、营销服务等全流程。2006年，为实现企业转型和技术改造升级，青特集团的科研团队与国际顶尖设备制造商联合研发工艺装备，共同打造高端智造平台，设计制造出目前国内也是亚洲正在运行的最大铸造生产线；设计了国内首条闭环技术的螺旋锥齿轮生产线，打破行业高端齿轮依赖进口的被动局面；打造出多条桥壳及零部件自动化加工线及主减、车桥装配生产线，高端制造水平业内领先。青特集团先后通过并组建国家认定企业技术中心、国家认可中心实验室、博士后科研工作站等技术创新平台，全面运行了ERP、PLM、MES（制造执行系统）等信息化管理平台，将工艺装备自动化与信息化进行整合,实现了从生产到成品运输各个环节的数字控制,自动化和先进程度达到国内行业领先水平。

自2012年起,青特集团大力发展智能制造,打造"全产业链信息共享和协同制造"平台,实现了产品智能研发、生产智能制造、材料智能供应、售后智能服务等功能一体化。青特集团凭借500多人的强大研发团队,建成行业内首家国家级企业技术中心、首家博士后科研工作站、首家国家技术创新示范企业及海外研发中心,在数字化发展中打造"智慧工厂"。

为大力拓展海外高端卡车市场,青特集团于2004年成立了进出口公司,全面开展整车及零部件出口业务。经过10多年披荆斩棘,青特集团已与德国、美国、意大利、澳大利亚、日本、韩国、俄罗斯、东南亚等30多个国家和地区建立商务及技术合作关系。在全球新冠肺炎疫情蔓延时期,青特集团利用外贸大数据技术挖掘新客户,实现精准营销。例如,通过外贸大数据了解市场需求,对客户的采购动态进行即时监控,科学制定决策方案,调整营销策略,改进和完善产品服务;充分利用Facebook、LinkedIn等社交媒体手段进行营销开发,不断在B2B高端制造企业中对贸易数字化进行新尝试;通过数字化实践,分析和研究与自身匹配的研发、设计、生产、制造、营销、服务、品牌、文化等环节。

向内转：打造数字化企业自身新范式

外贸企业在向外进行采购供应、研发设计、生产制造、营销销售和售后服务全价值链数字化转型的同时，必须同步向内进行思维、组织、运营、文化和人才的数字化转型。内外兼修是全面提升外贸企业国际市场竞争力的关键。外贸企业是贸易高质量发展的主体，其数字化转型决定着贸易高质量发展的微观基础。当前外贸企业数字化应用水平普遍比较低，但转型潜力巨大，转型后带来的效益空间也非常大。最直观的就是，可以突破传统企业治理的思维与困局，找到数字化时代的组织进化之道。

传统企业治理思维与困局

自工业革命以来几百年间，中国企业整体上处于全球价值链的底层，并始终扮演着追赶者的角色，未来中国企业创新成长的新动能是什么？中国企业转型升级的方向又在哪里？面对"时代之问"，每家企业都试图在不确定中寻找确定的答案。现在，数字化时代的大门已经打开，以互联网、云计算、大数据、物联网和人工智能为代表的数字技术正在重新定义人类工作生活的各个领域，一切皆可数字化链接与呈现，一切皆可数字化改造与升级。数字化为中国企业提供了全新的动力引擎和竞争逻辑，也为中国企业由传统走向现代、由低端走向高端、由落后走向先进提供了全新的发展机遇与空间。中国企业"时代之问"的答案已然揭晓，中国企业高质量发展的曙光已然显现。对企业而言，数字化转型已经不是一道可有可无的选择题，而是一道关乎未来生存的必答题。

数字化转型是一场深刻而系统的革命，它既涉及对人思维与认知方式的革命，又涉及对企业战略、组织、运营、文化、人才等治理模式的革命。对于这个论断，我们必须要弄清楚：为什么说数字化转型是一场深刻而系统的革命，它能否破解企业面临的时代困局，能否解决传统企业治理的顽疾，它应该如何进行。

从机械性思维说起

人的行为模式要靠思维模式来支配，一家企业即便有好的战略、好的机制、好的产品，如果组织成员在思维上不能与之相适应，也必然会导致内耗增加、动作变形、结果迥异。

先讲一个故事。一天，动物园管理员发现袋鼠从笼子里跑出来了，于是开会讨论，大家一致认为笼子的高度过低。所以他决定将笼子的高度由原来的 10 米加高到 20 米。结果第二天他发现袋鼠还是跑到外面来，所以他再将笼子的高度增加到 30 米。没想到隔天居然又看到袋鼠全跑到外面，于是管理员大为紧张，决定一不做二不休，将笼子加高到 50 米。一天，长颈鹿和几只袋鼠在闲聊。"你们看，这个人会不会再继续加高你们的笼子？"长颈鹿问。"很难说，"袋鼠说，"如果他再继续忘记关门的话！"显然，动物园管理员是用自己固有的思维去做判断，天然地认为动物跑出去一定是因为围栏不够高，却没有认识到解决问题的关键是自己，做得越多，错得越多。改变从思维开始。

在过去 3 个多世纪里，人类总共爆发了 3 次生产力革命，第一次是 18 世纪 60 年代开始的第一次工业革命，这次革命以机器广泛应用于生产为主要特征；第二次是从 19 世纪 70 年代开始的第二次工业革命，这次革命使人类进入电气时代，以电力的广泛应用为显著特点；第三次是从 20 世纪 40 年代开始的现代信息技术革命，这次革命中最有划时代意义的是电子计算机的迅速发展和广泛应用，电子计算机是现代信息技术的核心。

横跨3个世纪的3次生产力革命，让人类演化出最重要的一种思维模式——机械性思维。这种思维模式源自于牛顿的方法论。他认为世界变化的规律是确定的，而这个规律是可以被认识并能够用简单公式和语言描述清楚的，进而可以指导人们的日常行为，应用到科学研究、技术升级、社会管理、组织改造等各种已知或未知领域。这些在各自范围内总结出来的确定性规律和累积的经验，加速了人类在不同领域的迭代进程，加深了人类对世界的多维认知，直接促成了前3次生产力革命，将文明的进程推进了一大步。毫不夸张地说，机械性思维是现代文明发展的底座，直到今天，虽然各种描述思维新模式的词语被创造出来，但是追根溯源很多人的思维方式其实依然没有摆脱机械性思维的影响边际。

机械性思维注重在相对确定的领域内寻找可普遍适用的规律，强调专业分工和因果关系。在各自的领域内，信息是非对称性单向流动的，并且最终流向少数位置更高或更有经验与洞察力的人那里。这些人根据掌握的信息做出判断和决策，用以指导实践，整个过程并不过多依赖多向交互。各环节只需执行和反馈，对出现的矛盾和冲突严格界定作用范围，追求秩序和控制，彼此泾渭分明。比如，西医的治疗理念就是这一思维的延伸，即将病症处置细分到各个科室，头脑的归头脑，腿脚的归腿脚，各自对症下药，在专业领域内做到效率最高，但由于缺乏跨专业的协同，给出的药方可能相互排斥。又如，同样是对组织成员人际关系和角色定位的分析与应用，社会学、管理学和心理学就各自具有不同的论证逻辑和适用范围，对同一个现象给出的解决方案也大相径庭。综合来看，机械性思维在极大地推动人类社会进步的同时，也把人类对世界的认识切割成了无数的条条框框。

进入21世纪，人类逐渐逼近以互联网产业化、工业智能化为代表的第四次科技革命大规模爆发的历史节点，数字化时代的浪潮奔涌而至。大数据、云计算、物联网、人工智能等数字技术正以前所未有的广度和深度影响着整个人类社会，它犹如一张天网覆盖了各行各业，重构了企业发展的底层逻辑。企业原先依靠积累经验和固有规律获取发展动力，现在需要利用数字技术和理念破除经验、打破规律、融合创新获取发展动力，机械性思维在各传统行业的普适性正面临失灵困境。

构建数字化时代的治理模式

沿着3次工业革命的脉络，传统的企业治理动作基本遵循机械性思维的底层逻辑。进入数字化时代后，全新的交互技术使组织与组织、组织与客户、组织与员工、员工与员工之间的时空距离被无限缩短，无障碍沟通与交流价值倍增，形成了无处不在的交互网络，全新的交互环境使传统治理模式遇到了前所未有的挑战。第一，技术创新、升级、迭代速度超乎想象，很多技术具有相当程度的颠覆性，随时可能会推翻固有的规则秩序，留给企业思考和调整的时间窗口越来越短。第二，信息变得更加透明，界限变得更加模糊，融通的环境彻底颠覆了过去依靠信息不对称进行管理、控制与盈利的模式，企业面临的内部管理和外部竞争难度越来越大。第三，万物互联后，商流、资金流、物流、人才等各种要素高度融合并高速流动，产生了全样本的海量数据，一个组织最大的财富不再是简单的人才，而是所拥有的数据与知识，以及如何使拥有的数据和知识在各利益相关方之间进行应用、转换与创新的能力。企业单纯依靠经验积累和定量数据捕捉和创造市场机会的概率越来越小。更为显著的是，客户需求更加多元化和个性化，但任何一家企业都无法满足所有客户的需求和客户的所有需求。这时候就要敏捷、快速地整合内部资源，链接外部资源，形成以客户为中心的价值交互网和以人为中心的价值创造网，为客户创造更多价值。而传统的价值链线性思维和价值活动顺序分离的机械模式，对于数字化时代"网状价值结构"的适配性越来越低。

站在工业文明和数字文明的洪流交汇处，传统企业既背负着工业文明遗留下来的历史包袱，又面临数字文明带来的全面挑战。风险和机会并存，不变就是风险，变革就有机会。面对世界"百年未有之大变局"，一些高瞻远瞩的企业已经开始运用数字化的思维和技术构建新一代的治理模式，推动自身持续转型升级。

第一，数字化思维。不同于工业时代的思维方式，数字化时代强调去中心化思维、利他思维、赋能思维、链接思维、开放思维、共生共赢、激发激活。外贸企业应以符合大数据时代发展要求的新思维将自身打造成组织网络中的一个关键节点，在贸易价值链上获得主动权。

第二，数字化组织。这要求外贸企业调整内部组织机构，前端培养开拓国际市场的"营销特种部队""全能战士"；中端搭建中台系统，给一线营销人员提供支持，如数据、知识、工具等支持系统。"大中台、小前端"是当前广受推崇的数字化组织架构。在组织模式上，外贸企业可变"火车头"模式为"动车组"模式，变"金字塔"模式为"扁平化"模式，变串联模式为并联模式，从而构建数字化敏捷组织，快速感知、瞬时决策和迅速行动，提高组织的快速反应能力和执行能力，同时大大降低经营风险。

第三，数字化运营。主要包括数字化管理、阳光化治理、微粒化绩效、科学化决策4个方面。这可以解释为：外贸企业运用诸如钉钉等比较成熟的第三方管理系统或内部信息化系统提高效率，使所有员工行为数据化、指标化、透明化，组织内部以奋斗者为本，资源向贡献者倾斜，通过沉淀的管理行为大数据，完成企业管理"蝶变"。

第四，数字化文化。在数字化时代，外贸企业可考虑构建赋能文化、协同文化、开放文化、利他文化、共享共赢等文化体系，形成适应数字化时代的开放、创新、灵活和专业的企业文化，形成文化价值认同，最终形成共同的目标、共同的语言、共同的行为、共同的感觉和共同的味道。

第五，数字化人才。培养既懂外语又懂外贸、既懂营销又懂数据的复合型人才和精英型人才，让他们成为新理念、新知识、新技能、新方法的传递者。通过培训体系建设、工作氛围建设、荣誉和激励体系建设，组建一支能在国际市场"开疆辟土"、所向披靡的"国际营销军团"。

打好"向内转"的"新基建"根基

案例分享

扬子江药业集团持续构建数字化平台

扬子江药业集团起步于 1971 年，现已发展为集科工贸于一体的大型医药企业集团，并成为全国首批创新型企业。扬子江药业集团现有员工1.6万余人，旗下20多家成员公司分布在北京、上海、南京、广州、成都、苏州、常州等地，营销网络遍布全国，产品出口至32个国家和地区。在产的300多种品规药品，覆盖西药原料药、西药制剂、中药饮片、配方颗粒、中成药、保健品、食品和医疗器械。其中，西药原料药、西药制剂、中药饮片和中成药作为重点产品远销海外。

扬子江药业集团拥有高水平的药物研发平台，已建成国家认定企业技术中心、药物制剂新技术国家重点实验室、中药制药工艺技术国家工程研究中心、企业博士后科研工作站、中药质量控制重点研究室和江苏省扬子江新药研究院等研发机构；拥有经验丰富的研发团队，以及囊括海内外顶级科学家、国内资深研发专家近2 000人的创新团队。扬子江药业集团以科技创新为"引擎"，实施中成药、化学药和生物药"三药并举"研发战略，为企业持续发展注入强劲动力。除总部药物研究院外，扬子江药业集团还在上海建立了化学创新药和生物药研发中心——上海海雁医药科技有限公司和上海海路医药有限公司，为相关产品、技术创新奠定了坚实的基础。

在创新药方面，扬子江药业集团持续加快研发进度，重点布局抗肿瘤、神经系统、内分泌、心血管等产品线，未来将有更多创新药上市。在生物药方面，早在2011年，扬子江药业集团就提出把研发的重点和重心转向生物药，现在已经建成重量级的生物药创新研发平台，新产品、新项目源源不断。

扬子江药业集团通过聘用企业数字化转型领域的专业人才、设立专门部门、加大信息化投入、建设数据应用平台等方式推行数字化，并在自身改进的同时参考外部经验，逐步展开内部数字化转型工作。2019年，扬子江药业集团开始实施数字化转型，持续构建与国际接轨的药品生产质量数字化平台。在网络安全、数据安全、信息安全、终端安全的基础上，扬子江药业集团以ERP系统为核心，围绕研发、生产、质量、销售、采购、仓储、财务、人力等环节，完成了药品生产和流通全供应链的系统建设和数据打通，实现了工厂由自动化向信息化、智能化的逐步转变，工业化和信息化得以深度融合。与此同时，扬子江药业集团还以MDM（主数据管理平台）和PO（接口管理平台）为核心企业服务总线，以BPM（流程管理平台）和移动开发平台为技术双主线，以业务中台和数据中台为双核心，构建"统一服务总线、统一技术主线、统一中台管理"的业务协同新模式，最终实现数据驱动企业业务发展。

扬子江药业集团还根据欧盟GMP认证要求建立了质量控制体系，在合规安全的基础上，以全过程质量追溯为核心，选择质量控制方式与数据融合方法，建立多数据融合的数据模型，实现从产品研发设计、原始物料控制、生产过程监管到中间体和成品检测、产品销售等全流程的在线数据采集、分析和反馈，从而做到产品质量全过程控制。扬子江药业集团始终从自身实际出发，由内而外打造数字化的内核，全面改造思维、组织、运营、文化、人才，做到真升级。扬子江药业集团已在数字化营销方面积累许多实践经验。

数字化治理新模式实践：以环球慧思为例

传统的企业治理模式在新时代逐渐显露出种种不适，其根源是企业面对人类历史上"百年未有之大变局"，依旧试图用老办法解决新问题，恰如用旧地图寻找新大陆，结果愈发步履维艰。实际上，没有真正落后的产业，只有落后的观念、标准、技术和管理，它们是企业通向新时代的拦路虎，也是转型升级路上的痛点、堵点、难点、弱点、散点。作为数据行业的拓荒者，环球慧思十几年来一直在探索用数字化的方式赋能贸易全流程，自身也一直在进行数字化治理新模式的实践，逐渐绘制了一幅围绕思维、组织、运营、文化、人才的数字化治理全景图，以期能够为贸易主体的数字化转型提供样本和经验。

树立数字化思维

特斯拉创始人马斯克说："有些人不喜欢改变，但如果不改变的结局是灾难，那你需要改变。"在数字化时代首先要破除的就是工业时代的机械性思维模式，树立新时代的数字化思维模式，从而为企业在思维、组织、运营、文化、人才等方面的转型升级奠定基础。

第一，网络节点思维。数字化时代也是一个万物互联的时代，无论人与人、人与物，还是物与物之间，无时无刻不在产生着互联、互通、互动，逐渐链接成了一个开放的网络结构。任何组织与个人，一旦封闭起来都将成为一座孤岛。所以，数字化时代的每个单元都要具备网络节点思维，以开放共享的姿态，使自己成为节点融入网络，以此打破自身的孤立与封闭状态，广泛链接信息和资源，成为更高价值的存在。

第二，开放共享思维。互联网的本质是开放与共享，它既没有时间界限，也没有地域界限，随时随地的信息交换和共享构成了推动时代进步的重要力量。没有开放与共享思维的企业，等于在今天的市场竞争中自缚手脚，而具有互联网思维的企业，其在开放性、创新性、高效率等方面的优势，是众多传统企业所不具备的，因此传统的封闭式生产运营模式逐渐被开放性的网状互动体系所取代就成了必然。企业数字化转型升级的先决条件之一就是要打破组织内外的封闭状态，构建开放共享的格局，越是开放就会获取越多的信息和资源，越是共享就会产生越多的价值互动，从而让彼此都获取更大的发展空间。所以，无论是互联网企业还是传统企业，既要善于利用互联网的开放与共享的思维促进自身发展，也应当在力所能及的范围内做开放与共享的先行者。

第三，赋能利他思维。在社会化的组织网络中，节点与节点的链接是以交换信息和资源的形式存在，如果这个过程中断，节点变断点，网络的整体协同性就会遭到破坏，身处网络中的每个节点都不会受益。可见，网络化组织实质上是一个共生共赢的生态系统，利他即利己。所以，每个节点都要具备赋能利他的思维，主动链接其他节点并为其赋予能量和能力，同时自身也不断接收其他节点反馈的能量和能力，相互赋能、相互成就、相互创造价值。由此，整个生态系统才能被彻底激发激活，最终使所有人受益。这正如《宋清传》所言："清之取利远，故远大。"

第四，平等协作思维。数字化组织对传统组织的一大颠覆就是摒弃层级权威而推崇平等协作。传统的商业思维强调层级理念，以及将产品单向推给用户，组织与员工、企业与用户之间处于不平等的分割状态，缺少双向的沟通机会和渠道。这导致他们因为信任感的缺失而无法有效地融入协作网络，很难在产品与服务过程中体现出潜在的价值。而数字化的商业思维是对员工和用户开放话语权，以平等的姿态与员工对视，与用户双向互通，激发出他们对组织、产品、服务的信任感，进而使其相互协作，共同参与产品与服务的升级进程，在平等协作中产生强大的效益。

第五，共生共赢思维。唯物主义辩证法阐明了一个深刻的规律，即世界上的一切事物都处于普遍联系之中。在数字化时代，经济全球化的趋势加速形成，不同的市场、企业、用户通过价值链和产业链紧密联系在一起，形成了你中有我、我中有你的生态圈。传统商业理念中极具排他性的零和博弈思维，在数字化时代将成为企业发展的巨大障碍。因此，企业在数字化转型过程中必须以共生共赢的思维，搭建企业、用户、员工、合作伙伴乃至所有利益相关者的合作网络，以共生为基础，共享资源要素，形成普惠共赢的格局，推动组织的创新发展。

建设敏捷型组织

在传统的企业治理中，中小企业大多采用职能型组织的管理模式，严格界定组织中成员的职责范围，"一个萝卜一个坑"，每一位管理者对其直接下属有绝对、完整的管理权责，同时每一位成员只能向直接上级报告和负责，不鼓励甚至反对越级汇报。这种金字塔式组织结构简单，科层制运作模式权责明确，但会导致极度集权化且跨部门协调性差。大型企业大多采用分布型组织的管理模式，通常是根据不同的产品线设立不同的事业部，每个事业部都有相对独立的经营决策权，能较好地发挥各成员的积极性，具备高度的稳定性，又不乏良好的适应性。但是，每个事业部相似的职能配置会带来重复的人力、物力、财力投入，资源消耗巨大，而且各事业部内部管理依旧遵循职能型组织的管理模式，其集权和跨部门协调性差的弊端并未消解。还有一部分业务线复杂且相互交叉的企业，为了快速应对剧烈的市场变化，尝试采用矩阵型组织的管理模式，将按照职能划分的部门与按产品划分的部门结合起来，组成一个矩阵，使处于工作交叉点上的员工既能保持组织联系，又能保持业务联系。但是，这种模式会导致员工出现多头管理，管理者与管理者、管理者与员工、员工与员工之间的协调成本很高，容易导致企业内卷化严重。

数字化时代竞争界限更加模糊、信息交互更加通达、客户需求更加多元，这种新的市场环境要求企业必须快速应对、敏捷反应。而传统固定态的组织模式愈加力不从心，越来越多的企业开始探索敏捷型组织的建设。环球慧思亦对此进行了大量的实践，分别从以下两个维度对组织进行了革新：

一是组织扁平化。经过多年发展，环球慧思在全国建立了十几个分公司，营销团队遍布其中并形成了三大"战区"，每个"战区"分管不同的营销团队。更为复杂的是，由于历史沿革问题，同一个分公司的营销团队可能又隶属于不同的"战区"，形成了总公司—分公司—"战区"—营销团队相互交叉的科层制管理局面，整个组织显得复杂而臃肿，反应速度和营销效率受到很大制约。长此以往，环球慧思的竞争力将面临极大的挑战。所以，环球慧思治理改革的第一步就是调整组织架构，先是在公司层面成立品牌策划、技术研发、服务结算、市场营销四大管理中心，然后将分公司的管理与服务职能分别上移至四大管理中心，使分公司演变成一个不具管理属性的地域概念；接着撤销"战区"，同时对营销团队进行结构性塑形，确立中队为基本的"作战"单位，并且对其编制标准进行规范，使其更加注重人才质量而非数量，打造精英团队，每个中队变成自主性更强的经营体并直连公司母体。这种集管理与赋能为一体的扁平化组织架构，使组织形态由金字塔型的串联状态升级成了榕树型的并联状态，组织动力输出由"火车头"模式切换到了"动车组"模式，整个组织变得更加敏捷。

二是管理中台化。在扁平化的组织架构下，数量众多的团队直接由公司统一管理和服务，这无疑给公司的治理体系建设提出了更高的要求。要实现前方"机动部队"呼唤炮弹，后方炮弹就能瞬时支援的场景，就必须建立强大的支持系统。为此，环球慧思对整个支持系统进行了中台化改造，在中台设立产品、品牌、人事、财务、服务、管理、宣传等不同的支持模块，各模块之间像积木一样，既可以单独成型又可以任意组合，扩展出可适应不同场景的能力单元，"前线部队"可根据需要对其进行"分离调用"。这种模块化、积木化的中台系统兼具管理与服务、赋能与支持，使公司能够迅速调集各类资源服务于前端，进而服务于客户。至此，环球慧思完成了"大中台+小前端+富能力"的敏捷型组织建设。

构建信息网络节点

企业传统的治理思维是按照管理职能进行专业化分工，建立各个专业的部门分管不同的领域，如市场部、销售部、财务部、人力资源部等，每个部门配置专业技能相似、思维模式相似、价值取向相似的员工，以提高工作效率，实现专业化的规模扩张。在工业时代，这种管理方式无疑极大地提高了企业的运营效率。

当进入以融合创新、互联互通的数字化时代时，企业需要对市场、客户、竞争对手有更为敏捷的反应，需要对各个部门、员工、合作伙伴有更强的赋能和协作性，传统的职能部门运转模式就开始变得举步维艰。分工明确的各职能部门将工作链条切割成了不同的环节，每个部门各管一摊，部门之间缺少协作和配合，形成了大大小小的部门墙，导致信息流通阻塞，以及每个部门都处于信息孤岛中。这种信息的不对称又导致各部门只能在自己的一亩三分地里精打细算，追求最优解，认为其追求部门利益最大化就代表了追求公司利益最大化，但彼此工作方向、工作重点、工作目标的差异使部门间的博弈无处不在。比如，销售部门为了业绩增长希望有更多的投入与更灵活的经费使用，而财务部门会更多地考虑成本控制和财务合规；再如，研发部门设计出来的产品，生产部门却无法完全实现其设计参数，可能就会导致研发部门认为生产部门不行、生产部门认为研发部门不切实际的状况发生。部门间的大量博弈会让组织内部壁垒林立、矛盾重重，各部门天然地会利用手中的权力为自己争取更多的话语权，滥用权力的现象无法根除，并且会伴随产生大量的形式主义和官僚主义作风，"各人自扫门前雪，休管他人瓦上霜"。这进一步增加了内部的沟通成本，导致整个组织处于非健康运营状态，内耗严重，出现部门工作无可挑剔、公司运营结果乏善可陈的局面。这就是我们经常说的，过程对了，但结果错了。

随着敏捷型组织的建立，大量自主小前端变成了公司的一个个节点，在强大的中台系统支持下，节点与中心的信息互通更加透明、高效，得到中心的赋能支持更加强劲、有力。但如果节点与节点之间不共享能力和信息，那每个节点就变成了封闭的深井，体系运转会处处受堵，整个组织也将因为点与点链接的缺失，无法形成协同"作战"网络。因此，构建网络信息节点，并使之产生整体协同力，就成了企业版的"阿波罗登月计划"，其核心在于共享机制的设计。唯有信息和能力共享，才能将每个部门、每个团队、每个成员紧密地链接在一起，攻克企业运转的堵点。环球慧思做了以下4点：

一是设站。这里的站是指信息共享之站。环球慧思在企业治理层面设有总经理与各中心负责人参与的碰头会，主要厘清企业发展方向、战略规划、重大举措等；在资源协调层面设有各中心负责人参与的联席会议，主要明确相互之间需协作的事项范围、程序标准、周期节点等；在决策指挥层面设有各工作版块支持人员参与的各类赋能/项目小组，主要界定工作实施策略、重点任务、推进路线等；在团队管理层面设有全体管理人员参与的环球慧思管理会议，主要传达公司各项工作开展的最新动态、制度规范、目标进度等。这些固定的信息共享与处理机制犹如一座座站点，使各项工作的主要责任人员得以走出来，将信息在此进行充分讨论和交流，消除信息孤岛，确保大家能够在公司的主航道上协同用力。

二是修路。这里的路是指能力共享之路。环球慧思对内设有服务于全体员工的驻场团队，对外设有服务于所有客户的专家服务团队，他们集合全团队乃至全公司的力量分享知识、传授经验、答疑解惑。团队实行轮转制，在次第相传中，公司完成了所有节点一轮又一轮的能力共享。这就如同修路，轮到哪个团队就意味着路修到了哪个团队，该团队的深井状态就得以打破。轮转次数越多，这条路就越长、越宽、越通达。

三是架桥。这里的桥是指人员链接之桥。环球慧思在线上组织各种不同主题的集思堂，在线下组织各类不同形式的会议论坛，定期或不定期邀请来自不同团队的人员进行讨论和分享。通过公司层面持续地牵线搭桥，团队与团队、团队与个人、个人与个人的链接日益旺盛，已经自动自发地形成了相互链接态势。节点相连即为网络，节点越多，网络越大，协同效力就越强。

四是通车。这里的车是指共享效率之车。环球慧思大量使用数字技术来提升整个组织的共享效率，在工作平台上采用钉钉系统框架，并在此基础上搭建了适合自身实际的工作程序，使组织中的所有人员天然就置于数字化交互的场景中，信息通过智能表单、知识库、直播、视频、语音、广播、公告、群聊、日志、便签等形式迅速传播；

在产品平台上打造新一代数据终端系统，分别在 PC 端和移动端布置一系列智能服务模块，使员工和客户、产品与用户的链接效率、信息共享效率持续提升。企业的共享效率越高，产生的网络协同势能就越强大，整个组织就会越有力量。

打造数字化运营体系

运营管理考核是一家企业能否围绕战略规划，聚拢各方协作力量，实现一系列短期、中期、长期目标的关键。每家企业的运营、管理、考核模式不尽相同，但核心诉求却高度一致，归结起来就是"降本增效"4 个字。

可以设想这样一个场景，企业决策层掌握整个公司的全息图，有着全面立体的市场数据、客户数据、员工数据、经营数据、绩效数据、流程数据，并据此对公司的综合能力进行动态评估，进而做出清晰的战略规划和部署；企业管理层操盘组织运行图，每个部门都融为运行图上的一个网络节点，彼此可以无障碍地互联互通，经过充分的沟通和论证，既能将公司的战略规划转化为各自的商务计划，又能相互嵌合、相互赋能、相互协作；企业执行层配备业务"作战图"，每个员工都知晓在什么时间、什么地点和什么人用什么方式做什么事情，并且了解做这件事情的原因，熟悉做事的标准和程序，清楚其承担的角色和对应的绩效评价要素，竭尽全力输出最佳实践结果。整个过程犹如在企业脉络中置入同位素，"作战"态势、"作战"意愿、"作战"贡献清晰可见，让领导者得以进行科学的组织诊断，实施精准的考核激励，通过对体系的扬长补短、员工的奖优罚劣，实现企业治理水平的螺旋式提升。

这就是典型的数字化时代企业治理的精髓，让一切业务数据化，一切数据业务化，企业的"作战"能力从全息图透过运行图顺着

"作战图"源源不断地产生，而每一个"作战"结果又会从"作战图"沿着运行图汇总成新的全息图，正向输出，反向增强，循环不息，三图合一为实现目标同心聚力。毋庸置疑，每一家企业都希望决策依据充分，战略规划清晰，计划制订合理，部门协作流畅，员工执行高效，结果反馈及时，考核激励到位，公司士气高涨的理想照进现实；同时，无可否认，大部分传统企业距离这种数据即洞察的治理探索依旧困难重重，降本增效依然任重道远。

难点一：决策与执行矛盾重重。金字塔式的治理结构、职能化的分工机制、科层制的工作模式使企业内外部资源的协调成本高企，反应速度滞后。为改变这种局面，企业大多采取集权化运作的模式，将各项工作的决策权上移，中层管理者更多是在传达和执行层面，基层员工的决策参与度显然会更低。在工业时代，集权化管理有助于决策者利用权威协调各部门行动，强力消减内部运行阻力，实现规模经济，但因为决策者难以完全平衡各部门不同的发展诉求，往往为了工作目标的推进厚此薄彼，在不同阶段将各部门实质上划分出主从等级，难以发挥各功能模块的真实效能，导致部门主管和员工的价值主张得不到认同，职业发展受限，积极性受挫。即使工作目标得以勉强实现，但工作矛盾依然暗流涌动，可谓顾此失彼。显而易见，集权化管理是单向通道，所有执行线路对决策者负责，决策层层传达，结果层层汇报，信息在流通中变形，决策层、管理层、执行层所掌握的实际情况和有效信息存在严重失真的风险，进一步加大了错误决策的概率。此外，凡事需要领导者拍板的集权化管理一般涉及的层级比较多，导致决策链条长、时间长、效率低，对内外部环境的反应较为滞后。同时，这种串联式的管理模式对整体性的要求极高，任何一个环节出现问题，都会对整体构成威胁。决策过程极度简化各环节的重要性，执行过程又极度强化各环节的重要性，这显然构成了管理悖论。

在内外部环境变化日益复杂的今天，管理本身成了难点。

在传统治理模式下，组织决策与执行的种种矛盾，既有组织设计的原因，又有制度理念的原因，还有工具方法的原因。环球慧思正是从这三者入手进行调整，理顺了决策与执行的关系。

一是缩短链条。环球慧思将组织扁平化、设立中台系统、编制网络节点，使决策端的信息能直达执行端，而执行端的结果又能直接反馈至决策端，双向反应链条极大缩短，最大限度地避免了信息在流通中变形失真。此外，环球慧思还不断简化各项工作流程，以缩短事务处理链条，提升组织效率。例如，环球慧思原先的员工入离职流程是员工填写信息后提交至团队负责人审批，再由各分公司 HR（人力资源）校对，最后由公司总部审核。如果出现信息疏漏，则流程倒过来再走一遍，工作链条长达四步甚至八步，出错率也相应增加。后来，环球慧思将员工入离职工作链条的中间环节全部取消，优化为员工填写信息后直接进入公司总部数据库进行校对，同时抄送至各团队负责人，四步变一步，人员得到解放，效率得到提升，效果更能保证。

二是充分授权。传统的集权化管理模式强化了决策层的能力，但同时弱化了执行层的创造力。没有担当，哪来将军？环球慧思为规避集权化管理的种种弊端，以打造赋能型组织为切入口，设计了一系列的授权管理制度，充分激发出了各参与主体的积极性和责任感。第一，事前授权。环球慧思在主要的治理领域都有事前授权机制，比如在营销领域有各团队管理者组成的客户异议仲裁小组，他们按照对公司价值观的理解，在公司各项营销制度框架内具有自由裁量权，负责处理客户归属争端，保证营销秩序；在财务领域有各团队遴选成员组成的财务专管小组，他们负责处理各团队的经费收支、奖惩兑现、票务处理，保证财务透明；在政务领域有公司随机抽取的各级别人员组成的工作评价小组，他们负责对各轮值团队进行考核评价，保证政务质量。环球思通过事前授权机制让法治与共治理念深入人心。第二，事后监督。环球慧思不仅有事前授权机制，还有事后监督机制，以保障各项决策的执行质量。为此，环球慧思建立了完备的执行力考核制度，将公司的各项日常工作包括各授权事项均纳入其中，对其执行结果进行考核备案，奖优罚劣，并对考核结果进行全员公开，接受全员监督。环球慧思通过事后监督机制让法治与共治能力不断强化。

三是数据应用。在数字化时代，数字化工具被广泛应用于决策与执行层面，其沉淀的数据又为公司的各项决策与执行提供了充分的依据。比如，环球慧思通过对审批、考勤、日志等一系列日常工作行为使用数字化工具进行管理，实现了工作过程的全记录，形成了从部门到员工全样本的审批大数据、考勤大数据、日志大数据等，这些数据就成了环球慧思各项治理措施出台的依据。行为即数据，数据即行为，两者彼此呼应，使公司治理进入正向循环。

难点二：考核激励的"黑匣子"。企业内部各部门垂直分布、各向管理层汇报的机制设计，强调执行和反馈，强调独立和分工，既没有互联互通的文化基础，也没有相互协作的利益导向。大量的工作数据和信息几乎只在部门内部流转，甚至部门内部各岗位也如出一辙，视数据和信息为私产，有意无意地屏蔽彼此，有着看不见却边际分明的界限，形成了一个个信息孤岛。这导致员工行为数据无沉淀、部门工作信息无流转、企业降本增效无触感，考核工作变成灯下黑，通过考核激励和纠偏的目标根本无法实现。经常出现每个部门都觉得自己专业而忙碌，其他部门却评价其为业余且效率低下的状况，甚至出现每个人业绩都很好、部门业绩却很差，部门业绩都很好、企业效益却很差的奇怪现象，归根到底是因为企业没有形成全局化、系统化、互动化、微粒化的绩效大数据体系。没有大数据的支撑，就断然无法将岗位目标、部门目标、企业目标有机统一起来，更难以对不同部门、不同员工设定针对性的考核标准，绩效管理趋于形式，横向对比难言公平，考核反而加剧了企业的短期导向和本位主义；没有大数据的支撑，自然也就不会有适用于实际工作与企业目标有效转换的量化分析，考核工作和日常工作严重脱节，精准的过程控制也就无从谈起，结果可想而知；没有大数据的支撑，考核评估就会过度依赖主观意愿，因为考核维度的缺失，企业对员工"画像"只能使用印象派手法，无法客观真实地评价员工的能力素质和价值体现，从历史到现在，从外部到内部，模糊感油然而生，形成了企业考核激励的"黑匣子"。

阳光是最好的防腐剂，公开是最好的消毒液，公司要避免出现考核激励、评价宣导的"黑匣子"，就必须要有公开透明的数据支撑，而能否对员工进行全工作周期的行为记录，是能否构建全局化、系统化、互动化、微粒化绩效大数据系统的关键所在。为此，环球慧思开展了一系列的实践。

一是对人事。首先，环球慧思通过数字化的智能人事，建立了完整的员工花名册，里面不仅记录有入离职时间、工作经历、部门职位、工号合同、学位学历等基本的个人静态信息，还记录有职级变动轨迹、晋升历程、业绩表现、荣誉奖励、行为惩戒等丰富的工作动态信息。花名册就如同员工在公司的成长地图，一目了然。其次，环球慧思通过多指数的"战报"系统，建立了全面的目标导向机制。"战报"包含各个层面的目标进度、业绩排名、重要提示、近期要闻等信息，每周公布。"战报"就如同员工手中的指南针，可清晰方向。最后，环球慧思通过深层次的 KPI 改革，建立了实时的奖惩体系。数据化的 KPI 考核，将员工的行为凝成可量化的数据，并且 KPI 实行分级管理，给奋斗者更大的动力，给落后者更大的压力。KPI 就如同员工在公司的成果树，收获自知。花名册+"战报"+KPI＝地图+指南针+

成果树，它们组合应用在绩效考核中，可以针对性地消除评价盲区、指明前进方向、增加和提升动力。

二是对行为。什么样的行为导致什么样的结果，企业在考核激励中对员工日常行为的校准，就显得尤为重要。校准的途径有很多种，既有思维文化的软环境打造，又有制度规范的硬框框约束。除此之外，环球慧思还通过对员工行为数据的智能化分析来完成过程校准。例如，通过员工周期性的电话量、拜访量、出勤量、签到量分析员工的工作状态，通过员工的工作日志、客户签约、实际成交判断员工的能力状态，通过员工的执行力考核数据感知团队和员工的能量状态，通过员工的各类特殊审批数据把握员工的思想状态。行为数据越全面，员工"画像"就越清晰，过程校准就越精准。

难点三：价值创造的碎片化。数字化时代形成了"以客户为中心的价值交互网和以人为中心的价值创造网"。这种网状的价值结构需要企业在市场与客户、产品与服务、运营和人力等领域快速聚合资源，形成整体敏捷反应。企业要达成"以客户为中心，为客户创造更多价值"的愿景，需要投入大量精力动员和组织各个部门、供应商、采购商、合作伙伴等建立全维度的客户数据库，为客户精准"画像"，以此为客户全生命周期触点提供最佳解决方案。对企业而言，市场与客户是组织利润的唯一来源，产品与服务是组织的立身之本，运营与人力是组织保持竞争力的关键所在，谁能动员更多力量、链接最大数量的客户、给予客户更好的体验，谁便有机会成为最后的赢家。但在传统的治理结构下，员工往往被视为"工具单元"，固化的工作思维和模式，强调服从命令式的工作机制，让员工的价值创造力受限，"以人为中心的价值创造网"遭到束缚，组织的动员能力未得到充分挖掘。又因在传统工作流程中产品与服务分别位于前端和后端，与中间市场未有效衔接，给出的解决方案犹如闭门造车。由于缺乏对客户需求的洞察，企业的立身之本根基不牢。另外，最重要也是最基础的市场与客户数据在很多企业中残缺不全甚至空空如也，即使有的企业拥有较多的客户数据，也大多因为没有融为一体的处理机制而大打折扣。例如，客户的产品体验数据在研发部门，服务互动数据在售后部门，渠道拓展数据在市场部门，成交转化数据在营销部门，信用资质数据在财务部门等。从获客到成交再到服务乃至续约，一个完整的流程走完，同一个客户就在不同的部门沉淀了不同的数据"画像"，并且每个部门的"画像"都是单维度的。客户数量越多，意味着客户"画像"越呈现碎片化，提供给客户的解决方案就越分散，企业的运营效率就越低，需要的人力资源也就越多。如此一来，不可避免地陷入"人海战"和"消耗战"。企业为客户聚合资源及敏捷反应能力的缺失，造成其为客户创造价值的过程极其碎片化，就好比明明占有金矿，最后却只能挖掘出石头的价值，一旦与用数字化手段运营客户的组织展开竞争，几无还手之力。

破解价值创造碎片化困境的关键在于找到能盘活整体的棋眼。环球慧思给出的答案是两个词，分别是体验、链接。

一是体验为王。客户体验分为产品体验与服务体验两个部分。在产品体验方面，环球慧思数据终端系统设有产品反馈区，客户可以随时反馈产品意见。此外，环球慧思还设有产品意见箱，客户经理可以基于对客户诉求的收集以及对市场的理解，随时提出合理化的建议。这些来自一线的意见和建议源源不断地汇集到产品端，研发团队据此组成项目小组进行优化，所有的优化结果会适时体现在产品升级日志中，形成反馈闭环，产品体验由此呈现螺旋上升态势。在服务体验方面，环球慧思线下推出了提升客户实战能力的慧思实训课程，使客户对产品的使用无后顾之忧；线上打造了服务于 VIP 客户的慧思学院，涵盖慧思直播、产品攻略、研究报告、外贸拓展等丰富的知识服务项目,使客户得以享受一站式的增值服务。

二是链接为本。链接也分为两个部分,一是员工与客户的链接,二是客户与客户的链接。两条线路的链接就组成了一张汇集客户"画像"的大网。全面立体的客户"画像"为企业价值创造提供了取之不尽、用之不竭的素材。在员工与客户链接方面,环球慧思员工给客户提供的是一对一的售前、售中、售后服务,这种广泛分布于市场一线的直接链接产生了大量的客户"画像"与服务需求。环球慧思据此开办了《慧思之窗》《贸易数字化之窗》两大电子刊,内容主要来自于对客户"画像"与需求的提炼,如《慧思之窗》有外贸要闻、外贸加油站、慧思智汇、市场聚焦、外贸视界等版块,《贸易数字化之窗》有数字化要闻、知识前沿、数字驱动、数字洞察等版块,分别指向贸易全流程的赋能和企业数字化转型。这些客户关注度较高的知识很多是客户经理价值创造的结果,又由客户经理反馈至终端客户。两大电子刊实际上演变成了员工与客户链接的两大通道,也是员工价值创造的两大通道。另外,环球慧思还开设了专家服务日,集合公司之力针对客户关注度最高的问题答疑解惑,从一对一的服务链接到一对多的服务链接,员工与客户的链接通路更加宽广普适。在客户与客户链接方面,环球慧思拥有上万家高端客户,他们分布于各行各业,有的是上下游关系,有的是周边需求关系,相互之间有合作的基础和意愿。因此,环球慧思将有采购需求和合作需求的客户通过自己的平台进行推广和匹配,并且对其开放品牌与媒体资源,使客户与客户的链接更加便捷、高效,以此为客户创造更大的价值。

筑牢生态型人才梯田

纵观企业管理的每一次蝶变,都源于人的革命,更确切地说,源于对人的要求的革命。工业时代初期,机器取代人工使生产效率迅速提高，但人的工作效率却没有同步提升，成了困扰当时管理者的一大难题。直到 1911 年泰勒的科学管理理论横空出世，创造性地用流水线作业的方式将人组织起来，整个社会的生产力才被释放出来。简单来说，流水线作业的方式就是将生产过程分拆为若干工序，每道工序制定相应的作业标准和程序，每个人只需负责其中的某个工序，通过训练成为该工种的工人，只要熟练掌握该工序的技能就被视为合格，追求单项技能的输出效率。这种管理思想后来延伸到各行各业的各个岗位，就演变成了流水线式的职能化分工，强调专人、专岗、专能，实质上是为了配合机器生产，将人变成机器。对此，福特汽车创始人老福特说过一句经典的话："我只想雇用一双手，但是却不得不跟拥有这双手的脑袋打交道。"

进入 21 世纪，随着数字化革命的全面爆发，人的创造力比任何一个时代都更为重要，工业时代的人才模式彻底被颠覆。现在企业要学会的是"跟拥有这双手的脑袋打交道，再用数字化手段解放双手"。具体到贸易领域，原先对老外贸人的要求是懂外语加懂外贸即可，甚至懂外语就拥有优势技能；现在对外贸人的要求是，同时懂外语和懂外贸只是基础，还需要懂管理、懂数据、懂营销，能熟练使用跨境电商、社媒与社群营销、数字品牌传播、数字化流程管理等各种技能。

企业对复合型人才、创新型人才的渴求也从未如此强烈，但传统的企业人才培养理念、方法和机制，仍在阻碍着这一伟大进程。在人才培养理念上，依然延续工业时代专人、专岗、专能的机械性思维，有着职能分工培养的明确边界，对人才的界定和培养以满足现有业务需求为导向，而不是与公司战略全面融合，满足业务变化需求为导向；传授的往往是静态的解决岗位某类问题的经验和技能，属于"对岗不对人"的培养，对提升人的动态价值创造能力作用有限。在人才培养方法上，更多地采用传帮带的类师徒制模式。这种模式是一种自上而下的知识传导，师傅教什么，徒弟学什么，往往师傅的水平就是徒弟的天花板，长此以往会让员工停留在单一的思维模式和狭窄的专业领域里，无法面对日益复杂和不断升级的任务需求。在人才培养机制上，受限于组织架构的固化，组织成员开放协作意愿大幅降低，可链接的知识节点网络断裂，集成化的知识共享体系建立不起来；知识仅是纵向积累，而不是横向裂变，组织成员难以突破"知识烟囱"，自然也就难以成为创新型人才。另外，企业大量的注意力聚焦于岗位传承性培训方面，而不是通过协作岗位轮动或引入第三方教授等方式创造多任务挑战机会。员工缺少多样化任务的历练机会，自然成不了复合型人才。

电影《天下无贼》中有一句名台词："21世纪最重要的是什么？人才！"人才在任何时候都是企业核心竞争力的关键指标，所以企业对人才的培养绝不仅仅是一个部门的事情，而是一个组织的事情。环球慧思深刻地认识到传统人才培养模式的种种弊端，创造性地提出了建设生态型人才梯田的培养模式。

一是强生态。环球慧思提出建设学习型组织，为此倾力打造了内部开放型的知识库——慧思社区，提供产品手册、营销手册、员工手册，储备了在线问答、行业研究、实战分享，有品牌素材、内部文刊、每周精选等海量的知识，组织内所有成员都可以在此分享、交流、学习。大家共学、共创、共建，将所有团队紧紧地链接在了一起，打通了知识节点网络，构建了内部强大的学习和赋能平台。另外，环球慧思搭建的对外支持和服务平台——慧思学院，也完全开放给员工。两大平台让各式各样的人才有机会发挥才华，让人才有各式各样的机会学习到新知识，突破传统的岗位边界和能力边界，加速企业多样化人才生态的形成，为企业融合与创新、转型与升级储备了丰富的人力资源。

二是拓梯田。人才有不同的成长阶段，为助力人才在不同阶段获得成长，环球慧思为其量身打造了层次分明的培训体系。员工刚入职时，会有部门组织的岗前培训；作为新人时，会有公司组织的"百年环球慧思"系统性培训计划；成长为中坚力量时，会有对话新锐论坛；成长为顶级高手时，会有遇见 Top 论坛。在日常工作中，会有公司精英人员担纲讲师的慧思讲堂、慧思实战、慧思直播培训。除此之外，还有各部门根据工作需要联合开展的互助式培训。在这种教学相长的梯田制培养模式下，人人都有培训资源，人人都是培训资源，学员可以成长为不同段位的讲师，不同段位的讲师可以再次作为学员参加更高级别的培训。自学、助学、他学相结合，打破了传统"一带一"师徒制培养模式的局限性，让人才培养力度更强，让人才成长速度更快，让人才复制能力更强，反过来又会使企业的人才生态更加繁荣。

锻造文化输出线路

企业战略与文化是领导者虚实结合带领组织前行的两大支柱。从企业愿景提出到商业决策落地，再到员工行为界定，从组织架构演变到制度流程革新，再到管理风格延续，无不受战略和文化的影响。两者紧密交织在一起，决定着公司最终的走向。战略是实的，可以被规划和执行出来，经过层层分解，被转化为全体员工的短期、中期与长期工作任务。一个好的企业战略就好比一座高大的灯塔，能校准目标和方向，引领公司在市场的大海中乘风破浪。文化则是虚的，更多地靠感受和意会，不能被量化，却可以持续而广泛地塑造员工的态度和行为，让员工清楚地领悟到在组织中什么行为是被鼓励的、什么行为是不被鼓励的，什么态度是被接受的、什么态度是被排斥的。好的企业文化就好比一面鲜明的旗帜，能凝聚信心和力量，团结员工在航行中排除万难达成使命。两者相辅相成，共同构成企业发展的双轮驱动力。

　　文化为虚但又几乎贯穿公司工作方方面面的属性，注定不能像战略那样被领导者当作日常事务对待，所以它在很多传统企业的治理选项中往往被忽略。正因如此，很多企业的文化处于野蛮生长和无序碰撞中，越来越难以被影响和改变。没有了统一的文化认同和价值取向标尺，团队的凝聚力和员工的积极性以及对外部环境的适应性就容易发生动摇或被破坏，企业双轮驱动先折其一，文化建设的诸多散点汇成了传统企业治理的"阿喀琉斯之踵"。其一，虚实分离。一些企业一味加强对员工的物质激励。按照马斯洛需求理论的框架，这充其量只是在最基础的生理与安全需求层级进行投入，至于在社交、尊重与自我实现等更高层级的需求满足方面则相对乏力。文化建设大多还停留在"虚事虚做"的层面，要么是流于表面的标语，要么是流于形式的说教，无可视化的文化交互场景，无故事化的文化生动案例，无数据化的文化价值透视。虚实分离则难以久久为功，员工在企业中无法获得持续的存在感、认同感、成就感、获得感。其二，上下分离。一些企业所构建的企业文化实际上是按照领导者喜好编纂的员工宣言，属于面子工程，但这些并不是经过全员参与体验而达成的共识，对员工来说是无感的。更糟糕的是，领导者的自身反向示范效应还可能使仅存的宣言变成"满纸荒唐言"。例如，领导者在工作中一向大包大揽，又一贯专制，常常把建议当成挑衅，视创新为不守规矩，但在企业文化宣传中却充斥着大量"平等对话、专业授权、灵活创新"等辞藻，说一套做一套，并不能让员工真的信服，上行下效导致企业文化失去了公信力，自然无法在组织中落地、生根、开花、结果。其三，知行分离。一些企业虽然认识到了数字化时代必须要具备与时俱进的文化基础，强调赋能、利他、协作、共赢，但更多地停留在了"知"

的层面，在"行"的层面并未行动起来。"战斗"单元、支持单元、服务单元各行其是，没有节点设置，没有接口开放，没有势能培养，没有协作机制，文化建设变成了无源之水、无本之木。

文化是虚的，这决定了它无处不在。它可以体现于任何一条制度里、任何一个流程内、任何一次讲话中，但它又很难被整体感知到，导致企业文化建设很容易陷入千头万绪、无从着力的困境。对此，环球慧思给出的解决方案是锻造文化可视化输出线路，汇集散点成线体，让文化显形。

一是荣誉激励输出。荣誉是文化传播的重要通道，设置什么样的荣誉体系，往往就意味着确立了什么样的文化导向。所以，构建企业的荣誉体系，是企业文化建设的重要途径。比如，环球慧思强调赋能利他的文化，就在内部开设了利他事记，每个员工接受其他员工帮助时就为其进行记录，形成了每个成员的利他大数据。公司会定期发布利他榜，并且每年根据利他大数据评选"利他之星"，赋能者同时也成了被赋能者，推动赋能利他的文化在组织内部快速传播。再如，环球慧思强调协作共赢的文化，就分别在每个季度设置了全明星、慧思杯、高峰会、里程碑等荣誉激励措施。这些荣誉分为个人、团队两个部分，具有总体的目标引领。只有实现了总体目标，所有荣誉才能生效。在这种机制下，每个人、每个团队都必须相互协作，才能达成共同的目标，而目标的达成又会让个人和团队赢得荣誉，协作共赢的文化通过荣誉激励线路不断强化。可见，企业倡导什么样的文化，就可以尝试设置什么样的荣誉，以此完成文化建设的上下统一、知行合一。

二是活动策划输出。活动是展示的舞台，也是交互的平台，将文化置入活动，是企业文化输出的另一条主线路。企业不仅要有意识地借助各类活动进行文化植入，还要有意识地策划各类活动进行文化输出。比如，环球慧思自成立伊始就雷打不动地召开季度会议、年度会议。这些极具仪式感的会议安排了各式各样的文化活动，有颁奖盛典，有论坛分享，还有员工嘉年华。每一次会议都会有各种各样的人物故事被呈现出来，并作为公司倡导文化的载体被广泛传播。此外，环球慧思还根据文宣的需要主动策划了许多寓教于乐的活动，如旅游拓展、年鉴征文、文体竞赛等。这些活动让员工有了切实的成就感、存在感、认同感、获得感，文化建设也完成了由虚到实的转化。

数字化转型要点集结

数字化转型不是在商业的浪潮中对企业内部进行简单的修修补补，而是要从思维、战略、文化、品牌、组织、运营、人才、供应链、渠道、营销、客户等方面全方位对企业发起一场系统性的变革和创新。这是一次彻底的脱胎换骨，关乎企业发展的未来。转型意味着商业模式的变革、思维方式的转换、组织架构的调整、能力结构的升级、行为习惯的改变等，这些不会一蹴而就，并且注定会充满波折与反复。在这种不能实现数字化升级就"翻船"、转型升级成功就"翻身"的至要阶段，企业不应该止步不前，而是要根据对未来的展望以及现有的能力，有方向、有规划、有目标、有节奏、有策略地推进数字化转型。

"一把手"工程：自上而下和自下而上相结合

首先，"一把手"是一家企业的掌舵者，企业在多年的发展中，"一把手"烙印早已深深地植入血液，形成了组织固有的思维模式和强烈的路径依赖。数字化转型就如同一艘大船要重新校准航向、路线、动力系统和运作方式，没有船长的自我升级和思维变革，大船就不太可能突破旧秩序，驶入新理想之海。解铃还须系铃人，在企业数字化转型过程中，"一把手"必须站出来扛起大旗、统筹全局，将其对数字化时代的新洞察、新思考、新要求反复宣贯到全员。达成新的普遍共识，才可能破除思维定式，打破路径依赖，实现组织的数字化升维。

其次，企业的转型升级实际上是一场新与旧的交锋，势必会触动不同业务部门与人员的利益格局。每个部门与人员会本能地以微观的自我视角来审视企业的转型升级进程，部门利益、眼前利益成了第一衡量要素，所有眼前利益受损的部门和人员都可能成为转型升级的障碍。在牵一发而动全身的局面下，只有企业的"一把手"从更高的视角做出符合企业整体与长远利益的决策，才能平衡组织内外部关系，统筹公司各类资源，确立合理的组织架构和科学的业务流程，承担转型阵痛，推动企业转型升级。

再次，数字化转型的最终目的是维护企业"以客户为中心，为客户创造价值"在数字化时代的初心和定位不变。因此，企业的数字化转型绝不能只有数据处理部门或传统 IT（互联网技术）部门参与，而是必须由"一把手"自上而下地在全公司把用户价值传递清楚，再用数字化的手段激发激活各能力单元，最终由各能力单元为用户创造价值，优化用户体验。

最后，企业的转型升级涉及组织中的每一个成员，他们是战略、方针、路线的执行者，也是转型升级结果的承受者。所以，自上而下激发只是能量包的导线，自下而上的创造才是转型升级的基石。企业在转型升级中需要不断地与员工互动，动员他们参与到转型升级的进程中来，倾听他们的反馈，鼓励他们进行创新，肯定他们的成果，做到上下同欲。只有自上而下与自下而上相结合，才能确保企业成功转型升级。

因企制宜：小步快跑、升级迭代、久久为功

每家企业的形成背景、各自特点、演化过程及现阶段的症结都不尽相同，所处的行业、具有的资源、业务范围、人才结构、运营体系又各式各样，能做怎样的增减、需要怎样的运作也千差万别。所以，企业进行数字化转型不能单纯地实行拿来主义、盲目照搬，而是要因企制宜、因势利导、因时而动地制定转型策略、路线和方针，找好切入点和破局点，把握启动和转换时机。企业也绝不能寄希望毕其功于一役，而是要用小步快跑的思路进行升级迭代。尤其在涉及组织架构调整、业务模式变革时，企业往往会面临较长的阵痛期，这时候更需要坚持循序渐进、久久为功。

2015—2018年，环球慧思开启了第一次转型升级，先是在产品端和销售端进行转型，并绘制了"四精四化"的蓝图，这实质上是洞察到数据行业发展趋势后做出的反应，用时3年完成；随后，2019—2020年进行了第二次转型升级，主要针对组织和KPI进行转型，提出了"打造学习型与赋能型组织"，这实质上是对企业未来治理趋势以及组织效率提升做出的反应，也用时3年完成；2021年，环球慧思开启第三次转型升级的序幕，着眼点是以客户为中心，力求从销售导向转为营销导向，为客户创造更多价值，这实质上是对数字化时代用户价值趋势变化做出的提前反应，还是计划用3年的时间进行变革。纵观环球慧思的转型升级历程，我们可以清晰地感知到，转型升级不可能一蹴而就，每一次转型都是根据自己的发展阶段并结合市场环境等因素进行，并且不同的时间节点都有不同的重点任务，压茬式层层递进，前一次转型是第二次转型的坚实基础。在大的转型周期内，每一次转型都需要较长的时间来巩固、调整和夯实。

意识基础：来自强烈的使命感

一家企业存在的意义绝不仅仅是单纯地追求商业价值的兑现，还要追求社会价值的实现，这就是企业肩负的使命。使命是一家公司成立的目的，是最高理想和最终目标。企业能够为客户提供什么样的产品，为员工带来什么样的成就感，为社会创造什么样的价值，都会在它肩负的使命中深刻地体现出来。如果一家企业上至管理层、下到基层员工都有同样的使命感，组织认可员工，员工认可组织，那么这家企业就会产生强大的内生动力，尤其当企业进行转型时，强烈的使命感会让其在遇到困难和挑战时坚持下来，在面临路径和选择困惑时清晰方向，在遭遇冲突和动荡时达成一致。因此，强烈的使命感会为转型升级提供坚实的意识基础，使组织成员更容易理解转型升级的背景、方向、路线和策略。

20 年前，环球慧思作为外贸大数据行业的拓荒者，引领外贸大数据行业正式登上历史舞台。20 年来，环球慧思始终秉持简易、专注、坚持、创新的价值观不动摇，始终坚持精益生产、精准营销、精细管理、精英团队的经营理念不动摇，始终坚持货真价实、公平公正、共享共赢、永续经营的经营原则不动摇，始终坚持产品精品化、服务专业化、价格标准化和客户高端化的经营战略不动摇。正是这种全体员工 20 年积淀下来的统一意识基础，让环球慧思从一个仅有 10 多人团队的公司，成长为了一家拥有几百位数据和营销专家，服务上万家高端客户群体，并且广受客户尊敬与社会赞誉的企业。20 年来，怀揣着"数据驱动贸易，智慧创造价值"宏大使命的慧思人，以坚持一生只放一只羊的深厚定力，以敢于用几十年岁月去追逐一个梦想的决绝勇气，为实现把外贸大数据智能营销终端系统做到每个外贸人桌面上的理想而不懈奋斗，为成为全球领先的国际贸易数据和分析工具服务商而坚韧前行，为中国企业全面提升国际市场竞争能力而踔厉奋发。正是这种强烈的使命感，让环球慧思成长为了集精品数据、极致体验、专业服务、高端品牌为一体的外贸大数据服务商；也正是这种强烈的使命感，让环球慧思打造出了交易数据、商业数据、公开数据一体化协同的外贸大数据产品矩阵，以及数据系统与知识系统双轮驱动的新一代外贸智能营销终端系统，帮助无数中国外贸企业在国际市场开疆拓土。

中心导向：以客户为中心，以创造客户价值为导向

企业存在的唯一秘诀就是为客户创造更多价值，所以企业的一切经营活动最终要回归到"为客户创造什么价值，为哪些客户创造价值，怎样为客户创造价值"这3个问题的解答上。一直以来，传统企业与用户关系的核心在于成交，企业围绕成交设计一系列的销售和服务动作。随着数字化时代大幕的开启，以客户为中心的价值交互网和以人为中心的价值创造网正在形成。企业必须敏锐地意识到，与"为客户创造更多产品与服务"相比，"为客户创造更多价值"正在变得更加重要，企业发展的内在支撑逻辑必须由"交付产品服务"切换到"创造用户价值"。这就意味着企业的数字化转型最终落脚点是利用数字化的方式系统整合各类资源，聚焦于为客户解决问题，创造客户价值，优化客户体验，建设客户心智，引领企业跨越到全新的数字化时代。

环球慧思第三次转型升级的目标是从销售导向转为营销导向，立足点是以客户为中心，聚焦于为客户创造更多价值。在横向的价值创造上，环球慧思针对用户需求和痛点，持续升级产品序列，推出大数据智能服务，打磨精品数据，构建交易数据、商业数据、公开数据"三位一体"的大数据体系，为用户提供一站式的产品解决方案；在

纵向的价值创造上，环球慧思围绕服务进行了大幅延伸，最典型的就是构建完全服务于用户的知识系统，比如指导客户学会分析市场、制定竞争策略、洞察行业趋势、升级团队管理等，确保用户最大化地利用好外贸大数据，助其降本增效。在微观的价值创造上，环球慧思整合各类资源，为客户提供高附加值的个性化应用，比如通过大数据和内部信息平台牵线搭桥创造上下游或周边配套企业之间的合作机会，利用行业内有影响力的媒体频道为客户开发新业务提供助力等；在宏观的价值创造上，环球慧思为不同阶段的外贸人提供更多的平台性机会，比如有面向高级管理人员的贸易数字化专委会沙龙，有面向外贸经理及主管的百强外贸经理人评选，有面向一线外贸人员的慧思实训等，全方位提升外贸人的知识、技能、经验和影响力。从横向到纵向，从微观到宏观，环球慧思的转型升级始终以客户为中心，并为其构建立体的价值网络。

转型核心：快速反应，在不确定性中找到确定性

我们现在所处的时代被很多人形象地概括为"乌卡时代"，充满易变性、不确定性、复杂性、模糊性，"黑天鹅"和"灰犀牛"总是不期而至。企业必须在不断变化中提升适应能力和突破能力，快速反应，在不确定性中找到确定性，即使在危机中也能捕捉到新的机会。比如2020年新冠肺炎疫情暴发伊始，很多行业按下了暂停键，这对企业来说就是最大的不确定性。不少企业在常态下没有暴露出来的矛盾被无限放大，导致企业处于"休克"状态。但与此同时，一大批成功进行数字化转型的企业并没有被"非接触经济"所困扰，一些传统企业快速从线下渠道切换到线上运行，赢得了更多机会，甚至创造了业绩的新高度，数字化的价值被进一步印证。充满不确定性的疫情让我们全方位重新审视原来熟悉的经营方式，也让更多企业找到了确定的答案，重新审视数字化转型的价值和意义。

环球慧思的数字化转型始于 2015 年，但在 2020 年进入加速成长期。外贸大数据是企业重塑竞争定位、发掘全新市场商机、打破企业和行业边界的新式武器，在外贸圈形成了普遍共识，而疫情让这个过程骤然加速，行业出现了爆发的临界点。环球慧思在不确定的环境中做出了确定性的判断，并为此做了充分准备。首先，逆势加大采购和研发投入，推出全新的基于大数据技术的 GTIS4.0 系统，对数据库内的数据进行了大量的补充和优化，对产品进行了深度的数字化提升；其次，整个公司迅速建立了智能工作流，将线下开展的业务迁移到了线上处理，推出慧思直播平台，打造面向客户的线上慧思学院等，实现了组织内部和外部的数字化协同，对组织进行了立体的数字化重构；最后，成立了国内首家贸易数字化专委会和研究院，举办了贸易数字化创新大会，编制贸易数字化实操案例，赋能企业用户，对行业进行全面的数字化普及。正是在这种巨大的不确定性中做出了连续快速反应，环球慧思的第二次转型升级得以加速推进。由此，我们可以总结出两个关键结论：一是要转变思维，善于从危机中发现和找到新的机会；二是要善于拥抱变化，积极采用大数据、云计算、人工智能等数字技术，建立敏捷性企业，管控风险，永续经营。

全面考量：战略导向、能力建设和系统管理相结合

数字化转型应该是一幅有着清晰目标、任务、策略和路线的战略地图，是企业面对内外部环境变化所带来或即将带来挑战而做出的方向性选择，也是企业系统考量组织所能控制的信息、资源、能力而进行的主动规划。它有着严格的逻辑，对企业要开展哪些业务、每种业务如何竞争以及如何支持业务有着完整的布局，对组织内的制度、流程如何改进和优化有着清晰的界定，对组织成员所具备的知识、技

能、经验有着全面的认知，在此基础上进行动态、系统的管理，使企业能够持续提升效率和效能，保持核心竞争力。

环球慧思第一次转型升级后，驶入了发展的快车道，业务量急剧放大，企业规模逐年提升。这时候固有的管理体制逐渐遇到了瓶颈，主要表现在前后台脱节导致对客户需求反应迟缓，管理层级过多导致对公司要求响应变慢，业务单元无法有效联动，并且内部竞争大于内部协作，节点变断点，资源消耗过大。在此背景下，环球慧思于2018年开启了针对组织的深度转型升级。这次转型升级旨在确立新的组织架构和业务流程，以支撑企业更大体量的发展。在战略导向上，环球慧思对自身的发展历程、时代特点和组织能力有着准确的判断，因此毫不动摇地确立了既满足当下需要又面向未来演进的组织运作模式：以建立学习型组织和赋能型组织为目标，坚决往全国营销一盘棋的方向进行整合。在系统管理上，环球慧思设立了营销中心，直接管理所有销售团队，大幅减少管理层级，实行扁平化管理，以提升响应速度，将各团队之间无形的部门墙推倒，使其变成互联互通的门，相互学习和赋能，加强组织协作性。在能力建设上，环球慧思设立了支持团队，直接面向最基层的"战斗"单元，从制度、流程、文化、培训等方面对其进行微粒化塑形，从产品、服务、销售、品牌等方面对其进行模块化支持，员工能力素养有了系统性提升，产品和服务品质也得以迅速改善。环球慧思的业绩因此实现了翻倍增长。

不是转行：聚焦主业，强化专业化能力

企业要实现高质量、可持续发展，必须迈过转型升级这道坎儿，这是无法回避的。但转型升级不是一窝蜂地跑到高大上的新领域、新赛道，而是专注于企业自身主业，保持核心竞争力的打造。很多时候，企业经营失败不是因为所处的行业落后，而是企业自身落后。在日本，150年以上的企业有2万多家，其中很多是传统领域的"隐形冠军"。这些企业始终专注于某一领域，以"工匠精神"把产品做到极致。强大的专业能力使它们始终保持行业领导地位。因此，企业需要清楚地认识到，转型是手段，升级是目标。转型不是转行，而是借助数字化的先进理念和技术实现对主业的深耕，使企业从固守传统迈向开拓创新，从追求数量切换到提升质量，从劳动密集型升级到技术密集型，从而保持先进性。

时间来到2015年，中国提出大力发展大数据产业，各行各业开始逐渐重视大数据的应用。而经过了十几年的市场教育，外贸领域的大部分客户也逐渐开始有了利用大数据进行主动营销和精准营销的意识，外贸大数据行业已初具规模。行业的高速发展吸引大量不同水平的竞品公司涌入，整个行业的产品价格、服务质量、从业人员素质参差不齐，并且行业内普遍重数据不重研发、重销售不重服务、重客户不重用户、重人数不重人才，导致产品越来越同质，价格越来越低廉，服务越来越散略，体验越来越庸常，市场对品质的诉求越来越强烈。面对这一局面，环球慧思基于对自身十几年来专业能力的自信，深信外贸大数据大有作为，所以选择继续在外贸大数据行业深耕，并坚定地开启了以"四精四化"为标志的转型升级。具体来说，就是要从同质低价转到精益生产、从泛泛营销转到精准营销、从粗放管理转到精细管理、从人海战术转到精英团队，实施产品精品化、服务专业化、客户高端化、价格标准化。环球慧思不计成本地将资金投入到产品研发和高质量数据采购上，接连推出了面向中高端市场的GTIS2.0、3.0、3.0Plus、4.0等开创性的外贸大数据智能终端系统，连续上新了十几个国家和地区的优质数据。正是这种聚焦主业进行升级的坚定性，使得环球慧思的产品力快速提升。

值得一提的是，在提升产品体验的同时，环球慧思将公司所有序列产品的价格实现了标准化，既不会因为客户实力雄厚就加价销售，也不会因为客户实力相对羸弱就降价销售。十几年来，绝大多数客户和员工都已经习惯了同质与低价。这些调整意味着环球慧思主动放弃了低端市场，也舍弃了在销售价格上的灵活性。在转型初期，低端客户接连失去，高端客户仍心存疑虑，员工又失去了价格上的灵活性，同行在进攻，客户在观望。但十几年来对行业的深刻洞察让环球慧思相信这次转型升级符合行业的发展规律，符合客户的内在诉求，符合公司的整体利益和长远利益。所以，即使眼前利益受损，环球慧思也毫不动摇地坚持推进转型。事实证明这样做是正确的，环球慧思由此踏上了一条高质量发展的道路，连续多年保持超过 50% 的业绩增长率。

强化协同：共生能力和一体化能力并举

当今经济全球化的浪潮呼啸而至，席卷着人才、资本、技术、信息、能源在全球范围内流动，竞争已不再局限于所在的行业和地区，而是可能来自于世界的每个角落。加之社会化分工愈发细密，对产品专业度的要求越来越高，企业需要专注于有限领域并投入大量资源，才能保持竞争力。然而，用户需求更加多元化，单靠任何一家企业都不可能满足所有客户的需求和客户的所有需求。

面对一系列前所未有的挑战，企业的商业逻辑必须由工业时代的"竞争排他"进化为数字化时代的"协同共生"。当下发展比较迅速、增长更为强劲的企业，大多数都建立了非常好的协同共生网络。这其中的代表性公司是腾讯，它的转型升级源自一场风波。2010 年，互联网爆发了标志性的"3Q 大战"。面对来自奇虎 360 的竞争，腾讯做出了强制用户进行二选一的决定，即要么卸载 360，要么不用 QQ，在互联网上引起轩然大波。最后工业和信息化部出面调停，风波才停止。

这场风波中没有赢家，奇虎360、腾讯、广大用户甚至市场秩序都受到了冲击，首当其冲的是腾讯，损失不可谓不重。腾讯对这次事件进行深刻反思后，做出了两个重要改变：一是广泛听取客户、媒体甚至同行的建议；二是将原先封闭的公司内部资源转而向外部的第三方合作者无偿开放，包括开放 API、社交组件、营销工具及 QQ 登录等，经营模式由排他性极强的帝国型转变为协同共生的生态型。此后，腾讯的发展愈发稳健，现已成长为中国互联网的基础供应商之一。与"竞争排他"相比，"协同共生"展现出了更为强大的力量，链接比拥有更重要。

如今，商业环境更加激荡、复杂、多变，竞争环境的不确定性也大大增加。企业的转型升级刻不容缓，既要放开眼界顺经济全球化潮流而动，在全球范围内进行资源配置；又要打开组织外部边界，与不同的利益相关者建立相互信任的关系，跟更多的组织、系统甚至整个外部环境紧密链接，构建或融入"大生态"；还要在内部打破部门墙，让所有职能部门畅通链接，变管控为赋能，凝聚内部所有资源，建立内部的"小生态"，协同开辟主航道业务，三管齐下打造一体化的赋能体系，扩大成长空间。

企业的数字化转型，实际上就是用数字化的思维与技术加速重构商业模式，提升链接效率，培养协同共生能力。

第 6 章

未来已来：贸易数字化新格局

2020 年新冠肺炎疫情期间，部分外贸企业不仅没有遭遇严重冲击，而且业绩不降反升。为什么？诀窍是借助大数据和数字营销工具获得了订单。这便是"贸易数字化"的价值缩影。同时，跨境电商作为贸易数字化的一个成熟分支，成为 2020 年以来拉动外贸增长的一股强劲力量，所做贡献有目共睹。

在数字化时代，高新技术引领的创新还将继续加速贸易产业融合和贸易畅通，继续提升外贸的综合竞争力。而为之奋斗的每一个人、每一家企业，虽是践行贸易数字化的微小个体，但微小中彰显伟大。未来已来，打造贸易新动能新业态新模式，将成为各领域融合创新发展中不可阻挡的时代潮流。

研究者说：大格局与小布局

从外贸大发展到今日，自创品牌、技术创新、内外贸联动、开拓新兴市场等动作不断，外贸企业数字化转型升级迈上跨越式发展的新台阶。随着国内外市场大环境的变化，数字化转型一直处于探索中，实践创新贯穿贸易发展全过程。外贸领域的各行各业、全产业链和全价值链已形成转型升级的良好氛围。

贸易数字化的一次次转型与赋能、一次次融合与创新，吸引越来越多的研究者、实践者砥砺前行，成为贸易变革的弄潮者和推动者。

中国外贸迎来由"科技兴贸"转向"数字强贸"的最佳时机

<u>王亚平</u>　国务院参事室国际战略研究中心研究员、中国对外经济贸易统计学会名誉会长、贸易数字化专委会顾问

数字技术在外贸领域的快速应用和外贸企业数字化转型，在我国外贸快速复苏中起了非常关键的作用。新冠肺炎疫情期间，外贸企业纷纷从线下转移到线上，直播、VR、3D等数字技术的应用，打破了

疫情造成的人流和物流阻隔，实现了全时空的覆盖。企业化危为机，抓住数字化机遇趁势而上。作为新兴贸易业态，跨境电商凭借其线上交易、无接触交货、交易链条短等优势逆势飞扬，为外贸企业应对冲击发挥了积极作用。

因为贸易数字化的主要驱动力是数字技术，因此其实施路径要围绕外贸企业的数字化转型和贸易链条的数字化改造，包括对生产、营销、物流仓储、跨境、支付、售后等各个环节的数字化赋能。我国是全球货物贸易第一大国，同时拥有全世界最齐全的工业门类，全产业链优势无可替代。我国出口产品结构正在逐渐优化，技术密集型和资本密集型出口占比逐年增加，外贸附加值不断提升，正在向产业链和价值链的高端进发。随着我国货物贸易综合竞争力的日益提高，国际话语权不断增强。所以，推进我国对外贸易数字化是大势所趋，也势在必行。

传统货物贸易的数字化是我国对外贸易的主要部分，也是实施"数字强贸"战略、推进贸易数字化的主要方面。20世纪90年代，我国曾提出"科技兴贸"战略，为如今成为世界货物贸易第一大国发挥了重大的推动和指导作用。伴随着新一轮科技革命和产业变革，无论从数字技术的迅猛发展、贸易数字化步伐的加快看，还是从实现外贸跨越式创新、迈向贸易高质量发展的"十四五"规划目标看，实施"数字强贸"战略都是非常必要的。中国外贸迎来了由"科技兴贸"转向"数字强贸"的最佳时机。面对世界"百年未有之大变局"，构建"大循环""双循环"新发展格局，加快贸易数字化发展，成为助力我国贸易持续健康和高质量发展的"原动力"，有利于加快实现用数字技术改造和赋能贸易全流程，以及推动外贸企业的数字化转型。

发挥数字化平台企业在构建新发展格局中的战略作用

王晓红　中国国际经济交流中心信息部副部长、教授

数字经济组织方式的主要特征是以数字化平台为核心构建数字产业生态。数字化平台企业是建设数字化、智能化、国际化的产业链、供应链、创新链体系的重要载体，尤其在推动数字产业化和产业数字化，加速制造业与服务业融合、数字经济与实体经济融合进程中发挥龙头带动作用，因此，在构建以国内大循环为主体、国内国际双循环相互促进的新发展格局中具有重要的战略地位。全球数字经济的竞争也是平台企业的竞争，因此，支持数字化平台企业做大做强，构建以平台为引领的数字经济产业体系，健全平台经济规则治理体系，营造创新、开放、和谐、包容的数字产业新生态，是中国参与全球数字经济竞争的重要保证。

平台企业在构建新发展格局中具有重要战略地位。平台通过数据、算力、算法有效组合要素资源，促进供需精准对接，从而形成需求牵引供给、供给创造需求的动态平衡；通过构建数智化的产业链、供应链和创新链形成数字产业生态，对于提高国内大循环质量和畅通国内国际双循环发挥了重要载体作用。

平台成为构建产业生态圈的重要载体。第一，平台是产业生态圈的组织者。平台能够有效整合制造商、供应商、服务商等离散要素资源，形成以数据为核心要素、网络协同、共创分享的产业分工模式，有效提升产业的资源配置能力、协同发展能力和服务支撑能力，形成携手上下游行业伙伴共创价值的产业生态，从而为生态圈内的企业提供发展空间，突破单个企业依托自身资源对发展能力形成的束缚，尤其是降低了中小企业的研发、采购、管理、物流、交易等成本。第二，平台有效解决供需两侧适配性问题。平台不仅集合商流、物流、

资金流、信息流、数据流等要素，而且通过大数据实现供给侧和需求侧的精准对接匹配，提升供需两侧的信息对称性及产品和服务的适配性。第三，平台创造了消费增长的"长尾市场"。平台通过大数据分析实现对市场的精准化、差异化推送，微商、直播等新的数字化、大众化营销模式通俗生动且传播力强、扩散边际成本低，由此帮助众多销路不畅的产品在细分市场中找到空间，能够有效降低中小微企业的营销成本，挖掘潜在市场需求，促进消费增长。

平台成为构建创新生态的重要引领者。第一，平台是构建产业创新链的核心组织。平台具有孕育新的通用技术的能力，一项新技术通常在开放平台上聚合大量研发者和服务提供者，平台通过不断释放技术开发、运营维护等需求形成技术创新生态圈，从而为新技术的规模化成长和产业化发展提供土壤。第二，平台有效实现制造商与研发设计机构协同创新。

平台成为创造普惠贸易的重要载体。跨境电商平台大幅提升了贸易数字化水平，降低了国际贸易门槛，使高频次、小金额的跨境贸易迅速增长，推动国际贸易由大企业主导、大宗贸易模式向中小企业广泛参与、海量品种、碎片化的普惠贸易模式转变。在疫情中，跨境电商成为拉动外贸增长的新引擎，尤其是随着跨境电商不断转型升级，形成了融货物贸易和服务贸易于一体的新一代跨境电商范式，即平台在提供跨境商品贸易的同时，还提供配套的物流、金融、信息、支付、结算、征信、财税、通关、收汇、退税及政策、法律、规则、标准等一揽子外贸综合服务，外贸企业可以在平台上完成交易和服务的整个过程。这种一站式、全链路的 B2B 跨境电商模式形成了从商机到履约的闭环，有效解决了中小外贸企业的痛点，打通了内外贸一体化的堵点，构建起国际化供应链服务体系，形成了内循环与外循环的高效结合。

平台企业成为创造就业的重要载体。平台企业具有开放、共享和个性化的特点，就业门槛低、层次丰富、吸纳力强，并催生了大规模自由职业群体，为不同文化程度、技能禀赋的劳动者，尤其是女性、老人、残疾人等弱势群体提供了大量就业机会。

超大规模平台具有数字基础设施的公共产品属性。超大规模平台已经成为公共服务产品的重要提供者。平台为畅通物流发挥了重要作用。疫情发生后，多地果蔬肉蛋、工业原材料等生产生活物资流通受阻，平台通过整合运力、配送调度保障了抗"疫"物资运输。

我们需要充分发挥数字化平台企业的作用，增强平台企业自主创新能力，实施数字人才战略，不断扩大产业互联网应用场景，构建平台数据开放共享的有效机制，加快完善平台监管体系。

关于贸易数字化的前世今生

王健　对外经济贸易大学教授、APEC 电子商务工商联盟专家委员会主任委员

贸易数字化不同于数字贸易。贸易数字化的历史可以追溯到 20 世纪 90 年代。大家可以发现，贸易数字化的过程比数字贸易的历史还要长。20 个世纪 90 年代互联网出现的时候，无纸化贸易就被提出来。无纸化贸易的概念比电子商务的概念出现得还要早，也早于数字贸易。那个时候，网络并不适用于消费者，而是大公司之间传输电子数据的载体。

20 个世纪 70 年代，计算机就已经被运用到企业与企业之间的电子数据交换中。作为贸易数字化基础的产业数字化被提出来这么多年，它的发展相对数字贸易和跨境电商要慢，其中最主要的问题就是，大部分产业数字化并没有突破企业之间数据传输的模式。产业数字化的发展困难和问题在于企业与企业之间的标准差异以及能不能在

企业和产业之间实现电子数据传输，而这恰恰是产业数字化发展的关键。这个关键并不仅仅是技术的问题，还包括制度、环境和人的问题。贸易数字化的过程是一个更艰难、挑战更大、更深入到企业的过程，因为所有的数据都要和海关、税务、码头、港口、物流公司、银行、外汇管理局等各个机构对接，这是一个很复杂的系统。所以，贸易数字化是一个循序渐进和长期发展的过程。

原来我们认为数字化的过程是要提高效率，也就是 Efficiency。但实际上，数字化的过程不仅要提高效率，还要关注质量，也就是 Effectiveness。Effectiveness 表达的是 Doing better things，而 Efficiency 则是 Doing things better。要做到 Effectiveness，就需要我们利用更新的手段、更新的方法来做更好的事情。所以，贸易数字化除了靠效率驱动，最重要的是靠创新驱动，通过创新实现贸易高质量发展。

未来大数据、区块链、人工智能很可能会再引发跨境电商实物交易的转型。也就是说，数字化、网络化不仅要渗透交易过程，而且要渗透交易内容，这也就会演化出更新的商业模式和贸易业态。在贸易的演化过程中，从生产到消费的全链路贸易活动解绑，为中小企业参与全球价值链分工提供更多机会。贸易数字化的过程，实际上就是一个贸易全链路逐渐实现数字化和网络化的过程。这个过程是不太容易用量化的方式体现的。尽管社会对量化非常期待，但是我们每次在讲电子商务和跨境电商的时候，很少会引用那些数字。现在我们随便打开互联网，上面全都是数字，跨境电商在中国的发展每年几乎都以30%以上的速度增长，但这只是感觉，因为还没有任何一个机构能够把跨境电商很精确地衡量出来。同时，企业的数字化过程也不是一个全部能够量化的过程。所以，无论是跨境电商的发展还是贸易数字化的发展，都不能用单一维度的交易指标衡量，各种评估中也需要融入更多维度的衡量指标。贸易数字化更强调过程属性、实践意义和促进特点，针对企业和行业，其核心是最佳实践创新；而数字贸易则偏重理论、政策、法规启示。

全球化新发展阶段的贸易数字化

崔凡　对外经济贸易大学国际经济贸易学院教授

2008年，全球货物贸易出口与全球生产总值的比值达到25.31%，首次突破1/4。然而，也就在这一年，金融危机爆发，全球货物贸易出口与全球生产总值的比值迅速下滑。之后虽有反弹，但到2019年，这一比值仍然只有21.74%，2020年则进一步下降为20.71%。有人说，2008年以后，全球化进入停滞期或盘整期，也有人称之为后全球化时代。

尽管衡量全球化的各种指标不再上升，世界贸易组织多哈回合多边谈判也基本处于停顿状态，但国际社会对推动新一轮全球化仍然抱以期望。2019年1月，世界经济论坛的主题被定为"全球化4.0"。全球化1.0被认为是19世纪中叶到第一次世界大战以前这个阶段。在此期间，国际贸易迅速增长，世界市场开始形成。第二次世界大战之后各国贸易壁垒大幅下降被认为是全球化2.0的主要内容。全球化3.0阶段始于20世纪90年代初，在这个阶段，全球价值链得以形成。2008年之后，全球化虽然面临阻力，但是新一轮全球化，即全球化4.0已经在孕育之中。信息技术的发展已经进入数字经济时代，工业互联网正在形成，万物互联日益成为现实，特别是跨境交付方式的服务贸易日益便捷，这被称为人类经济史上的第三次解绑。按照瑞士经济学家鲍德温的解释，经济史上的第一次解绑是货物贸易供给方和需求方的空间分离，伴随着国际货物贸易的迅速发展；第二次解绑是生产链上不同环节的空间分离，伴随着全球价值链的形成；第三次解绑是服务贸易提供者和被提供者空间的分离，伴随着跨境交付的服务贸易，如远程教育、远程医疗、远程技术咨询等服务贸易的迅速发展。

第三次解绑已经发生，而突如其来的新冠肺炎疫情使其大大加速。5G、虚拟现实、增强现实等技术的出现使人们之间的远程接触变得十分便捷，并且能够获得身临其境的效果。大量分散的数据信息开始得到利用，个性化定制得以成规模地实现，制造业日益服务化、数字化。这种科技基础的力量正在有力地改变人们的生活和生产活动，同时也在有力地重塑国际贸易的形态，贸易数字化成为必然趋势。

尽管全球化4.0的科技基础已经形成，但是其全面实现面临着巨大的制度障碍。当数字经济崭露头角之际，各国监管者的第一反应其实并非是考虑如何使数字经济更加便利自由，而是如何防范风险。围绕数据本地化、个人隐私保护、数字税、国家安全等问题，各国之间分歧巨大。世界贸易组织推动的电子商务谈判得到了70多个成员贸易部长的支持，但至今谈判成果乏善可陈。与此同时，新西兰、新加坡和智利签订的《数字经济伙伴关系协定》等区域协定正试图建立高标准的跨境数据流动规则。

面对当前世界"百年未有之大变局"，中国在完成第一个百年奋斗目标的基础上进入新发展阶段。通过贯彻新发展理念，中国正在加快构建以国内大循环为主体、国内国际双循环相互促进的新发展格局。贸易数字化在其中能够发挥关键作用。通过推动内外贸一体化发展，超大规模国内市场特别是海量的国内用户数据信息日益成为我国国际竞争力新的优势来源。

中国正在通过国际谈判为贸易数字化和数字经济争取稳定的国际政策环境，然而这一过程很难一蹴而就。面对复杂的国际环境，中国企业的贸易数字化必然是需要适应国内外政策环境变化的贸易数字化。世界经济论坛所期望的全球化4.0时代何时来临，我们难以预测。但是，在中国进入新发展阶段的同时，全球化在当下也正在进入一个新发展阶段。具备强大内在发展动能的贸易数字化发展进程必将势不可挡，并使全球贸易焕发出新的生机。

中国积极顺应贸易数字化和经济数字化的国际趋势

刘东　中共中央党校世界经济研究所所长、教授

伴随着大数据时代的来临，全球市场正在经历贸易数字化带来的全新变革与挑战，各大经济体普遍采取稳健的政策与积极的态度改革自身经济框架、顺应世界经济的发展趋势。作为世界第二大经济体，中国期望参与和推动全球贸易市场的数字化变革，通过发布数字经济政策推动贸易数字化、经济数字化发展。这是中国采取的应对手段之一。

2016年12月，"数字经济"首次出现在《国务院关于印发"十三五"国家信息化规划的通知》中，这标志着有政府参与的长时效、多维度、结构性数字经济政策迈入我国经济市场。在全球数字经济与数字化贸易的变革之中，中国作为世界第二大经济体和最大的发展中国家，发布覆盖多领域的指令，用以推动数字经济的发展振兴。对于顺应时代发展而诞生的全新社会模式，政府采取的公共政策往往能够高效、迅捷地巩固发展初期的社会现象，能够引导参与主体并合理规避市场失灵。

从我国历年来颁布的政策文件数量分析，数字经济相关政策文件的数量呈现逐年递增趋势，从2016年的1篇提升至2020年的17篇。在新冠肺炎疫情暴发期间，我国对数字经济政策仍持积极态度，出台了疫情下指导经济形势改革和发展类型的政策文件。2020年，数字经济政策文件数量占当年出台的总经济政策文件数量的比重攀升至最高，由2016年的0.28%升至2.54%。由此可见，我国正积极顺应贸易数字化和经济数字化的国际趋势。

从政策工具的种类分析，我国主要采取环境面政策工具辅以需求和供给面工具进行改革，表现为：通过目标规划等环境面工具为数字经济发展创造适宜的软环境，通过外包合作、消费端补贴等需求面工具进行需求侧改革，通过科技基础设施建设、教育培训和推动资源信息共享等供给面工具进行供给侧改革。从促进数字经济与实体经济融合面进行分析，我国主要采取规划类工具辅以措施类和宣示类工具进行改革。

然而，推动形成全面的数字经济模式是一场漫长的征程，既要大力推行建设数字化基础设施，优化资源配置，改革农、林、牧、渔业生产方式，构建高效率、多角度的行业发展形态，直接优化中国经济结构，又要促进国民生活的数字化，建设以数字家庭为代表的现代国民生活模式，间接优化国民数字化生活的体系与行为习惯。总之，我国正在加速国内经济模式的数字化变革，期望建立完备且具活力的新兴数字化经济体系。虽然数字经济政策的试点城市在改革后获得了更优秀的得分，但国内仍存在各省市数字化发展程度差异大、城乡数字化发展不平衡等问题。各种政策的出台与试点改革也表明，我国正处于并将长期处于经济数字化发展的探索与变革时期。这对于全国乃至全世界市场无疑是一个巨大的挑战。

数字化并不是一个仅具冰冷温度、令人望而生畏的词汇，正如国家采取的供给面政策工具包含的"鼓励信息资源共享"一样，经济的数字化进程意味着各个经济体应具备合作意识，意味着开放、和谐、共享、包容的趋势。在围栏打开之时，清除的不仅是科技的壁垒，还有不平衡不充分发展之间的阻碍。

如何让国际贸易插上数字化翅膀

高运胜 上海对外经贸大学国际经贸学院副院长、教授与传统贸易相比，数字化新外贸以挖掘整个贸易链的附加值为目标，不仅能开拓新市场、新客户，而且每一个交易环节的数据沉淀，都是企业独有的数字资产和融资信用。第一，数字化拓宽贸易边界。贸易数字化使可贸易产品数量大幅度增加，同时使订单呈现线上化、小单化、个性化、碎片化、高频化的特征。贸易数字化帮助企业实现贸易网络的互联互通，提升贸易网络的联通性与供应链的韧性，不断压缩中间环节，使贸易日益呈现扁平化的特征，从而不断催生新贸易业态与模式。第二，平台日益起到重要作用。以跨境贸易服务平台为中心，构建包括生产商、供应商、批发商、分销商、零售商、消费者、物流提供商、政府监管部门在内的生态系统，有机融合跨境商品流通及与之相关的物流、金融、信息、支付、结算、征信和财税等配套服务，通过高效、透明的通关系统，收汇、退税相关外贸综合服务，数字化新型监管方式，一站式跨境供应链服务体系，实现从寻找商机到交易履行全链路数字化。第三，数字化对货物交付方式产生重要影响。货物交付可以通过数字化方式直接实现，还可以通过直播带货、海外仓统一调拨发货等新的国际物流方式实现。

贸易数字化可以实现外贸业务流程中的商机获取、订单洽谈、订单生成、客户管理、商品管理、样品寄送、交易结算、出口报关、跨境物流、尾款收付和出口退税等全过程、全环节的数字化，通过集约利用资源的方式，帮助中小企业克服复杂的国际贸易规则、标准和法务流程。第一，寻找客户阶段。通过大数据的算法、规则、排名流量、3D制造等提升订单获取量，优化客户搜寻策略，分析国外市场消费需求及供应链体系，对海外市场消费行为变化等做量化分析和趋势预测，从而实现精准营销，大幅度降低传统展会营销、海外设点营销成本。同时，还可以通过线上直播、AR/VR、3D模拟等多元化方式呈现线下展位、线下工厂。第二，交易磋商与获取订单阶段。外贸企业依照数据融合和云计算能力，基于数据参谋、智能店铺、数字官网、智能实验室等进出口商海量行为数据的机器算法学习，加快促进买卖双方的沟通与碰撞，提升磋商的成功率。第三，国内生产供应阶段。通过跨境交易平台展示产品，实现供给端与需求端的有效对接；依托数字技术，促使生产制造商的生产能力及库存水平与进口商的消费需求更加精准地匹配，从而使生产制造更具柔性化。第四，贸易综合服务商选择阶段。一站式外贸综合服务围绕互联网、大数据与信息化，国际贸易平台及其链接的市场服务商可提供虚拟展示、贸易真实性审查、通关过境、支付结算、金融信贷、信用评估、国际物流、财税代理等各类优质便利服务。第五，货款结算阶段。贸易数字化还依托相关贸易平台搭建全球支付结算、数字化关务与物流的跨境供应链服务体系，通过技术革新，构建可靠、透明、高效的全球支付计算金融网络。第六，物流通关阶段。通过支持海运、空运、陆运等多元化运输方式，结合客户需求，推荐合适的运输方式与线路，下单后全程轨迹可视，为客户便捷发货助力。人工智能与云端科技一站式报关平台能够节约 60% 的通关成本，极大地提高准确率，推动贸易与通关的便利化与智能化。同时，通过区块链技术与政府建立的风控平台，能够快速核实出口退税主要环节，加快退税流程。

跨境电商推动贸易数字化向纵深发展

王惠敏 商务部国际贸易经济合作研究院信用研究所副所长、研究员

随着新一代信息技术的深化应用，跨境电商迎来新的发展阶段，推动贸易数字化向深层次发展，带动传统产业数字化发展，成为贸易高质量发展的重要动力。

我国跨境电商已成为外贸增长新动能。2016—2019 年，我国跨境

电商零售进出口规模年复合增长率约55%。2020年，在新冠肺炎疫情全球蔓延以及国际环境异常复杂的情况下，跨境电商的包容性、柔韧性等优势凸显，当年我国跨境电商进出口额达1.69万亿元，同比增长31%，约占对外贸易总额的5.25%。我国已设立105个跨境电商综合试验区（以下简称"综试区"）。各综试区利用先行先试优势，营造创新发展环境，集聚优质资源，推动贸易效率提高和贸易成本降低，为更多中小微企业应用跨境电商参与全球贸易提供了有利机会。受新冠肺炎疫情冲击，世界各国采购商、消费者的购买方式加快向电子商务平台转变，跨境电商也成为各国扩大贸易、重塑供应链的重要方式。随着我国跨境电商政策的逐步完善、贸易便利化的持续推进，以及各国对跨境电商的认识加速转变，我国跨境电商将迎来新的突破和发展。

跨境电商正着力全面向数字化和智能化升级。我国跨境电商持续推进贸易方式、服务模式等创新，同时带动制造、物流、金融等行业创新发展，在推动货物贸易数字化的同时，也促进了在线研发、在线设计、在线支付、智慧物流、智慧金融、数字营销等新型服务贸易快速发展。作为跨境电商的基础和核心，平台企业加强大数据、云计算、人工智能、图像检索和社交网络等技术应用，逐步提升实时智能识别最佳客户、提供最优配套服务方案的能力。跨境电商企业和物流企业等积极投资新技术，优化物流、仓储、交付等环节。越来越多的海外仓增设自动化传输线、自动化分拣线、自动化立体库堆垛机和机器人等设备，不断升级仓储管理系统、自动化分拣系统、智能调度系统、供应链管理系统等，实现仓储管理、物流配送的自动化和智能化，以及订单处理和履行的灵活性。金融、物流等各类服务机构和企业加快与外贸综合服务平台对接，大数据的收集、挖掘和应用成为企业创新和提升竞争优势的重要渠道。区块链、监管科技等技术的应用推动监管由数字化逐步向智慧化转变。跨境电商交易平台、各相关服务平台和政府管理平台的相互对接，大幅降低了跨境贸易的协调、匹配、追踪和创新成本，为中小企业参与全球价值链提供了更多机会。

跨境电商能够助力"双循环"效率提升。跨境电商利用新技术加强信息流、商流、资金流、物流"四流合一"，推动生产过程与贸易流程重塑，促进贸易、产业数字化深度融合，降低生产、交易、交付等各环节的贸易成本，提高对外贸易供应链效率。制造业和外贸企业利用平台反馈的国际市场需求变化信息及时做出相应调整和升级，逐步向柔性化生产、个性化定制转型，推动贸易向品质化、品牌化发展。跨境电商不仅推动国内各部门、各环节的信息共享和联动发展，而且促进各国加强信息联通、政策互信和凭证互认。我国已与22个国家签署了"丝路电商"合作备忘录，建立了双边合作机制。跨境电商通过创新不断提高贸易相关要素质量和配置水平，打造便利化的贸易通道和良好的贸易环境，有利于国内国际双循环效率和水平的提升。

智能制造夯实贸易数字化产业基础

陈琛 机械工业信息研究院先进制造发展研究所所长

产业是贸易的基础，而智能制造是产业数字化的关键所在。近年来，世界制造业主要国家都陆续发布了智能制造相关战略和政策。美国"再工业化"战略的主要方向就是布局智能制造关键技术，推动利用软件和互联网技术优势反哺制造业，促进制造业智能化和数字化发展。德国则聚焦制造过程和生产装备的智能化，"工业4.0"已经渐渐演变为全球战略，相关的协作框架和技术平台也在不断完善。中国则适时推出了《中国制造2025》，并将智能制造作为战略的主攻方向。

智能制造的形式和手段多种多样，但有3个要素是最基本的，也是企业管理者在实施智能制造项目时必须思考的3个问题：生产什么（Product），用什么生产（Productivity），怎么生产（Production）。

生产什么：一般来说，制造业的智能制造可分为流程行业的智能制造和离散行业的智能制造，流程行业总体的自动化、智能化水平要高于离散行业，那么在离散行业内，产品的价值越高、产量越大、标准化程度越高、生产自动化水平越高、模块化程度越高、产品自身智能化水平越高的领域就越适合上智能制造。智能制造不只是企业规模大、投入大的问题，最根本的优势是企业需要掌握产品的核心技术，看透产品的本质，摸清生产工艺的特点。

用什么生产：这个主要考虑到机器、机器人和人三者之间的关系。智能制造并非是用机器人去替代人，而是根据市场需求和生产需要做到最优配置，在组合中实现人尽其才、物尽其用。从这个角度来看，不能简单地用一个工厂的机器人数量或者工厂的无人化程度来判断它的智能化水平，而是应该看工厂内人和机器人的协同程度。

怎么生产：智能制造是靠数据驱动的，数据反映生产设备的健康状况及产品的质量，管理人员通过可视化的数据信息优化生产。传统的生产模式主要靠经验、靠规章制度、靠企业文化，难以琢磨和总结。智能制造模式更多靠数据组织生产，对于生产控制的决策主要依靠互通的、持续的智能数据。数据在各个层面和各个环节实现了流动和整合，产品和工人的任何行为在数据仓库中都能沉淀下来，这些数据反过来又能帮助管理者搜集整合信息和辅助决策。

中国已经是全球制造业第一大国，拥有全球最全工业门类的制造能力，并且很多产业已经做到全球第一，拥有大量的车间、工厂及经验丰富的技术工人，这些都为智能制造奠定了坚实的基础。同时，中国的装备制造业规模也已经是全球最大，在工业机器人、数控机床、

3D 打印等关键智能装备领域形成了一定的技术实力。中国在 ICT（信息与通信技术）装备制造业也形成了世界级的竞争力，这给制造业的数字化、网络化和智能化发展提供了强大的技术支撑。"中国制造"沉淀了全球最海量的制造和产品数据，这些数据同时能促使"中国制造"更快地向智能制造转型。所以，中国是全球最有可能在智能制造上同美国和德国处于同一水平线甚至实现超越发展的国家。通过智能制造实现转型升级后，中国的产业和企业在国际市场将更具竞争力。产业数字化和贸易数字化的融合发展将为中国对外贸易增加新的动能。

积极开展贸易数字化评价体系和指数研究

刘永辉　上海对外经贸大学统计与信息学院院长、教授

为更好地评估我国贸易数字化的现状，上海对外经贸大学与中国对外经济贸易统计学会、环球慧思（北京）信息技术有限公司一道，在连续 3 年举行"访万企，读中国"调查研究的基础上，尝试建立贸易数字化评价体系，在评价体系的基础上形成指数，为今后开展贸易数字化定量研究和推出相关政策建议打下坚实的基础。这种理论与实践结合的尝试，有助于在贸易数字化领域推出具有系统性、全局性、有深度、可持续的评价指标体系、指数编制等研究成果。

贸易数字化评价体系是一个综合运用多种评价模型、由多个分项指标体系汇总合成的，可以综合评判我国贸易数字化发展水平和发展环境，系统、科学、可操作的指标体系。贸易数字化指数以数值表示，其数值大小能够反映我国及各省市贸易数字化发展程度。指数值越大，贸易数字化发展水平越高；指数值越小，贸易数字化发展水平越低。贸易数字化指数的发布可以全方位宣传、推介国内外贸易数字化发展情况，为外贸企业提供数字化转型服务，推动提升贸易数字化

水平，为增强外贸竞争力和贸易高质量发展做出更大贡献。因此，评价体系研究将注重和体现以下"五性"：

一是注重权威性和全面性。贸易数字化指数主要涵盖贸易全流程，在指标体系的方案设计等方面，应系统梳理国内外文献资料并借鉴现有经验，依托中国海关统计现有的数据资料、企业的调查数据以及研究院、高等院校的科研条件、资料设备等，并从其他权威部门获取资料进行扩充与验证，确保数据来源的权威性和全面性。

二是体现科学性和系统性。贸易数字化指数作为一个系统构建的指数，将采用科学的方法，综合评价分项指标汇总计算而成。选入的指标均紧扣我国外贸企业数字化、外贸各流程数字化的概念，并综合运用定性与定量赋权方法参与权重的计算。

三是注重可操作性。尽管贸易数字化指数在计算过程中将采用多种综合评价模型，但是相关过程均会实现程序化操作，具有较强的可复制性、可推广性。此外，所选指标均尽量简化，且尽可能地选择量化指标和易量化指标，所选取的定性指标也能够用相关的量化指标来反映。

在评价体系研究过程中，尝试构建科学的贸易数字化指数，主要步骤包括4个。第一，进行贸易数字化指数的指标体系设计。第二，数据采集处理。通过统计数据及多渠道收集的数据，完成数据采集工作。贸易数字化指数指标充分考虑数据来源的稳定性、数据的连续性和规范性及口径统一等原则，使数据易于比较和计算，评价指标含义明确；同时强调对数据的科学处理，辅之以权重体系进行计算，避免指数的灰色性、模糊性和不可追溯性，力求分析方法客观、指数可复制。第三，数据检验处理。通过专家、教授反复论证，对数据进行多方位对比监测，同步标准化处理相关的指标数据。第四，指数建模计算。在前期理论研究基础上，结合相应的问题及相关的数据，建立贸易数字化指数模型，代入数据并计算出指数结果。在综合评价我国贸易数字化发展水平时，应根据对外贸易内涵和发展本质并结合外贸企业自身特征，建立具有较高定量性、科学性、操作性、可比性、全面性和适用性的指标体系。

贸易数字化助推中国对外贸易高质量发展

周晋竹　中国贸促会研究院国际贸易研究部主任、副研究员

近年来，中国深入实施数字经济发展战略，新一代数字技术创新活跃、快速扩散，加速与经济社会各行业、各领域深入融合，有力地支撑了现代化经济体系的构建和经济社会的高质量发展。相关数据显示，中国国内零售的数字化渗透率已经超过30%，而外贸的数字化渗透率还不到10%，增量空间巨大。贸易数字化是一次深入企业端、产业端和贸易端的数字化生态革命，不仅涉及整个贸易链条的数字化转型，更囊括企业的数字化改造和产业数字化升级，是一项系统联动的巨大工程，同时也是推动中国实现更高水平对外开放、贸易强国建设的重要抓手，其作用巨大。

全方位的贸易数字化可以重构产业链和企业价值链，优化传统货物贸易全链条，畅通信息交换渠道，建立数字化信息生态，推动外贸产业数字化发展，最终助推中国对外贸易高质量发展。对于外贸企业来说，就是期望通过贸易数字化的方式，能够真切地感受到外贸市场变大、库存变小、周转率变高、成本变低、供应链变轻，以及外贸生意好做了。据测算，数字化赋能产业发展可使制造业企业成本降低17.6%，营业收入增长22.6%。

贸易数字化提高贸易效率。贸易数字化简化贸易流程，通过智能关务、国际贸易"单一窗口"的应用，将货物流转变为数据流转，大大提高贸易便利化水平和传统货物贸易的通关效率。海关总署发布的

数据显示，2020年12月，全国进口、出口整体通关时间分别为34.91小时、1.78小时，较2017年分别压缩64.2%、85.5%。进出口环节需要验核的监管证件已从2018年的86种精简至41种。除3种因安全保密需要等情况不能联网外，其余38种全部实现网上申请办理，其中23种证件已通过国际贸易"单一窗口"受理。截至目前，国际贸易"单一窗口"已实现与25个部门总对总系统对接和信息共享，服务全国所有口岸和各类区域，累计注册用户超过396万家。中国还通过智能物流、智能码头的应用，提升整个物流系统智能化、自动化水平，提升贸易物流的效率。比如上海洋山港四期码头，使用中国自主研发的码头操作系统和设备控制系统，打造全自动化码头解决方案，通过自动化双箱轨道，配合自动化双箱岸桥作业，能够快速释放岸线空间，提高码头使用率，提升一半的码头工作效率。

贸易数字化降低贸易成本。20世纪，全球贸易出现爆炸式增长，主要原因是贸易成本的大大降低使国际生产分工方式发生了变革，中间品贸易极大地繁荣起来。这一时期贸易成本的降低主要是由于空运的发展提高了物流速度、集装箱运输方式提升了物流安全性、金融体系的发展降低了融资成本等。21世纪，信息技术的快速迭代发展使贸易数字化同样发挥了降低贸易成本的作用，数字技术使物流仓储全流程实现了智能调度及自动化作业，进一步降低了物流成本；数字金融、智能金融、产业互联网金融的相互作用降低了企业的融资成本；区块链技术将生产端、贸易端、管理端有效衔接起来，提高了贸易各参与方的互信程度，有效降低了外贸信用风险和交易成本。

贸易数字化拓宽贸易渠道。线上展示、线上洽谈、电子支付和电子签约在后疫情时代使外贸企业获得了更多的订单。更重要的是，贸易数字化为广大中小外贸企业进入外贸供应链条提供了更多的可能性。在传统国际贸易中，商品、技术、资金等要素流动主要集中在大型外贸企业之间。随着贸易数字化平台的搭建与发展，贸易准入门槛得以降低，诸多不能"出海"拓展市场的障碍被扫清，中小外贸企业通过自身的数字化转型能够快速融入垂直细分的外贸供应链条，提供可以精准满足买家需求的产品和服务。

实践者说：打造数字化内核

见微知著，睹始知终。在践行贸易数字化的道路上，无论是规模较大的外向型行业，还是传统劳动密集型产业，大致都经历了环境与市场巨变、成本优势减弱、利润下滑的过程，最终归于数字化的转型升级。

事实上，贸易数字化已逐渐为企业转型升级指明了新的方向。过去多年企业各自开花、分散的转型方式，如今已汇入数字化时代大规模转型升级的浪潮。

促外贸稳增长，转型升级培育新的外贸增长点

赵岩　日照市东港区商务局局长

东港区贸易数字化服务中心（以下简称"中心"）成立于2021年7月，由东港区商务局主导，东港区城市经济发展有限公司投资建设，东港区进出口商会运营。中心是日照市东港区坚持新发展理念，按照以贸易为龙头，以农产品、五金机械、体育器材、纺织抽纱等行业为支撑，政、贸、产、学、服协同推进的思路，打造的具有东港区特色、为区内广大外贸企业提供一站式服务的综合性服务中心。中心突出对外贸易全产业链、全价值链数字化发展要求，重点发展业态培育、政策创新、平台聚集、人才保障、服务支撑五大板块。中心的发

展以贸易数字化赋能为主线，围绕外贸新业态新模式打造、数字化供应链建设、贸易数字化人才培训、贸易数字化公共服务平台建设、外贸企业孵化等方面，在巩固东港区传统贸易优势的基础上，推动区内企业加快数字化转型，形成与国际接轨的高水平数字化贸易开放体系。中心同时加挂国家级外贸转型升级基地（水产品）、省级转型升级试点县、日照海洋水产品加工专业委员会、环球慧思日照贸易数字化创新基地等牌子。

中心整合商务、海关、税务、外汇、金融、信保、担保等职能部门，组织架构上具有扁平化和柔性化特点，再加上平台、协会的协同配合，在管理上形成无边界组织的初步模式。中心已吸引阿里巴巴国际站、富通天下外贸平台、中国制造网、谷歌中国、亚马逊、eBay 等知名跨境电商平台，以及环球慧思外贸大数据服务中心、中国出口信用保险公司、金融服务机构、高校科研机构等入驻，初步搭建起外贸企业一站式综合服务平台。通过运用海外搜索引擎、社交媒体和社群营销等数字技术和平台推广企业产品，精准触达海外买家，吸引海外买家达成交易。利用环球慧思全面、准确、及时、详尽的国际贸易大数据以及简单、实用、方便的分析工具，帮助企业进行客户开发、客户维护、市场分析、价格定位，协助企业实现基于大数据的精准营销。

中心还整合政府、平台、金融等服务功能，通过数字化打通了外贸企业研发、生产、营销、售后服务等环节，使企业在经营中实现无梗阻运营。通过汇聚各类贸易数字化服务平台和数字化服务工具，以及汇集政府、平台及商会等各类精英人才专业特长，根据企业需求，为企业诊断把脉，帮助企业从战略、营销、研发、运营等方面进行数字化转型，在工业设计、服务外包、品牌推广、人才孵化、国际金融、财税服务、知识产权等方面提供一站式综合服务。通过设立政银保综合金融服务站，组织招商银行、中国邮政储蓄银行、日照银行在贸易数字化服务中心设立办公点，业务范围涵盖出口后应收账款、保险、贸易融资、信用贷款等。与山东外国语职业技术大学、日照职业技术学院等高等院校通过产学研合作和校企合作，培养复合型的数字化人才。通过专业培训，引导企业线上线下融合发展，建设实体营销和服务网络，全面提升外贸企业国际竞争力。建立外贸企业孵化中心，吸引刚刚开展外贸业务的企业入驻，利用中心的数据资源和人才资源帮助东港区中小企业开展国际市场业务，引导区内企业转变传统贸易模式，提升企业的贸易数字化水平，让更多的外贸企业在本中心形成聚集。

自中心运行以来，新增注册外贸企业20家，引导40余家外贸企业开通"9710""9810"业务，组织各类培训10余次，服务企业100家以上，并依托外贸大数据探索开发了"小微易贷-海关模式"数字化纯信用贷款。

向全球客户提供智慧能源解决方案和赋能平台

葛运江　冰轮集团冰轮环境技术股份有限公司副总裁

烟台冰轮集团有限公司创建于1956年，是以低温冷冻、中央空调、环保制热、能源化工装备、精密铸件等为主导产业的跨行业、国际化经营的大型集团化企业。冰轮集团旗下冰轮环境技术股份有限公司（以下简称"冰轮环境"）1998年在深圳证券交易所上市。冰轮环境整体业务包括国内和海外两大块，其中海外业务始于1998年，至今在全球范围内已建立20多个营销服务网点。

随着以"互联、数据、共享、平台、绿色"为特征的新工业时代的到来，冰轮环境开始创新业务模式，将"核心技术+IT/OT/CT/AI"作为切入点，向全球客户提供制冷行业领先的智慧能源解决方案和赋能平台。

大数据营销：冰轮环境提供从项目设计、承建、交付，一直到后期服务的全链条解决方案。冰轮环境以前靠实体店，和客户进行面对面的技术交流，提供现场服务，在当地做工程施工。在坚持了10多年后，冰轮环境慢慢发现，长期依赖前端已有的实体店营销服务很难精准找到更多新项目、新市场、新业务，客户开发遇到瓶颈。伴随着互联网技术发展的浪潮，冰轮环境逐步尝试以大数据为支撑的主动营销路子。近两年，冰轮环境通过对数据平台的深入学习、交流、分析和实践，特别是外贸大数据的实际应用，充分认识到了互联网环境下营销模式变革的重要性，以及对"全链条"进行深刻变革的必要性。2020年新冠疫肺炎情在全球蔓延，冰轮环境全年整体业绩并没有明显下滑，订货指标甚至创造了历史新高。这体现了冰轮环境遍布全球的营销服务网络"抗击打"的能力和实力。同时，这也得益于冰轮环境近几年对数字化外贸转型升级的实施，通过线上信息、线下跟踪、互相补充的立体式营销模式，保证了企业现在及未来的稳步发展。此外，冰轮环境还通过远程方式进行工程项目的远程调试，及时、有效地解决了许多问题，在节省费用的同时保证了市场正常运行。

"全流程端"数字化转型：运用大数据在海外开疆拓土，实现精准营销，带给冰轮环境的已不仅仅是新思维和新工具，更多的是对之前企业商业模式所产生的巨大影响力。长期以来，非对称性信息所带来的销售便利和价值已经越来越弱化，"数据为王"的时代可以通过互联网等多渠道了解更多产品供求信息，结识更多供应商和客户，开发更多潜在市场资源。企业数字化转型只会用数字工具还远远不够，数字化不能仅停留在营销端，还应包括生产制造、售后服务、品牌塑造等全流程端，且需内外兼施。为此，冰轮环境开始尝试对内部人才、文化、运营、管理、组织架构等展开全方位的数字化转型。

2021年，冰轮环境的智能制造数字化工厂将全面投产。通过全流程数字化端的创新，冰轮环境利用行业内先进的制造、检测、试验装备和实用工质性能试验室，为产品研发和生产提供保障，高效满足客户的个性化需求。在不断健全的海内外市场立体化营销体系中，冰轮环境凭借出色的项目总承包能力和科学化的系统解决方案，在绿色工质制冷系统商业化应用、城市集中供热余热回收市场处于行业领先地位，占有较高的市场份额，核心竞争能力显著增强，彰显出"中国制造+中国服务+中国经验"的优势。

数字化助力海外市场的多元化产品策略

鲁仲明　南京华脉科技有限公司总裁助理

南京华脉科技有限公司（以下简称"华脉科技"）于1998年创立，2017年6月在上海证券交易所挂牌上市，凭借光纤通信、无线通信两大产业的技术优势，成为国内领先的通信网络物理连接设备制造商，以及全球光纤接入市场的卓越供应商。华脉科技的产品广泛应用于通信公网以及电力、广电、煤炭、石化、铁路、轨道交通等通信专网。截至2020年，华脉科技在全国设立31个办事处，同时在亚太、北美、欧洲、非洲等地建立了分支机构，拥有100多家海外合作伙伴，产品和综合解决方案覆盖50多个国家和地区。

多元化产品策略：除主要产品为光纤网络物理连接设备外，华脉科技还开发了用于室外无线基站的室外柜，用于室内机房的低压配电柜、IDC（互联网数据中心）机房设备等产品。同时，华脉科技根据行业市场的发展变化，产品逐步向物联网及有源设备转变，现已建立多条成熟的产品线，实现了多产品线共同发展的局面。结合海外市场特点，华脉科技制定了适应海外市场的多元化产品策略。

一是加强产品定制化。利用数字化手段整理和分析不同区域的客户要求，发挥公司的技术优势，为客户定制各种光纤光缆及 FTTH（光纤到户）产品。二是利用数字技术为客户提供全链路产品。如东南亚各国的光缆结构与中国不一样，都有自己的规范，华脉科技充分利用自己的技术优势，科学整理、消化国外运营商的要求，对产品数据进行全方位评估，包括产品难点、模具难点、原材料、成本因素等，同时配合市场进行开模、测试等认证工作。现在华脉科技光缆产品已进入多个东南亚国家运营商市场，在一些国家的市场占有率达到40%。三是结合大数据分析海外市场的需求特点，拓展有较大市场需求的产品，如适合非洲市场的能源发电类产品等。四是利用自身数字技术平台优势，逐步从产品开发向系统集成转变，为海外客户提供整体服务。如在中东的室外柜招标中，华脉科技充分发挥自身的技术优势和原厂优势，结合运营商技术要求，开发了完全满足客户要求的产品，从国内知名集成商手中分得了一定份额的订单。五是培养线上"作战部队"来拓展市场。2020 年，华脉科技成立了专门的线上拓展团队，依托软件平台，包括环球慧思终端数据以及阿里巴巴国际站、Google、Facebook、LinkedIn 等海外平台，对客户进行搜索，同时做跟踪市场需求的分析等工作，更精准地把握客户信息，为开拓市场创造有利条件。

挖掘数字化新潜能：华脉科技很早就将数字化应用于自己的生产制造和管理领域，并不断扩大数字化应用范围，提高数字化应用覆盖面，有效提高管理效益，为客户提供便捷、有效的服务。华脉科技现在已拥有完善的 ERP（企业资源计划）系统、MES（制造企业生产过程执行管理）系统、OA（办公自动化）系统等，通过协同实施和应用，大大简化了内部的管理流程、提高了管理效率、节省了生产成本。

在海外市场拓展中，华脉科技试点采用了 CRM（客户关系管理）

系统。通过采用 CRM 系统，华脉科技有效地提高了客户开发的精准度和效率；提高了项目的计划性，加快了项目进度；实现了项目信息共享，提高了内部沟通效率。华脉科技结合自身实际情况，采取了自上而下和自下而上相结合的形式进行数字化转型。一些系统需要自上而下，如 ERP、OA 等；一些系统需要自下而上，如 MES、CRM 等。

在行业深度调整和数字化转型大环境中坚持练好数字化内功

邓绍云　鲁西化工集团股份有限公司副总经理

在技术迭代加速的生态之中，鲁西化工集团股份有限公司（以下简称"鲁西化工"）一直努力实现自身的转型升级。无论是业务转型、生产转型，还是管理转型、组织转型，都是一次次敏锐感知市场变化、把握发展命脉的摸索和尝试。

鲁西化工通过坚持滚动发展、关联延伸发展，充分发挥自身优势，主营业务由化肥向化工转型，由基础化工向化工新材料转型，逐步形成了"煤、盐、氟、硅和化工新材料"相互关联的产业链条，发展成为集化工新材料、基础化工、化肥、装备制造及科技研发于一体的综合性化工企业。

多年来，鲁西化工不断探索公平、公正、廉洁、高效的经营模式，统筹推进经营管理的信息化建设，逐步形成了具有鲁西化工特色，采购、销售、物流、财务等业务板块融为一体的"系统当家工程"，把烦琐的工作自动化，让业务人员转型干更有效的工作，将经营工作交给系统，打造公平、公正、廉洁、高效的运营环境，杜绝暗箱操作。

2011 年，鲁西化工开始打造鲁西电商平台，提高了工作效率，增强了客户体验；2018 年，鲁西化工探索网采新模式，创建了鲁西采购网；2013 年，鲁西化工自主研发了"鲁西物流平台"，掌握物流管理主动权；2021年，鲁西化工推进物流一码通，实行物流业务全流程可视化管控。鲁西化工已将经营业务放到了线上，采购、营销、物流、财务管理等都有相应的支撑平台，同时针对生产运行也建立了鲁西智慧化工园区管理平台。为适应中国化工新材料（聊城）产业园的高速发展，提高园区的整体运行管理和服务水平，以及环保、安全和应急工作能力，鲁西化工于2008年提出了数字化园区建设规划，目前已构建了贯穿安全、环保、能源、安防、应急等多个管理维度的一体化信息平台。

鲁西化工在园区智慧管控平台上收集了不少数据，也取得了一定的成绩，数字化思维的培养已日渐深入。对于如何用这些数据指导具体工作，挖掘生产运营的潜力，实现数字化、智能化、智慧化管控，鲁西化工还有很多工作要做。未来，鲁西化工将深化智慧化工平台与安全生产融合应用，开展数字鲁西和园区5G工业互联网建设，提升数据管理、智能化应用水平。

在制造方面，鲁西化工打造了设计、安装、运行一体化制造模式，近几年项目建设中使用的设备95%都是自己制造的。另外，鲁西化工的高端化工新材料在国内市场占有较大的份额。鲁西化工还将在智慧化工园区基础上，发挥延链、补链、强链优势，丰富和完善产业链、产品线。鲁西智慧化工园区规划面积为18平方千米，目前已建成面积达7平方千米，形成了较为完善的"煤、盐、氟、硅和化工新材料"相互关联的产品链条；拥有生产装置70余套，主要生产聚碳酸酯、己内酰胺、尼龙6、过氧化氢、多元醇、高端新型制冷剂、有机硅等百余类产品，被中国石油和化学工业联合会认定为"中国化工新材料（聊城）产业园"和"中国智慧化工园区试点示范单位"。

在国际贸易方面，自2018年起，鲁西化工开始探索建设自己的跨境电商平台，力图让员工足不出户就能把客户引到平台上来，拓宽海外销售渠道。由于化工产品比较特殊,对安全和环保的要求比较高,鲁西化工选择小步快跑、扎实推进,为贸易数字化打基础。此次疫情更让鲁西化工看到了线上销售渠道开拓的重要性,加速跨境电商平台搭建成为一个必选项。鲁西化工的产品出口至 120 个国家和地区,其中主要出口市场为东南亚、南亚及欧洲地区。这与鲁西化工的产品结构有关,比如甲酸产品,主要市场在欧洲。当然,中东、非洲、南美洲等地区也都是鲁西化工的出口方向。

未来,鲁西化工将充分利用好现在已建立的实时数据库和信息化管理平台,推进 5G+园区建设,利用物联网、人工智能、大数据技术继续深化智慧化工园区平台安全、环保、应急、能源、物流、封闭化园区等板块内容,拓展智慧化工园区平台功能。即便是成熟的大型企业,在当前全球化工行业深度调整和数字化转型大环境中,也还有许多急迫的事情要做。不管是"系统当家工程"和智慧化工园区建设,还是生产运营智慧平台和跨境电商平台搭建,抑或业务结构调整、化工技术创新,都是鲁西化工践行数字化、迈向国际化的重磅之举。当然,这些动作都要以鲁西化工在国内市场创下的好成绩为根基。

在"解锁"数字化的过程中"生长"新能力

安志强 河南国立控股有限公司董事长

河南国立控股有限公司(以下简称"国立")旗下控股河南国立进出口有限公司、郑州爱尔森机械设备有限公司、河南百特机械设备有限公司、河南中豫游乐设备有限公司、河南百特环保科技有限公司等 10 余家公司及工厂。2010 年成立至今,国立已成为集电商运营、海外贸易、海外仓运营、产品供应链及建筑、环保、游乐机械设备制造为一体、多板块运营的综合性公司,产品出口 100 多个国家和地区。在数字经济环境中,国立不仅对数字化进行了深入认识和理解,而且展开了内外并行的转型实践。以客户需求为中心，不断迭代更新发展模式，正是国立后来居上的关键策略。

针对数字化，国立分两部分在做。第一，自身的数字化转型。通过外购信息化软件以及自建信息化中心专门负责打通内部信息，实现对客户"画像"的全链条管理。目前，国立基本实现了从询盘端到安装交付的整个过程的信息化，更深入的信息化还在持续推进中。第二，产品的信息化。除了内部要完成信息化，国立也在推动设备商通过加装传感器、构建物联网平台实现对产品的信息化运营，逐步为未来客户的信息化提供支撑。这些都在逐步推动过程中，未来国立希望能够为客户提供更加完善的运营和信息化服务。

营销方面，国立主要通过谷歌、阿里巴巴、脸书、领英、YouTube 等平台做宣传。现在运用的数字化工具主要有钉钉、微信、富通云、用友、北极星 OKR、简道云、阿里云、环球慧思海关数据等。最近两年，国立也在积极探索新媒体和短视频等新模式。各个项目都成立了自己的策划团队，来宣传品牌和文化。同时，国立还有一个 30 多人组成的团队，专门做数字化营销和推广。国立更多的是站在客户维度，让客户帮着做宣传。

技术开发方面，国立主要在环保项目上发力。环保项目的所有技术——从机械部分到电气部分，再到物联网链接部分，都是国立自己开发的。其他项目更多的是在物联网部分做规划。国立不断整合供应链，加上物联网工具赋能，能够更好地服务客户。当然，国立目前更多是以提供综合服务、综合运营为主，在产品选择、市场规划、场地规划、项目运营等方面全方位服务客户。那些客户所求的服务，就是国立需要"生长"出来的能力。

国立在内部数据分析体系方面也有所强化。国立根据各国人口规模、经济增长情况等宏观数据，以及主营产品出口量、市场份额等统计数据，识别出哪些是需要重点攻克的市场。通过这种方式，东南亚、中亚及东欧地区的一些国家进入国立的视野，成为国立重点开拓的市场。然后，国立再结合环球慧思的数据，识别出哪些客户应该重点去争取。

作为应用型企业，国立更多地借助内部力量和已有的工具进行数字化转型，而真正做到数字化，还需要第三方的赋能。对于贸易数字化，国立也开始加以关注，并希望准确理解其要义。信息化是企业必须"生长"出来的能力，但数字化并不是每家企业凭一己之力就能"生长"出来的，数字化是比信息化更高级的阶段，需要专业公司的辅助。可以判断，未来能够生存下来的企业，内部必然设有数字化部门。

数字化是必须要做的事情，但不是短期内就能做得很好。国立在数字化的道路上持续探索，想要的不仅仅是销售流程的数字化，而是工厂协同、订单跟进、财务预算、人力资源管理等所有环节都实现数字化。

站上"风口"，利用数字化赋能

周斌　杭州泰熙生物技术有限公司总经理

在数字经济时代，市场上出现了太多的"风口"，医疗领域更是商机涌现，整个行业处于高度活跃状态。杭州泰熙生物技术有限公司（以下简称"泰熙生物"）专业致力于医疗诊断、食品安全检测及相关仪器的研发、生产、销售，已申报多项食品安全药物残留检测类专利，产品覆盖医疗体检、食品安全快速检测、食品酶联免疫检测、新型酶制剂等，为医疗卫生疾控、宠物诊断行业、畜牧业、食药监系统等单位提供完善的管理与检测解决方案。

面对疫情肆虐，泰熙生物迅速反应，成功站上了"风口"。特别是在 2021 年，泰熙生物自主研发的新型冠状病毒（以下简称"新冠病毒"）抗原检测试剂盒通过德国联邦疫苗和生物医学研究所（PEI）认证，成功进入德国市场；新冠病毒抗原快速检测试剂盒、新冠病毒中和抗体酶联免疫（ELISA）检测试剂盒、新冠病毒荧光聚合酶链反应（PCR）检测试剂盒、新冠病毒中和抗体检测试剂盒等全系列产品获欧盟 CE 认证；新冠病毒抗原检测试剂盒进入欧盟通用白名单和德国联邦药品和医疗器械机构（BfArM）白名单；新冠病毒相关产品获澳大利亚药物管理局（TGA）认证。为了在海外布局，泰熙生物主要通过产品的更新换代去面对时刻变化的市场；协助海外代理商更新网站，为他们提供所需内容；提供产品信息、市场资料给代理商，更重要的是让代理商善于利用这些资源加深了解和推广泰熙生物的产品，并与合作关系紧密的国外代理商成立合资销售公司和检测站。泰熙生物现已与东南亚、欧洲、非洲、拉丁美洲等地的贸易商建立了友好的合作模式。

放眼整个实体经济，数字化转型已成为一股不可阻挡的潮流，并成为每一家企业的必然任务。它有助于企业获得更强的应变能力、盈利能力并实现可持续发展。越来越多的企业走上数字化转型的轨道。泰熙生物面对的不只是市场需求爆发的"风口"，还有数字化转型的"风口"。尽管疫情造成了种种困难，但是泰熙生物深刻地意识到了数字化转型的重要性，并有能力把这种历史性的挑战变成历史性的机遇。疫情再次向我们展示了数字化转型对企业意味着什么，只有专注于产品和创新、专注于员工和管理，并为公司的持续发展做好准备，才能实现持续性增长。

泰熙生物积极进行数字化转型，坚持从自身实际出发，一方面通过使用环球慧思的外贸大数据实施精准营销，另一方面利用搜索平台等数字化方法开拓潜在市场。泰熙生物通过数据对海外市场及客户群体进行深入研究，分析行业发展趋势，了解行业的海外生存环境，总结市场规律。泰熙生物利用多种推广资源，如搜索引擎营销（SEO）、搜索付费营销（SEM）、社会化网络营销等。泰熙生物与一些优秀的企业营销品牌公司合作，在海外市场品牌和销售方面获得了不错的效果。同时，泰熙生物优质的产品也增强了海外合作伙伴开拓当地市场的信心。

未来，泰熙生物将不断推进对内转型和对外转型，不仅优化内部管理、组织、人才、思维等方面的数字化转型，而且要沉淀数据并运用第三方大数据，对海外市场、采购商分布、竞争对手特点等进行更加深入的把握，从而有的放矢地满足市场需求。年轻公司有年轻公司的优势，数字化就是泰熙生物的优势之一。像泰熙生物这样的运行时间比较短的公司，有可能在数字化转型方面后发制人、走在前面。泰熙生物正在按照数字化的方式改造生产线和生产设备，提高生产的智能化水平，向定制化、柔性化生产迈进。同时，泰熙生物在产品开发方面更重视差异化，尽量避开大众化的产品类别，专注研发病毒测试产品等，走"与众不同"之路。

探索区块链模式与技术应用于多方参与的供应链数字化转型

高翔　微观（天津）科技发展有限公司 CTO

供应链中龙头企业的数字化转型可采用区块链模式作为顶层设计。运用区块链及多种新型技术，建设互联互通的分布式账本平台，赋能上下游合作伙伴，实现供应链全链条的高效协同及降本增效。区块链技术作为"新基建"的重要技术之一，构建参与方间的可信任生产关系，而区块链模式是满足价值互联网时代的创新应用模式。多中心、开放、公开透明、可追溯及不可篡改等特点，表明区块链是"价值互联网的基石"。积极探索区块链模式与技术应用于多方参与的供应链数字化转型中，不仅降低企业自身运行成本，而且提升供应链全链条实际运行的协同效率，从而实现企业效率、效益的双丰收。

区块链是分布式数据存储、点对点传输、共识机制、加密算法等数字技术的新型组合应用。区块链技术是一种分散化的或分布式总账技术，从一方到另一方（或多方）的交易以信任的方式进行，交易记录并非存储在一个中央权威部门（如银行）；相反，文本存储于交易所涉及的每个组织操作运行的区块链软件中，并与区块链网络连接（如节点）。在这些网络中，大部分节点必须受到审查，在交易之前得到确认和记录。这样，没有人可以篡改账本，每个组织都可以监督，因此它是值得信赖的。基于区块链技术特征，区块链适用于由多方参与、参与各方间为弱信任关系，数据需存证、溯源及跨机构共享的跨境供应链业务场景中；区块链系统能够减少或削弱摩擦及现有中介的成本，因为多中心化提升了数据的可靠性，而非中介化降低了交易成本；利用区块链技术的上述特性，简化龙头企业与上下游企业之间以及企业各部门之间的业务流程等，通过赋能上下游企业，构建共享、共治、共赢的供应链生态。综上所述，区块链为打造可信任的数字基础设施夯实地基。

区块链技术与5G、物联网、云计算、人工智能等新技术相结合的趋势已经成为未来数字化实践的发展方向，越来越多的实体经济垂直领域呈现出"+区块链"的发展格局，从而加速推进企业乃至供应链、产业链的数字化转型。首先，企业数字化转型不是跟风新技术、简单地利用数字技术实现眼前利益的短暂提升，它是企业在当下"乌卡时代"背景下可持续发展的重要战略。其本质是以客户为中心的服务宗旨，以先进的数字技术为手段，推动企业为客户提供更佳体验而进行的业务流程、生产方式、组织结构及商业模式重组变革。其次，全国上下都在挖掘消费潜力、驱动消费动力、助推经济的新发展格局。面对竞争激烈的市场环境，企业更应该找准角色定位，紧跟时代步伐，结合自身实际和市场趋势，积极借助新型智能化信息技术推进自身数字化转型。最后，当前大数据、人工智能、云计算、区块链等一批新兴的数字技术已被广泛应用于企业的产品设计研发、生产流程、营销服务等各环节及供应链管理，重构了组织和流程，对企业的运营模式、供应链的协同方式的变革都产生了深远影响。

而席卷我国企业的数字化浪潮正是经济高质量发展的重要保障。在数字化经济时代，数字化改革将成为推动企业创新发展和新旧动能转换的新动力。特别是 5G、人工智能、区块链、增强现实等新型技术在物流、制造及金融领域的成熟应用，将进一步为企业的数字化转型赋能，催生企业、供应链降本增效、创新服务模式，助推产业数字化转型，提升客户满意度，最终实现高质量发展。由此可见，企业、供应链、产业链的数字化转型必然成为趋势，不仅需要采用"新基建"技术，而且需要通过组织保障、机制保障和资源能力保障，适应新时代、新变革、新常态的要求，重塑企业发展的新动能。

将区块链模式与技术应用于多方参与的供应链数字化转型，充分发挥其实名制认证、不可篡改、存证留痕、追溯确责的作用，为参与供应链的各方构建可信的贸易环境，是供应链中核心企业数字战略落地和产业链数字进化中必不可少的方法论与数字工具。

外贸企业独立站自主营销实现品牌增长

洪宝贵　领聚数字有限公司 CEO

现在互联网上有很多 DTC（直接面对消费者的营销模式）品牌，可能发展时间也不长，但是正在快速崛起，主要模式就是在线进行品牌传播。如果没有品牌塑造，就谈不上品牌传播。所以，今天我们打造品牌更多的还是针对线上客户开发，即 DTC 品牌或数字品牌。很多人一讲到企业品牌就觉得范围很大，这其实是一种传统的理解方式。打造自己的品牌要经历一个什么过程？现在企业更多的是在线上建立自己的品牌，归根结底就是把自己的差异化能力建设起来，也就是品牌从 0 到 1 的建设过程。

另外，在线上建设自己的品牌，还要把品牌的基础设施搭建起来，通常是品牌旗舰店或独立站，同时还要搭建品牌的社交频道，这一点非常重要。企业把品牌塑造起来，不是给自己看的，而是更多地在线上让客户能了解你的品牌、信任你的品牌。很多人将品牌理解为商标，其实品牌不等于商标，也不等于 Logo。当一些企业家被问及他们所在的企业有没有品牌时，答案通常是"有"，但实际上就是一个 Logo。什么叫品牌？品牌在互联网上更多的是说你有多少用户，又有多少用户真正认知你的品牌。所以，很多企业说自己有品牌，其实都是自己认为而已。如果企业在线上没有用户，没有获得品牌认知，那么就谈不上拥有品牌。

线上塑造品牌，更多的是从内容和素材方面让用户感受到你的品牌和别人是不同的。通常包括品牌调研、品牌核心内容确定、品牌 VI（视觉识别）设计、品牌在互联网上打造旗舰店（独立店）等环节。很多人认为独立站是一个网站，这是误解。独立站其实是企业品牌在线上的基础设施。很多企业在线下有工厂，相应地在线上就要有自己的品牌旗舰店。有了品牌旗舰店，才能建立自有品牌的私域流量、获得用户，才能真正往品牌方面转型升级。

现在我们经常谈论数字化营销转型，但如果企业在线上没有数字化的基础设施，又往哪里去转呢？企业的数据又从哪里来呢？所以，基础设施很重要。外贸企业在转型过程中，首先要搭建好自己的品牌旗舰店（独立站），同时也要搭建起社交频道。搭建好了线上基础设施之后，就要通过数字营销去精准找到客户。比如美国和欧洲的中小型零售商，他们其实也在互联网上寻找合适的品牌商进行合作。这个时候外贸营销人员就要出现在第一现场。也就是说，在互联网上，外贸企业要通过数字化营销模式开发自己的客户。而这是很多外贸企业缺乏的能力，原因主要有两点。第一，外贸企业仍然比较依赖传统的线下展会营销模式，毕竟积累了多年的参展经验。2020年，疫情把这个通道基本上堵死了。第二，平台的成本越来越高。实际上，外贸企业的数字化营销能力需要经历一个重新建立的过程。

在海外营销方面，最大的流量体莫过于Google、YouTube、Facebook等渠道，还有现在比较热门的网红营销。当然，对于B2B来说，网红营销并不太适合。Google是全球最大的搜索引擎，B2B当然离不开它。客户在寻找合作伙伴的时候，可能首先要通过Google搜索一下。世界最大的视频平台YouTube也一样，会沉淀大量用户数据。所以，数字化营销能力是外贸企业需要塑造的一个很重要的能力。企业可通过数字化营销开发自己的"小B"（主要是国外的本土渠道商和零售商）客户。"小B"客户都在线上，企业若不用线上的营销方式去开发，那要到哪里去寻找他们呢？

在数字化营销转型过程中，外贸企业最大的痛点体现在缺乏营销人才和工具。有关统计显示，数字营销人才缺口每年大概达到450万人。在中国数字化基础设施中，尤其是围绕"长尾市场"，中小客户的营销工具非常缺乏。以前很多外贸企业依赖第三方做营销，本身的营销工具也很缺乏。中国外贸行业的数字化转型刚刚起步。品牌化的前提就是数字化，没有数字化，根本谈不上品牌化。领聚这么多年一直致力于研发比较好的营销工具，帮助中小企业自主拓展海外市场。从领聚的经验看，如果企业自己没有数字化营销的能力，是很难开发客户的。总而言之，在整个贸易数字化过程中，营销是第一个板块，也是企业获得客户的一个很直接的通道，所以外贸企业需要具备数字化的营销能力。这样做的最终目的是实现企业业绩的增长。在未来品牌化的黄金10年，希望中国外贸企业抓住数字化转型的机遇，把自己的产品销往全世界。

推进检验检测认证行业的数字化转型是战略性选择

张琳　中国出入境检验检疫协会检验事务部主任

随着我国检验检测认证市场逐渐开放，检验检测认证行业迅猛发展，完成了检验检测认证市场从无到有、市场规模从小到大的过程，已成为全球检验市场的重要组成部分。检验检测认证行业的技术服务能力也正处在由弱转强的重要发展阶段，而这一关键的发展阶段恰好处在我国开启经济高质量发展、全面建设社会主义现代化国家新征程的重要历史机遇期，一个崭新的"大检验时代"应运而生。检验检测认证行业面对"大检验时代"来临的趋势需要解决两大重要问题，分别是如何服务好市场需求和如何实现自身能力的提升，而解决这两大问题的核心就是数字化。

加快数字化发展，建设数字中国，激活数据要素潜能，推进网络强国建设，加快建设数字经济、数字社会、数字政府，以数字化转型整体驱动生产方式、生活方式和治理方式变革的目的，就是要打造数字经济新优势，促进数字技术与实体经济深度融合，赋能传统产业转型升级。这是中国产业赶超全球先进国家的重要方式之一。在这个过程中，检验检测认证机构应尽快融入数字化发展新趋势，服务数字化制造业的发展，超前研究在数字化制造过程、销售环节和服务领域，如何通过检验检测认证保证并提升数字化产品和服务的质量和安全水平，维护消费者的正当利益和数字化时代的经济秩序，包括布局从数字化向智能化转移路径的研究。数字化产品和服务存在诸多安全风险，消费者很难在使用时识别出来，这就需要第三方检验检测认证机构为其把关，推动检验检测认证行业在服务制造业升级过程中实现自身的可持续发展。

与此同时，数字化即将应用于各行各业，检验检测认证行业同样需要通过数字化赋能本行业的转型发展。其核心价值在于通过数字化实现人员、机器、原料、方法、环境的数据共享，提高工作效率、效能、质量，提升解决问题的能力，降低生产成本、管理成本；形成制造业和检验检测认证行业的深层次融合，优化检验认证模式。通过数字化转型，检验检测认证行业将提升人员行为的规范性，保证其公正性；提升实验过程的数字化控制，提升设备的高效运转，保证其数据的准确性；加强数据的分析能力，提升检验检测认证服务的科学性，保证其服务能力的提升。

当"大检验时代"与数字化时代相遇，检验检测认证行业将通过自身的数字化变革，更好地服务于产业的数字化转型，促进我国新优势的形成。推进检验检测认证行业的数字化转型，不仅是战略性选择，也是机构精细化运营、服务提质升级的新路径，更是迈向检验检测认证智慧化的必由之路。数字化在带来机遇的同时，也带来了诸多压力和挑战，迫切需要相关智慧指引、经验分享和"方法论+工具"的决策参考。处在网络化、数字化、智能化重塑产业生态和贸易形态的重要时期，检验检测认证行业的产业生态必将发生根本性变革。只有紧跟数字化的发展趋势，尽快分析研判数字化对检验检测认证行业发展的影响，尽早提出自身数字化转型解决方案，尽早启动数字化产品开发，尽快创新服务与新业态相适应的方式，才能增强检验检测认证行业未来发展的生命力。

助力职业教育培养高层次贸易数字化技能人才

杜琳 山东外国语职业技术大学执行校长、民进日照市委副主委作为全国首批本科层次职业教育试点学校，山东外国语职业技术大学始终秉承"脚踏实地、放眼世界"的校训，坚持立德树人，不断突出职业教育的办学特色。其中外语、外贸类专业形成了"外语+技术"的特色人才培养模式。学校先后被评为"山东省重点服务外包人才培训基地""日照市外向型经济研究发展基地""日照市外语与外宣研究基地""日照市金融市场发展研究基地"，并荣获"全国高职院校国际影响力50强""山东省校企合作先进单位""山东省产教融合示范单位"等100余项荣誉。

山东华信集团以自身的企业资源和经营理念为山东外国语职业技术大学的创新发展持续注入新鲜活力。2020年，山东华信集团与环球慧思在外贸大数据技术方面进行校企合作，探索为外贸企业数字化转型发展培养高端技术人才之路。一方面充分发挥民办高校机制灵活的优势，致力于培养以"技术应用"为重点的贸易数字化人才；另一方面将学校的外语、外贸优势与环球慧思的外贸大数据技术充分融合，实现强强联合。2021年5月，环球慧思外贸大数据产学研示范基地在校内正式落地。在此基础上，商务英语、国际经济与贸易的本科专业率先启动"慧思班"，由来自环球慧思的资深总监、多家外贸企业负责人和项目组教师共同组成的校企指导团队联手开展技术培训和产品培训。"慧思班"手把手指导学生学习外贸大数据技术，进行环球慧思数据系统的实践应用，并依托企业产品供应链开展外贸实战。学生们通过运用外贸大数据系统等进行供应商追踪分析、采购商追踪分析、客户关键信息采集、产品国际市场调研、邮件营销、社媒营销等学习实践。开班几个月时间里，累计完成营销邮件近万封，目标客户遍布北美洲、拉丁美洲、欧洲、东南亚等50多个国家和地区，获得客户回复近百次，并成功收获了化工产品的外贸订单。

"慧思班"采用了校企"双元化"管理模式，由企业和学校共同制定管理制度、工作任务和评价机制；学生不仅是学校的学生，也是企业的种子，在教学中践行了现代学徒制模式，在"做中教"、在"做中学"，实现了产教深度融合。未来，环球慧思外贸大数据产学研示范基地将围绕外贸大数据方向开展产学研各项工作，以实践为基础构建贸易数字化智库，在人才培育、技术研究、技术服务、实习就业等方面不断深化；努力打造"技术前沿、实践为先、语言多样、平台多元"的贸易数字化人才培养格局，在实践探索中培养更多"懂外语、懂外贸、懂数据、懂管理"的新型外贸人才，推进校企合作办学、合作育人、合作就业、合作发展的职业教育人才培养模式，成为"十四五"期间贸易数字化技术应用型人才培养的典范与人才高地。

著作者说：贸易数字化重塑中国外贸竞争新优势

如果说新一轮科技革命和产业变革正在重构全球经济结构和治理结构，并改变了人类社会生产生活方式和思维方式，给国际经济格局和国际分工体系带来了广泛而深远的影响，那么由互联网、大数据、云计算、人工智能、区块链、物联网等数字技术驱动的第四次工业革命则不仅诞生了新产品、新业态和新模式，更通过数字技术深度改造传统生产要素，加速了传统产业和数字化的融合，真正推动产业链、价值链和供应链的重构。

当今世界正经历"百年未有之大变局"，由数字化驱动的新一轮全球化正在形成，国际贸易参与各方和各要素通过数字化重新连接和组合，从而带来了全球资源配置的大调整和大重组。纵观国际贸易百年发展历史，技术变革是驱动国际贸易创新发展的最重要的因素，每一次技术变革都会产生新的贸易形态和新的贸易产品，从而重塑各国的竞争优势。在数字化和工业化叠加、数字化和全球化叠加、数字化和低碳化叠加的时代，如何通过贸易数字化抓住机遇、迎接挑战，在变局中创造新局，从而在数字化时代和后疫情时代重塑中国对外贸易竞争新优势，将是我国从贸易大国迈向贸易强国的关键。

助力中国外贸从比较优势到竞争优势的转变

作为古典贸易理论的代表，亚当·斯密的绝对优势理论和大卫·李嘉图的相对优势理论，认为是国家之间劳动生产率的差异导致成本绝对差异和相对差异。作为新古典贸易理论的代表，赫克歇尔-俄林的要素禀赋理论则认为国家之间要素禀赋差异导致各国出现比较优势差异。无论是亚当·斯密、大卫·李嘉图，还是赫克歇尔-俄林，都是从各国成本和资源禀赋角度论证了比较优势理论。改革开放初期，我国也遵循比较优势理论，积极参与国际分工，充分利用人口红利和资源红利优势，大力推动劳动密集型和资源密集型产业的发展和出口，实现了经济腾飞。随着国际贸易环境的变化，由自然资源禀赋形成的比较优势在国际贸易竞争格局中的作用越来越小，加之国内劳动力成本的快速上升以及环境资源的约束，我国传统生产要素成本的优势越来越小，建立在比较优势和资源禀赋基础上的优势逐渐减弱，迫切需要对外贸易从比较优势往竞争优势转型升级。

和传统国际贸易理论不同，迈克尔·波特从动态优势角度突破了传统静态比较优势的局限性，提出了国际竞争优势模型，包括四种本国的决定因素和两种外部力量。四种本国的决定因素包括：要素条件，需求条件，相关及支持产业，公司战略、组织及竞争；两种外部力量是机遇和政府。迈克尔·波特认为，一国的贸易优势并不是简单取决于自然资源、劳动力、利率、汇率等，而是在很大程度上取决于一国的产业创新和升级能力，这为后起国家实现超越提供了可能性。

中国经济经过 40 年多持续快速增长，已经成为世界第二大经济体、最大的制造业国家、最大的货物贸易国、全球三大供应链中心之一，并即将成为全球最大的消费国。庞大且一体化的国内市场需求、从人口红利到工程师红利、新兴产业集群的兴起、技术创新的迅速发展等新的动态竞争优势正在形成，尤其是进入数字化时代，中国拥有最齐全工业门类的制造业集群，从而有了最广泛的应用场景和最海量的数据资源，这也将加速我国对外贸易从静态的比较优势向动态的竞争优势转型升级，实现从中国制造向中国创造、从中国速度向中国质量、从中国产品向中国质量、从要素驱动向创新驱动的转型升级。贸易数字化则是形成我国对外贸易全方位竞争新优势的关键所在。

首先，通过贸易数字化实现赋能转型。贸易数字化的核心内涵就是数字化赋能贸易全流程、全链条和全环节以及作为微观主体的企业的数字化转型。从贸易开发到贸易撮合，再到贸易执行和贸易服务各环节和全链条的数字化赋能和改造，可以大大提升贸易效率、降低贸易成本、增加贸易机会和提高贸易收益。贸易数字化运用互联网、大数据、区块链、物联网和人工智能技术，打通贸易全链路数据，实现生产、运输、通关、报检、第三方检验、支付、保险等贸易环节的数字化应用。通过贸易数字化赋能，提高我国对外贸易便利化水平，降低企业的贸易成本，提高贸易的整体效率，为形成我国对外贸易竞争新优势提供制度、技术和流程上的保障。一个国家在国际贸易中的竞争力归根结底是由这个国家的企业竞争力决定的，要提升企业在全球产业链和价值链上的竞争力，就必须进行转型升级，而数字化转型是转型升级的关键抓手。企业利用数字技术实现采购、设计、研发、生产制造、营销销售和售后服务的数字化升级，同时通过数字化转型，实现内部运营效率的提升。企业通过数字化转型实现供应链的敏捷化、研发设计的柔性化、生产制造的智能化、营销销售的精准化以及售后服务的个性化，从而大大提升国际市场竞争能力，夯实我国对外贸易竞争优势的微观基础。

其次，通过贸易数字化实现降本增效。在我国劳动力成本和资源成本刚性的前提下，通过贸易数字化降低贸易成本成为提升我国对外贸易竞争力的关键。企业的成本由生产成本和交易成本组成。在降低生产成本方面，工业互联网、智慧工厂建设、智能制造、智能分拣、智能识别等智能制造技术的大规模应用，可以加速产能提升，提高生产效率和良品率，从而降低企业的生产成本。而交易成本由贸易监管成本、物流成本、中介成本、客户开发成本组成，分别对应的是制度型成本、生产型成本、组织型成本和交易型成本。比如，数字化国际贸易单一窗口的快速、高效和低成本让企业申报的时间大大降低，需要的单据大大减少，通关时间大大缩短，通关成本大大降低，从而有效地提升了贸易竞争力。数字技术的应用让港口的作业效率大大提升，同时物流业数字化、智能化水平的不断提升也降低了贸易的物流成本。通过贸易平台可以进行供需快速精准的匹配，让信息中介的成本大大降低，同时利用平台沉淀的数据以及平台的算法、算力，可以累计企业的信用数据。企业可以利用信用数据开展供应链金融，从而降低融资成本。线上展示、搜索引擎和社交媒体营销、大数据智能营销、直播营销等数字化营销技术的应用能极大地降低企业信息搜集和客户开发的成本，让企业低成本精准获客成为可能。

最后，通过贸易数字化实现融合创新。贸易数字化就是通过数字技术和传统对外贸易的融合和创新提升贸易竞争力。贸易数字化从融合角度主要体现在4个方面：内贸和外贸的融合、贸易和产业的融合、货物贸易和服务贸易的融合、线上和线下的融合。通过贸易数字化打通国内和国外市场，利用庞大的国内市场实现规模优势和应用场景优势，促进国际市场的开拓，同时利用国际市场的先进技术、装备和管理经验增强国内市场的竞争力。通过贸易数字化打通国内外市场的壁垒，实现"全球买、全球卖"，充分利用两个市场和两种资源，强化内外贸一体化联动发展，全面提升企业的国际市场竞争力。贸易的基础是产业，贸易数字化和产业数字化互相融合、相向而行，从贸易端获取的消费者大数据能更好地促进产业端的数字化改造，在研发设计和生产环节充分利用贸易端大数据实现个性化设计和定制化生产。同时，智能制造等产业端的数字化也在推动贸易端的数字化，促进了数字营销、跨境电商、大数据智能营销的发展。贸易数字化加快了货物贸易与服务贸易的融合，货物贸易服务化和服务贸易数字化的趋势越来越明显。作为提升贸易竞争力的各种生产性服务和贸易全流程服务越来越专业化和模块化，让企业能够低成本获取和调用这些专业化的服务。而且货物贸易产品里融合了数据化、智能化的服务，也融合了品牌、文化的服务，通过贸易和服务的融合能够真正实现软硬一体、虚实结合，提升产品的附加值和品牌内涵。贸易数字化通过线上线下的一体化，把线上的数字化营销能力和线下的实体营销网络相融合，线上展示和线下展览相结合。未来物理世界和数字世界将无缝融合，物理世界沉淀数据形成数字世界，数字世界利用数据映射和指导物理世界，让贸易在更高的维度进行竞争。

未来国与国之间的竞争将是综合实力的竞争，而贸易竞争力是一国综合竞争力的重要组成部分。驱动中国外贸的传统动能正在衰减，传统的劳动密集型、资源密集型和高污染、高能耗的产业正逐渐失去比较优势，迫切需要通过数字化改造提升传统产业的竞争力，从质量、技术、品牌、标准和服务上进行数字化重构，让传统产业提升效率、降低能耗，重新焕发新的活力，重塑传统产业的国际竞争力，不断往产业链和价值链的高端进发。在通过贸易数字化让传统产业提质增效的同时，大力发展生物医药、新能源、高端装备、集成电路等战略新兴产业。这些产业依托庞大的国内市场，正从进口替代向出口导向转型，国际市场份额不断提升。通过传统产业的数字化升级和发展战略新兴产业不断夯实我国对外贸易的产业基础。在当前的数字化和新全球化时代，国际贸易秩序正在重构，贸易竞争要素正在转换，如何抓住机遇，增强贸易发展的动力，让贸易数字化成为我国对外贸易的新引擎、新动能，同时通过贸易数字化产生更多的贸易新业态、新模式，对于打造我国对外贸易动态竞争优势至关重要。贸易数字化作为重塑我国对外贸易竞争优势的基础性工作，政府的推动作用非常重要，必须把贸易数字化作为今后贸易创新发展最重要的抓手，坚定不移、持之以恒地提升我国对外贸易数字化水平。那么，如何做好贸易数字化工作呢？建议从以下方面开展：

第一，加强贸易数字化顶层设计和示范引领。

一是加强贸易数字化顶层设计和指导。通过顶层设计制定贸易数字化发展的中长期规划，高度重视贸易数字化在加快贸易高质量发展和推动"数字强贸"战略中的关键性作用。明晰贸易数字化和数字贸易、跨境电商各自的内涵和外延，以及三者之间的区别和联系，规范贸易数字化、数字贸易和跨境电商的话语体系。加强商务、工信、海关检验、科技、网信、发展与改革等部门在贸易数字化领域顶层规划上的协同合作。贸易数字化同时也需要政、产、学、研的协作，特别是由行业商会、协会和学会等中介组织牵头，政府、企业、研究机构和高等院校共同参与，通过跨部门合作和政、产、学、研联动加快贸易数字化发展。

二是加强贸易数字化理论、政策和实践的研究。数据作为生产要素对传统国际贸易理论提出了新的挑战，应加强在数字化背景下国际贸易理论如何进行重构的理论研究。传统的国际贸易政策主要是关税和非关税等边境措施，而数字化背景下贸易政策更多地突破了边境措施，特别是数据跨境流动、数据本地化、数据隐私保护、数字税、数字知识产权、数字原产地规则等新的国际贸易政策亟须加强研究。同时，贸易数字化更多的是一种好的实践和做法，需要加强贸易数字化的应用场景和案例研究。研究如何建立贸易数字化的指标体系，尤其是贸易数字化的成熟度、渗透率及相应的指数，可以有效衡量、评估和指导贸易数字化的进度。加强贸易数字化政策促进体系研究，更好地支持贸易数字化的发展。

三是建立一批贸易数字化示范园区、示范企业、示范项目和示范行动。在贸易数字化开展比较成熟的地区探索建立各类贸易数字化示范园区和示范企业。通过示范园区和示范企业的引领带动作用，及时总结并复制可借鉴和易推广的好做法、好经验，带动更大范围的贸易数字化推广普及。

四是建立政府主导的贸易数字化服务中心。由地方商务主管部门牵头，联合地方进出口商会、贸易数字化服务商以及支付、金融、税务、出口信用保险、通关、检验、物流等机构，同时依托当地的外贸转型升级基地，为企业提供一站式的贸易数字化服务，通过贸易数字化服务中心搭建政、产、学、研合作交流平台，整合各方资源，开展共享共创，真正为企业赋能转型、降本增效提供有效服务。

五是加强贸易数字化的宣传推广。由商务部主导，适时召开中国贸易数字化博览会，展出最新的贸易数字化技术和应用场景，同时召开中国贸易数字化大会，扩大贸易数字化的影响力。让更多媒体关注贸易数字化，宣传贸易数字化的最新研究和实践成果。

六是加强贸易数字化人才培养。将贸易数字化纳入商务干部培训计划，组建贸易数字化师资队伍，提升商务干部的数字化能力。同时在各大经贸院校开设贸易数字化专业，培养具有全球化视野、数字化思维和技能的高等人才。通过产、学、研合作和校企合作，在职业技术院校里开设数字营销、外贸大数据等贸易数字化课程，培养贸易数字化实战人才。克服数字鸿沟，加强对中小企业数字化人才的培养和支持力度。

第二，加强贸易数字化基础设施建设。

一要完善数字技术基础设施。完善 5G、虚拟现实、增强现实、3D 打印、大数据、物联网、云计算和人工智能等数字化"新基建"，为贸易数字化发展提供数字技术支撑。同时，加大 B2B 直播、短视频、3D 逛展看厂等创新模式在线上展会和推广中的大规模使用。

二要推动外贸企业"上云用数赋智"。推动外贸企业"上云"，实现产品在线、员工在线、客户在线、设备在线、管理在线，同时实现外贸企业业务的数据化，以数据流引领物资流、人才流、技术流和资金流，最终提升企业的智能化水平，实现供应链、生产制造、营销和售后服务的全场景、全链路数字化、互联化、智能化。

三要培育产业赋能平台。贸易数字化是以产业为基础的，可通过发展工业互联网平台和垂直行业的产业互联网平台促进贸易数字化的发展。构建多层联动的产业互联网平台，引导各方合力建设工业互联网；鼓励建立行业共享互联网研发平台，降低行业企业的研发成本；通过产业赋能平台赋能传统外贸企业，培育数字化生态，构建"生产服务+交易平台+金融服务"的新业态；同时依托产业互联网平台对接国外买家，探索建立跨境 B2B 交易平台。

四要推进智能制造和智慧工厂建设。为满足海外订单小批量、多品种、个性化、定制化的趋势，企业生产线需要转型成柔性生产线，构建设备数字化、生产线数字化、车间数字化、工厂数字化、企业数字化、产业链数字化的数字化生态系统。

五要提升跨境电商综合试验区数字化、智能化水平。依托跨境电商综合试验区，深化跨境电商产业数字化应用、数字化公共服务平台建设，推动跨境电商产业数字化、标准化、智能化发展，反过来提升跨境电商综合试验区的数字化水平。

六要加快数字化海外仓建设。海外仓是跨境电商等贸易数字化发展的重要基础设施。加大海外仓信息管理系统建设，实现物流、订单流、信息流、资金流"四流合一"，使其与跨境电商及其他贸易数字化平台联动发展，提升海外仓数据化、智能化水平。

七要用数字化手段完善市场采购模式。利用数字化推进市场采购贸易模式通关一体化，建立市场采购数字运营平台，实现一站式便利化服务和数据信息共享，从源头上防范侵犯知识产权、出口假冒伪劣商品、不实贸易等风险，促进市场采购贸易模式健康快速发展。

八要加快外贸转型升级基地数字化改造。鼓励打造产业互联网，对现有外贸转型升级基地的产业进行整合，完善转型升级基地的数字基础设施，提升转型升级基地企业的数字化应用能力；鼓励转型升级基地产业互联网平台企业、行业龙头企业开放数字化资源，为基地内的中小企业进行数字化赋能，建立基地的数字化生态体系。

九要加快线上线下相结合的贸易促进平台建设和国际营销体系建设。加快建设线下展会和线上展会相互补充、融合发展的新型贸易促进体系。加快企业"走出去"，建设全球实体营销和服务网络，提供展示、仓储、营销和售后服务，同时还要加快建设线上展示、线上签约和提供基于远程云端的售后服务网络，布密线上线下立体化、全时空、全渠道的国际营销体系。

十要升级外贸综合服务平台为数字化供应链服务平台。将外贸综合服务平台从提供传统报关退税服务升级为数字化供应链服务平台，为中小企业进出口贸易和跨境电商提供一站式的数字化供应链服务。

第三，建立贸易数字化政策支持体系。

一是加强外贸企业数字化转型政策支持。针对"不想转"的企业，加强数字化转型的宣导，营造数字化转型的良好氛围，加强上下游产业数字化转型的协同生态系统；针对"不会转"的企业，鼓励平台企业和贸易数字化服务商提供对口的数字化牵手行动计划，发布贸易数字化转型牵手行动倡议，搭建"中央部委—地方政府—平台企业—行业龙头企业—行业协会—中介服务机构—中小企业"的联合推进机制，推动外贸企业数字化转型。

二是加强贸易数字化金融税收支持。支持利用外经贸专项资金和中小企业开拓国际市场资金推动贸易数字化发展；将企业云服务使用量、数字化设备投入量、数据资产等认定为可抵押资产和研发投入，为贸易数字化开展比较好的企业提供低息或贴息贷款，以及税收减免或税收返还政策。

三是制定数据流动和数据隐私相关法律法规。平衡好数据的私人属性和公共属性，处理好数据隐私和数据开放的关系。在保护隐私和商业秘密的基础上加快数据流动和数据共享，通过数据更好地驱动跨境贸易。在安全可控的前提下，为企业提供对外交流及业务拓展的通畅网络渠道。加快跨境贸易平台反垄断和不正当竞争的立法，规范平台运营行为，创造公平的竞争环境，保障平台各方的利益。加快跨境无纸贸易法律法规体系建设，推动数据和文件跨境互认。

四是创新监管模式。革新传统贸易监管模式，用数字技术对贸易全流程实施数字化监管，用电子围墙取代物理围墙，提高监管的效率和有效性。

五是积极参与贸易数字化国际合作。积极落实"一带一路"、区域全面经济伙伴关系协定（RCEP）、全面与进步跨太平洋伙伴关系协定（CPTPP）、数字经济伙伴关系协定（DEPA）中关于电子商务、跨境无纸贸易、跨境数据流动和贸易便利化的条款和方案，促进跨境贸易知识产权保护，为贸易数字化创造良好的国际合作环境。

助力外贸企业打造综合竞争优势

外贸企业面临的外部环境越来越复杂多变,真正迎来"乌卡时代"。在未来相当长一段时间内,外贸企业将面对数字化时代、新全球化时代、后疫情时代和低碳化时代四大外部环境。这四大外部环境给企业带来前所未有的挑战和机遇,真正进入大洗牌、大变革、大调整的阶段。市场遵循适者生存的原则,不断淘汰不能适应环境的企业,存活下来的并不是最强壮的或最聪明的企业,而是最能适应环境变化的企业。外贸企业只有加快自身的进化,才能适应瞬息万变的环境,并在变化的环境中找到机会、得到发展。

数字化将重构现有企业的生产和组织方式。未来 10 年是传统企业数字化转型的最后窗口期,未能进行数字化转型的企业,到时候不得不面临"数字脱贫"甚至被市场无情淘汰的命运,而完成数字化转型的企业将在激烈竞争中实现自身的进化和蜕变,迎来新生。低碳问题是继数字化后又一个将对人类生产生活方式及各行各业产生重大影响的事件,势必对旧有的技术、市场和利益格局进行重构,同时也会带来大量全新的商业机会。

在"碳达峰、碳中和"战略下,技术含量低、附加值低和能耗大的企业生存空间将越来越小,企业迫切需要加快产品和技术突破,进行绿色升级,而低碳转型也需要通过数字化转型来实现。由数字化驱动的新全球化是更高水平的全球化,对贸易有关的知识产权、环境保护、数据流动、劳工标准、竞争政策等都提出了更高的规则标准要求,对企业进入国际市场提出了更高的合规要求,但也给企业通过数字化进入国际市场提供了更广阔的空间。新冠肺炎疫情已经持续两年,至今仍未结束,在疫情常态化的后疫情时代,企业也要思考如何通过数字化转型适应新环境。

外贸企业的外部经营环境已经发生深刻变化，企业的经营思路和经营战略必须进行调整，同时加快转型升级的步伐。"阳光灿烂时修屋顶"，企业需要未雨绸缪、居安思危，加快转型升级步伐：从成本和规模驱动向效率和创新驱动转型，从同质低价往精益生产转型，从泛泛营销往精准营销转型，从粗放管理往精细管理转型，从人海战术往精英团队转型。所有这些转型都需要从过去的机会导向和巧妙运作往战略导向和能力建设转型。所有的战略都要差异化且具有前瞻性，企业必须有所取舍，集中投入资源和能力。关于竞争战略，迈克尔·波特指出，在激烈竞争的市场中保持优势地位，有三种通用竞争战略，分别是成本领先战略、差异化战略、目标集聚战略。其中，差异化战略又分为产品领先、运营卓越和客户紧密。产品领先就是产品一定要做得比别人好，用产品打败竞争对手。苹果公司在智能手机产品上遥遥领先于竞争对手，就是一个典型案例。运营卓越就是成本控制得好、运营效率非常高。典型案例就是沃尔玛，其在成本控制方面做得非常好，在供应链管理上的效率也很高。客户紧密就是围绕客户，不断满足客户的需求并不断提升客户体验。美国运通特别重视客户关系维护，对客户保持非常高的黏性和忠诚度，是其中的典型案例。

企业根据外部环境和内部资源制定了清晰的战略后，还必须加快能力建设，其中最核心是对市场和客户需求做出快速反应并快速满足需求的能力。企业的竞争归根结底是市场和客户的竞争，以客户为中心，以为客户创造价值为导向，为客户提供一揽子解决方案，提升帮助客户解决问题和为客户创造价值的能力是关键。其中有四项能力是外贸企业在未来竞争中必须拥有的：专业化能力、协同化能力、合规化能力和数字化能力。当外部竞争越来越激烈的时候，企业更需要专业化，在特定的产品和服务领域精耕细作，做精做专、做细做深，"宁要一英寸宽一英里深，不要一英寸深一英尺宽"，瞄准一个目标持续发力，不断积累资源和能力，少就是多，慢就是快，大拙才能大巧，坚持产品的专业化和市场的多元化。未来细分市场的隐形冠军和"专精特新"企业在市场中的竞争力会越来越强。只有这样的企业才能穿越时代、穿越周期，永续经营，基业长青。协同化和一体化能力是在数字化时代必须具备的能力，任何一家企业都处于一个生态系统中，必须和产业生态互相协同，才能调用更多的能力单元和资源为我所用，实现共生共赢。未来，企业要实现全球化，具有高效的风险控制和合规能力至关重要。建设合规体系，确保安全稳健经营，企业在国际化的道路上才能行稳致远。

在数字化时代，企业具备数字化能力是基本的入场券。企业需要具备数字化的领导力，全面推进数字化建设，实现产品在线、员工在线、客户在线、设备在线和管理在线，同时实时沉淀数据，让一切业务数据化、一切数据业务化，最终实现一切业务智能化。所有业务都可以用数字化重构，所有生意都可以用数字化重新做一遍。企业数字化能力归纳起来主要有以下十种：

一是数字化思维。变工业时代的机械性思维为数字化思维。数字化思维主要有：去中心化思维、开放共享思维、节点思维、利他思维、扁平化思维、共生共赢思维、平等透明思维、一体化协同思维、链接赋能思维等。思维的升级是企业数字化转型的先决条件。

二是数字化决策。利用企业内外部数据进行数据挖掘，驱动决策智能化，将数据和逻辑、常识、经验、直觉相结合，提升决策的精准性，增强对市场和客户的洞察力。

三是数字化研发。根据客户大数据进行个性化研发，根据客户需求进行研发设计；用大数据建模分析技术辅助产品测试，缩短产品研发周期；构建基于大数据的研发知识体系，快速生成产品概念；在研发设计环节注入更多智能化、绿色化等符合潮流趋势的元素。

四是数字化生产。推进智能制造和智慧工厂建设，利用物联网技术实时收集终端使用数据，加快传统制造方式向个性化定制、柔性化生产、网络化协同、服务型制造转变。

五是数字化营销。外贸企业数字化营销主要包含 3 个方面。①运用海外搜索引擎、社交媒体和社群营销等数字技术和平台推广企业产品，直接精准触达国外买家，吸引海外买家达成交易。②利用海外国际贸易交易数据、商业数据和互联网公开数据进行客户开发、客户维护、市场分析、价格定位，利用智能外贸数据终端系统实施基于大数据的国际贸易精准营销和精准分析决策。③利用国内外第三方 B2C 跨境电商平台和自建独立站实现全渠道、全时空、全过程的智能化，同时加强跨境电商产品设计能力和品牌运营能力，提升出口附加值；推行全场景的跨境电商销售，借助大数据和人工智能算法实现营销决策和精准营销。

六是数字化品牌。随着海外买家在线化比例逐渐提升，"出海"企业需要找准定位、塑造形象，在海外数字媒体上进行精准的内容创建、广告投放和在线传播，从而建立自主品牌。

七是数字化售后。推行远程运维、智能诊断、大数据精准派工等数字化售后服务模式，提升售后服务的数字化交付比例，通过 PC 互联网、移动互联网、人工智能、AR/VR 等数字技术提升远程服务客户的能力和对客户请求的快速反应机制，以提升服务体验、降低服务成本。

八是数字化运营。搭建基于云计算的企业内部运营平台或利用第三方企业运营平台，推动员工、客户、财务、业务流程"上云"互联，建立员工"画像"和客户"画像"，为精准绩效考核和精准客户挖掘奠定基础，从而实现企业信息透明化、治理阳光化。

九是数字化组织。建立适应数字化时代的扁平化组织架构；建立大中台、小前端的组织机构;建立模块化、积木化组织,以实现灵活调用和组合;变火车头模式为动车组模式,变串联的组织模式为并联的组织模式,最大限度地激发组织活力、减少组织风险。

十是数字化人才。培养具有数字化思维和全球化视野的复合型人才和懂外贸、懂外语、懂营销、懂数据的"四懂"人才;建立学习型和赋能型组织,加强企业内部共学共创,培养更多的"特种部队"和"全能战士。"

站在历史高度前瞻未来的趋势变化,我国对外贸易正面临数字化时代的重大机遇和挑战。贸易数字化将帮助越来越多的外贸企业加快数字化转型并形成综合竞争优势,进而进化成适应数字化时代、低碳化时代的"新物种",在未来复杂多变的环境中立于不败之地。

"长风破浪会有时,直挂云帆济沧海。"贸易数字化将产生愈加强劲的新动能,打造出越来越多的新业态新模式,重塑我国对外贸易竞争新优势。在贸易强国新征程上,将有更多的中国企业脱颖而出,引领世界贸易潮流,展现中国数字化新外贸的风采。

参 考 文 献

[1] 李斯. 毕达哥拉斯［M］. 西安：陕西师范大学出版社，2017.

[2] 洛奈. 万物皆数：从史前时期到人工智能，跨越千年的数学之旅［M］. 北京：北京联合出版公司，2018.

[3] 汤漳平，王朝华. 老子［M］. 北京：中华书局，2014.

[4] 王坚. 在线［M］. 北京：中信出版社，2018.

[5] 达尔文. 物种起源［M］. 苗德岁，译. 南京：译林出版社，2020.

[6] 莱文森. 集装箱改变世界［M］. 姜文波，译. 北京：机械工业出版社，2020.

[7] 吴军. 全球科技通史［M］. 北京：中信出版社，2019.

[8] 赫拉利. 人类简史：从动物到上帝［M］. 林俊宏，译. 北京：中信出版社，2017.

[9] 曾鸣. 智能商业［M］. 北京：中信出版社，2018.

[10] 吴军. 智能时代［M］. 北京：中信出版社，2020.

[11] 迈尔-舍恩伯格，库克耶. 大数据时代［M］. 盛杨燕，周涛，译. 杭州：浙江人民出版社，2013.

[12] 彭慕兰，托皮克. 贸易打造的世界：1 400年至今的社会、文化与世界经济［M］. 黄中宪，吴莉苇，译. 上海：上海人民出版社，2018.

[13] 中国信息通信研究院. 数字孪生城市白皮书（2020年）［R/OL］.（2020-12-17）[2021-10-15]. http：//www.caict.ac.cn/kxyj/qwfb/bps/202012/t20201217_366332.htm.

[14] 忻榕，陈威如，侯正宇. 平台化管理［M］. 北京：机械工业出版社，2019.

[15] 工业互联网产业联盟. 工业互联网平台白皮书（2017）［R/OL］.（2017-12-01）[2021-09-21]. http：//www.aii-alliance.org/index/c145/n94.html.

[16] 麦肯锡，世界经济论坛. 全球灯塔网络：重构运营模式，促进企业发展（2021）［R/OL］.（2021-04-16）[2021-09-15]. https：//max.book118.com/html/2021/0418/7050042131003116.shtm.

［17］刘永辉，吴开尧，李佩瑾，等．新冠肺炎疫情下企业数字化转型研究：基于"访万企，读中国"专项调查报告［M］．北京：中国商务出版社，2021．

［18］新华三大学．数字化转型之路［M］．北京：机械工业出版社，2021．

［19］邵宏华．贸易数字化：赋能与转型［J］．进出口经理人，2020（11）：26-27．

［20］邵宏华．贸易数字化：融合与创新［J］．进出口经理人，2021（6）：19-22．

［21］邵宏华．贸易数字化应该顺势而为［J］．对外经贸统计，2021（1）：26-28．

［22］邵宏华．外贸大数据助力企业转型升级［J］．对外经贸统计，2019（2）：51-52．

［23］邵宏华．贸易数字化是对外贸易创新发展的"原动力"［J］．对外经贸统计，2020（6）：29-31．

［24］邵宏华．由"拉闸限电"谈企业数字化转型的紧迫性［J］．进出口经理人，2021（10）：18-19．

［25］中华人民共和国商务部办公厅．商务部办公厅关于印发首批优秀海外仓实践案例好经验好做法的函：商办贸函［2021］433号［A/OL］．（2021-01-04）［2021-10-02］．http：//www.mofcom.gov.cn/article/zwgk/gztz/202101/20210103028169.shtml．

致　　谢

　　北京的秋天是美丽的，美于繁花退却后呈现的硕果。贸易数字化一如这百花丛中最靓丽的那一朵，在经历风雨、褪去稚嫩与青涩后，迎来了属于它的"高光"时刻。一年多的时光里，无数研究者、实践者关注和见证了它的茁壮成长，感受到了它的魅力芳馨。

　　一本书虽不足以道尽它的力量，写尽它的神奇，但足以表达我对贸易数字化的"钟情"所在。这一切都源于20年来在外贸大数据领域的执着耕耘，源于20年来作为一名中国外贸服务实践者的不断思考，更源于对未来中国外贸走向高质量发展的坚定信念与追求。感谢这个伟大而多彩的时代，使我能够有机会总结和梳理自己的心得，并在这个丰收的季节里同大家一道分享贸易数字化的甘饴之美。

　　难忘同道中人为此书出版付出的辛劳，在此首先感谢商务部有关部门及中国对外经济贸易统计学会各位领导和专家的大力支持，感谢贸易数字化专委会的各位委员以及参与资料和实践案例提供的企业。

　　最后还要感谢环球慧思同仁，以及机械工业出版社的李鸿、黄帅、李前编辑。正是因为有了你们，本书才得以顺利出版。

　　时间有限，书中尚有不少遗珠之憾，错误与不足在所难免，敬请广大读者提出宝贵意见，欢迎专家学者批评指正。

作　者

2021年11月于北京

致　　谢

　　北京的秋天是美丽的，美于繁花退却后呈现的硕果。贸易数字化一如这百花丛中最靓丽的那一朵，在经历风雨、褪去稚嫩与青涩后，迎来了属于它的"高光"时刻。一年多的时光里，无数研究者、实践者关注和见证了它的茁壮成长，感受到了它的魅力芳馨。

　　一本书虽不足以道尽它的力量，写尽它的神奇，但足以表达我对贸易数字化的"钟情"所在。这一切都源于20年来在外贸大数据领域的执着耕耘，源于20年来作为一名中国外贸服务实践者的不断思考，更源于对未来中国外贸走向高质量发展的坚定信念与追求。感谢这个伟大而多彩的时代，使我能够有机会总结和梳理自己的心得，并在这个丰收的季节里同大家一道分享贸易数字化的甘饴之美。

　　难忘同道中人为此书出版付出的辛劳，在此首先感谢商务部有关部门及中国对外经济贸易统计学会各位领导和专家的大力支持，感谢贸易数字化专委会的各位委员以及参与资料和实践案例提供的企业。

　　最后还要感谢环球慧思同仁，以及机械工业出版社的李鸿、黄帅、李前编辑。正是因为有了你们，本书才得以顺利出版。

　　时间有限，书中尚有不少遗珠之憾，错误与不足在所难免，敬请广大读者提出宝贵意见，欢迎专家学者批评指正。

作　者
2021年11月于北京